DIE REINHEIT,

GRUNDLAGE GEISTIGER KRAFT

Die Mysterien von Jesod

Aus dem Französischen übersetzt.
Originaltitel:
»Les Mystères de iésod,
les fondements de la vie spirituelle«

ISBN 978-3-89515-070-8

9. Auflage

Druck 2025: Interpress, Ungarn

Omraam Mikhaël Aïvanhov

DIE REINHEIT,

GRUNDLAGE GEISTIGER KRAFT

Die Mysterien von Jesod

Gesamtwerke Band 7

PROSVETA VERLAG

INHALT

Teil 3
Liebe und Sexualität

Teil 4
Ergänzende Erläuterungen

Da Meister Omraam Mikhaël Aïvanhov seine Lehre ausschließlich mündlich überlieferte, wurden seine Bücher aus den Stenomitschriften, Tonband- oder Videoaufnahmen seiner frei gehaltenen Vorträge zusammengestellt.

TEIL 1

JESOD SPIEGELT DIE TUGENDEN ALLER ANDEREN SEPHIROTH WIDER

Omraam Mikhaël Aïvanhov

Freier Vortrag

Die Menschen haben viele Beschäftigungen: Sie studieren, arbeiten, bauen, heiraten, haben Kinder, üben einen Beruf aus... Aber wenn man sie fragt: »Sind Sie zufrieden, glücklich, erfüllt?« antworten sie, dass sie ungeachtet dessen, was sie besitzen, stets die Empfindung haben, es fehle ihnen etwas. Und was fehlt ihnen? Ganz einfach der Schönheitssinn der Dinge, jenes feine, geheimnisvolle Element, das einem, was immer man tut, ob man isst, spazieren geht, die bescheidenste Arbeit verrichtet, Glück und Fülle schenkt. Ja, wenn ihr dieses Element besitzt, vermittelt euch selbst die unbedeutendste Beschäftigung Freude und Beglückung, weil es alles verwandelt.

Um dies verständlicher zu machen, gebe ich euch ein Beispiel: Stellen wir uns einen jungen Mann vor, der studiert und arbeitet, der aber am Leben nichts Außergewöhnliches findet, nichts, was ihn in Verwunderung zu versetzen oder zu fesseln vermag. Da verliebt er sich eines Tages in ein hübsches junges Mädchen – und alles wird anders! Er sieht die Welt mit anderen Augen: Blumen, Vögel, Sonne, Sterne, alles spricht zu ihm. In Wirklichkeit hat sich die Welt nicht verändert: Er ist es, in dessen Gemüt etwas Neues aufging, das alles verschönt, Dinge und Wesen verklärt. Aber wenn er seine Liebe verliert, das Mädchen ihn betrügt oder im Stich lässt, wird die Welt wieder trüb: Die Sonne scheint, aber er sieht sie nicht, er tappt im Nebel. Während er sich vorher, selbst wenn es regnete und hagelte, im Paradies wähnte, alles wunderbar fand, weder Entbehrungen noch Missgunst fühlte, zum Dichter und Musiker geworden, glücklich und selig durch die Straßen wandelte, sich über alles freute – weil eben dieses Element, Liebe genannt, in seine Seele eingezogen war und alles verschönte, versöhnte und in Harmonie erklingen ließ.

Diese Auswirkung ist bekannt, doch haben sich nur wenige damit befasst, um eine wahrhaftige Lehre daraus zu ziehen. Die Liebe verschönert alles. Wäre es nun aber nicht möglich, dieses alles verschönende Element zu finden, ohne in einen Mann oder eine Frau verliebt zu sein (mit denen man stets Enttäuschungen erlebt)? Oh, doch! Ich habe das Beispiel nur erwähnt, um euch den Gedanken nahe zu bringen, dass es bestimmt noch andere Elemente gibt, die, wie die Liebe, imstande sind, die Anschauung und das Gefühl für die Dinge zu verändern. Ihr meint, die Eingeweihten nehmen einzig und allein zur Liebe Zuflucht wie Dichter, Musiker und Künstler, die sich einbilden, man müsse verliebt sein, um Eingebungen zu erhalten – und begehen danach alle möglichen Tollheiten! Nein, die Eingeweihten haben sich mit dieser Frage eingehend befasst und entdeckt, dass man noch viel weiter, viel höher gehen kann, um Inspiration und Erfüllung in einem unverlierbaren, beständigen und ewigen Element zu finden. Dieses ist ein feines, schwereloses Teilchen, das, wenn es in das Herz, in die Seele dringt, ein jegliches Ding ins Unermessliche erweitert. Um es zu erhalten, muss man lange Zeit arbeiten, beten, meditieren; doch wenn es sich einfindet, verwandelt es alles.

Natürlich kann die Liebe zu seiner Erlangung viel beitragen. Denkt euch, ihr seid in ein entzückendes junges Mädchen verliebt: Durch die Gefühle, die es in euch entzündet, kann es euch zu diesem Element verhelfen, aber in dem Mädchen selber findet ihr es nicht. Selbst Dichtung und Musik sind oftmals außerstande, euch dieses Element zu vermitteln. Ich bin vielen Künstlern begegnet, die es noch nicht besaßen, die eine Leere in sich fühlten. Sie waren, was sie betraf, so weit zufrieden, hatten aber ständig das Gefühl, dass ihnen etwas fehlte. Während diejenigen, die hoch oben auf den Gipfelhöhen des Universums gesucht haben und dieses Element einzufangen vermochten, so weit kommen, dass sie über jede Lebensbedingung erhaben sind.

Deshalb sollt ihr niemals weder euer wirkliches Glück noch die Lösung eurer Probleme in den niederen Ebenen suchen; denn es ist weder dem physischen noch dem ätherischen Stoff gegeben, die von Seele und Geist benötigten Elemente zu beinhalten. Ihr müsst hoch oben danach suchen, hoch oben darum bitten und fordern – habt ihr dieses Element dann gewonnen, vermag es euch alles zu vermitteln, euch vor allem den Sinn für die Schönheit der Dinge zu erschließen. Dieses Element ist imstande, euch zu geben, was die irdische Ebene nicht kann, nämlich Freude, Eingebung, Glückseligkeit. Ich hoffe, ihr versteht mich.

Nahrungsmittel und Getränke vermitteln nur, was sie sind: Fühlt ihr euch aber nicht wohl, so seid ihr nicht in der Lage, euch an Essen und Trinken zu erfreuen. Die Gesundheit ist somit unerlässlich, um dem, was ihr esst und trinkt, ein Element hinzuzufügen. Schon wenn man nur erkältet ist, sind Geschmack und Geruchsinn beeinträchtigt. Die Nahrung bietet nicht mehr als sie ist, und so sind auch Schwimmbecken, Autos, Geld nur was sie sind: Will man etwas dabei empfinden, sich freuen, muss noch etwas mehr dazukommen. Das Element, das den Namen Gesundheit trägt, verändert somit vieles. Ähnlich bringen weder Speise noch Trank mehr als eine materielle Befriedigung, wenn nicht einfühlende Liebe und Klugheit in euch sind.

Betrachten wir jetzt die Liebe. Sowie ihr in einen Menschen verliebt seid, ist er für euch ein Genie, ein überirdisches Wesen, ein Engel; verblasst eure Liebe, wird er auf einmal ein Teufel, weil ein gewisses Etwas in euch verloren ging. Wie ihr seht: nur ein gewisses Etwas! Dann behaupten noch manche, Chemiker zu sein, wobei sie nicht die leiseste Ahnung haben, dass es eine andere, die geistige Chemie gibt, die alle im Inneren des Menschen sich vollziehenden Zustände wie Gesundheit, Eingebung, Entzücken usw. erhellt. Die Chemiker führen die Vorgänge und Erscheinungen immer nur auf materielle Ursachen zurück. Nein, diese müssen von der geistigen Chemie her erfasst werden, auf der alles gründet, und danach erst sollte man die physikalische Chemie studieren. Die geistige Chemie ist noch unbekannt, man weiß nicht um die außergewöhnlichen Erscheinungen, wunderbaren Heilungen, die sie bewirkt und die der anerkannten Chemie unerklärlich bleiben. Nun ja, ein feinstoffliches Element, Glaube genannt, findet sich ein, und der Kranke ist geheilt. Diese andere, die geistige Chemie ist demnach viel wichtiger.[1]

Ich sagte es: Gesundheit, Liebe und Licht bewirken bedeutende Umwandlungen und ihr Fehlen viele andere. Aber weit über Gesundheit, Liebe und Licht steht noch ein anderes Element, von dem alles Übrige abhängt: Dieses allvermögende Element ist ein winziges Teilchen von Gott selbst. Wie kann man es erwerben? Durch Opfer, Entsagung und Selbstüberwindung.

Ich habe euch öfter gesagt: »Ihr badet das Kind, schüttet es aus und behaltet das schmutzige Wasser.« Dies ist natürlich symbolisch gemeint: Das Kind bedeutet das lebentragende, göttliche Element und das Wasser alles Flaue, Schmutzige, Entweihte. Ein jeder wirft das Kind weg und bewahrt das Schmutzwasser. Dass man sich nicht damit befasst, dieses göttliche Element zu erlangen, heißt so viel, wie das Kind wegwerfen. Man möchte so vieles besitzen, nun gut. Aber ist es nicht besser, sich zu bemühen, dieses Element zu erwerben, das uns erst die Freude am Besitz vermittelt? Man trifft reiche Leute an, die mehr haben, als sie brauchen, sich alles leisten können und dennoch traurig und unansprechbar sind, weil der Schönheitssinn in ihnen abgestumpft ist. Sie meinen, es komme nur auf den Besitz an. Nein, die Empfindung ist alles! Sie verfügen über reiche Schätze, sind aber wie tot: Wie können sie sich ihrer Schätze erfreuen? Um sich zu freuen, muss man lebendig sein! Aber man verbringt seine ganze Zeit mit leblosen Dingen, und je mehr man von diesen toten Dingen anschafft, desto weniger wendet man sich dem Leben zu, desto mehr schwindet die Freude. Das ist eine absolut wissenschaftliche Folgerung.

Ihr wünscht euch Liebhaber, Liebhaberinnen, Geld, Autos noch und noch. Nun, beschäftigt euch zuerst mit dem, was in euch fähig ist zu fühlen und sich zu freuen: mit eurem Gemüt! Dafür tut ihr nichts: Denn eure ganze Zeit ist damit ausgefüllt, noch mehr Besitz anzuhäufen. Wenn euch dies einmal klar wird, werdet ihr eure Besitztümer verringern und die Qualität eurer Gefühle verbessern. Dann werdet ihr mit dem wenigen, das ihr habt, beständig in freudiger Stimmung leben. Wenn ein junger Mann verliebt ist und von seinem Mädchen ein Rosenblatt oder eine Haarlocke geschenkt bekommt, so lebt er in der Fülle himmlischer Wonne. Obwohl er weder Geld auf der Bank, noch eine Fabrik, noch ein Auto hat, lebt er in der Ekstase, weil seine Geliebte ihm etwas geschenkt hat; er nimmt das Rosenblatt auf, atmet seinen Duft ein, legt es während der Nacht unter sein Kopfkissen und schreibt darüber sogar Gedichte; in der Tiefe seines Herzens gewinnt es einen unschätzbaren Wert, eine große Bedeutung, und es ist, als besäße er die ganze Welt. Dies ist eine psychologische Tatsache, und sie darf, wie jede psychologische Feststellung, nicht zurückgewiesen werden, da sie aufschlussreiche Auskünfte gibt.

Wie dieser junge Mann muss auch der Schüler sich verhalten: Die unscheinbarste geistige Freude muss er steigern, verschönern; er soll, anstatt nach materiellem Besitz zu jagen, das Feingefühl ausbilden; dann wird er jahrhundertelang nicht müde, sich an dem Anblick der Sterne, der Rosen oder eines Antlitzes zu weiden. Es gibt selbst auf der Erde derart viele Dinge, die fähig sind, den Menschen in Ekstase zu versetzen. Nur sind die feinen Regungen in ihm stumpf geworden, schwingen und leben nicht mehr, vermitteln seinem Gefühl keine Anregung mehr. Die Leute sind wie Steine erstarrt, schwingen und strahlen nicht, freuen sich nicht mehr. Ein bisschen Freude haben sie nur, wenn sie sich den derbsten Lüsten hingeben. Das allein sagt ihnen zu. Für das Schöne, Zarte, Harmonische, für Musik und Poesie, für das Reine, Mystische und Göttliche haben sie nichts übrig; deshalb widerfahren ihnen immer nur Enttäuschungen und Leiden.

Überall, in Zeitschriften und Reklamen heißt es: »Nehmt dieses oder jenes, das verhilft euch wieder zur Lebensfreude!« Es wird alles empfohlen, was die Leute zu Lustbarkeit und Wohlleben, jedoch nicht zum Wesentlichen führt. Hier hingegen wird euch gesagt: »Erhebt euch durch Gebet und Meditation in geistige Höhen, und es wird euch das lichte Element zuteil, das euch den Sinn für das Schöne erschließt.« Dieses Element ist ein nicht wahrnehmbares Lichtatom; sobald ihr es erworben habt, gerät euer ganzes Wesen in Schwingung, das Leben wird so reich und schön, dass die Worte fehlen, es zu beschreiben. Geht euch dieses Element ab, so mögt ihr die Schätze der ganzen Welt zusammentragen und werdet dennoch unzufrieden bleiben.

Selbst wenn ihr sagt: »Ach, wäre mir doch vergönnt, dem größten Meister zu begegnen, um bei ihm zu lernen!« erwidere ich euch: »Die Sache ist nicht so einfach! Einem Meister zu begegnen, dürfte nicht allzu schwierig sein. Aber wenn euer Einfühlungsvermögen nicht geschult ist, um einen Meister zu verstehen, zu lieben, seine Unterweisungen zu schätzen, so mögt ihr dem größten Meister der Erde gegenüberstehen und könnt dennoch nichts erfahren, weil ihr mit ihm diskutiert.[2] Auch sollt ihr nicht sagen: »Wenn ich nur dem schönsten Mädchen begegnen könnte, um es zu heiraten!« Oder: »Wenn ich doch den Schatz der Templer entdeckte!« Mangelt euch dieses Feingefühl, das ich meine, so werden die schönsten Mädchen und auch der Schatz der Templer nur Unheil über euch bringen.

So sollt ihr denken, meine lieben Brüder und Schwestern, aber ihr vermögt den Wert meiner Darlegungen noch nicht zu fassen, weil ihr nicht gewohnt seid, die Dinge aus dieser Sicht zu betrachten. Ja, es lohnt sich Jahrmillionen daranzusetzen, um dieses Element zu erhalten, und dann wird alles ansprechend und erfreulich. Jetzt hingegen geht man über Schätze und Herrlichkeiten hinweg, man begegnet Menschen, die voller Qualitäten und Tugenden sind, man sieht die Sterne und die Sonne, aber man bleibt unsensibel, traurig und unglücklich. Beschränkt, blind und gefühllos sind die Menschen, und all das Schöne in der Welt wird nicht beachtet. So sind die Leute, und sie finden, es müsse so sein! Ich versichere euch, selbst wenn die Erzengel und Götter vom Himmel herabstiegen, würden sie nicht das leiseste Gefühl in euch wachrufen, solange nicht jene Saite in euch zu schwingen beginnt, die erst den Wert und Sinn der Dinge erschließt. Bis dahin werdet ihr euch überall unglücklich fühlen und selbst im Paradies Gottes Licht und Pracht nicht sehen.

Wenn ich manchmal sage, dass ihr Himmel und Erde besitzen könnt, glaubt ihr mir nicht. Dennoch ist es die Wahrheit: Die ganze Welt kann euch gehören. Und wie? Ihr könnt sie innerlich besitzen. Wozu sie greifbar haben wollen? Was würdet ihr mit all den Wäldern und Bergen anfangen? Ihr habt mich nicht verstanden, als ich sagte: »Eines Tages werden Himmel und Erde mir gehören«. Ja, ich fügte noch hinzu, dass auch ihr in ihren Besitz gelangen könnt. Wie ist es möglich, dass Dinge mehreren Leuten zugleich gehören? Gewiss, in der physischen Welt kann das, was dem einen gehört, nicht auch einem anderen gehören: In der göttlichen Welt ist dies möglich. Hier ein Beispiel dafür: Ein wohlhabender Mann besitzt einen prächtigen Park, in dem die schönsten Blumen und Bäume wachsen, aber er ist durch seine Geschäfte derart in Anspruch genommen, dass er keine Zeit findet, in seinen Park zu gehen: Er sieht ihn nicht und zieht keinen Nutzen daraus. Aber es kommt jeden Tag ein Dichter in diesen Park, lauscht dem Gesang der Vögel, bewundert die Blumen, die Springbrunnen, atmet den Duft der Rosen und schreibt Gedichte. Wem gehört nun dieser Park? Dem Dichter. Und der andere, der Besitzer? Er bezahlt die Steuern! – Die Erde ist das Eigentum vieler Länder, doch sie gehört mir! Warum nicht? Und auch euch; es ist lediglich eine Frage der inneren Einstellung.

Heute offenbare ich euch das Geheimnis, wie ihr alles Erwünschte erlangen könnt: Ihr müsst jenen höchsten auf dem Gipfel gelegenen Punkt suchen, jenes winzige Teilchen, ihr erhascht es, saugt es in euch ein und fühlt euch als der Herr der Welt! Ja, dieses Gefühl hat man dabei. – Ich möchte euch das Wesentlichste nahe bringen und euch zu unermesslichen, unendlich zarten Empfindungen führen; solange ihr jedoch auf dem Glauben beharrt, die Antwort auf alle Fragen liege im materiellen Besitz und in den irdischen Errungenschaften, werdet ihr diese feinen Empfindungen niemals kosten. Nein, ihr müsst auch die Sehnsucht nach dem Schönen in euch steigern. Das Erfülltsein steht häufig im umgekehrten Verhältnis zum Angebot der Güter. Man bemerkt, dass sich das Feinempfinden in dem Maße verringert, wie sich die materiellen Güter vermehren. Schaut die Verliebten an. Anfangs, wenn sie nur Blicke, Lächeln austauschen oder sich Briefe schreiben, fühlen sie sich in den Himmel entrückt; aber sowie sie viel weiter gehen, schwinden Freude und Eingebung. Somit bestätigt es sich auch hier. Wenn ihr das eine mehrt, verringert sich das andere. Das muss man sich vor Augen halten und sich immer fragen, was schwindet, wenn das andere zunimmt. Ja, man läuft dem Reichtum nach und siehe da, die Gesundheit verschlechtert sich und man wird krank.

Haltet euch an das, was ich euch heute sage, dann wird die Beglückung nicht ausbleiben. Schreitet getrost in dieser Richtung bis zum höchsten Gipfel, so wird sich alles verklären. Die Frau wird zu ihrem Mann sagen: »Liebling, wie gut du aussiehst! Ich habe dich nie so schön gesehen.« Vorher sah sie nichts! – Dank dieser höheren Sicht verwandelt sich alles; sucht ihr aber nach anderen Dingen, werdet ihr noch lange herumirren, leiden und weinen, glaubt mir. Selbstverständlich werdet ihr jenes feinstoffliche Element nicht so rasch gewinnen, aber sowie ihr ihm zustrebt, wird zu eurem größten Erstaunen alles schon merklich besser werden, ihr bemerkt, dass Engel, Erzengel und hohe Lichtwesen euch umgeben. Nur erfordert dies ein unentwegtes Fortschreiten, bis hinauf zum Gipfel der Pyramide.

Manche fragen: »Wie heißt denn dieses Element, das Sie uns nahe bringen?« Eigentlich hat es keinen Namen; es ist aus äußerst feinem Stoff geschaffen und befindet sich hoch oben, in der Sephira Kether.[3] Dort muss nach ihm gesucht werden. Wer es besitzt, vermag Wunder zu bewirken und selbst seinem physischen Körper eine neue Gestalt zu geben, zu strahlen, Licht auszusenden. Sowie es diesem Element gelingt, alle feinstofflichen Körper zu wandeln und in harmonischer Übereinstimmung erschwingen zu lassen, bewirkt es die Verklärung. Jesus hat vor drei seiner Jünger einen Beweis davon erbracht, aber sie begriffen nicht, was vor sich ging. Sie schauten gebannt, geblendet, entzückt und verstanden nicht, dass Jesus dank dieses Lichtatoms verklärt worden war.

Dieses allverwandelnde Element ist, wie ich gesagt habe, schwerelos und dennoch stofflich. Nur wenigen Eingeweihten und großen Meistern ist es gelungen, bis zu der Sephira Kether zu gelangen, um es zu empfangen; denn Kether ist eine unerkennbare, jenseits jeder Dimension liegende Welt. Dort wohnt der Himmlische Vater, der Schöpfer aller Welten. – Es gelangten, wie gesagt, nur wenige Eingeweihte bis dorthin, und die es vermocht haben, wurden zerstäubt, aufgelöst: Kether ist eine Welt von derart kurzwelligen Schwingungen, dass keiner sie aushält. Wohl sind einige zurückgekommen, doch nur dank einer besonderen Himmelsgnade, die sie mit einem zweiten, den physischen Körper bewahrenden Element bedachte.

Ihr habt sicher die Apokalypse gelesen. Was Johannes über seine Visionen berichtet hat, dass auch er bis zu Kether vorgedrungen ist. Das Buch, das der Engel ihm mit den Worten verabreichte: »Es wird dich im Bauch grimmen: Aber in deinem Mund wird's süß sein wie Honig« – ist das Symbol jenes anderen Elementes, das den physischen Körper zu bewahren vermag und der Sephira Binah entstammt. Der Prophet Hesekiel seinerseits spricht von einem Buch, das ein Engel ihm zu essen gab. Zudem wird dieses Element auch noch durch die glühende Kohle symbolisiert, die der Seraph auf Jesajas Lippen legte.

Die geistige Chemie ist das Wissen um die Elemente, womit Gott die Welt erschuf. Es sind 22, und dem ersten, Aleph, wohnt die Macht inne, umzubilden, zu veredeln, zu erleuchten, während Tav, das letzte, schützt und vor der Vernichtung bewahrt. Als Jesus sagte: »Ich bin Alpha und Omega« meinte er: »Ich besitze diese beiden Elemente der himmlischen Chemie: Das eine, das mir alles zu veredeln ermöglicht und das andere, das mich befähigt, den Himmel auf Erden zu verwirklichen.« Das ist die Bedeutung von Alpha und Omega, von Aleph und Tav.

Es ist überaus schwierig, dieses von Kether kommende Element zu erhalten, obwohl Kether die großzügigste und barmherzigste Sephira ist. Warum gelingt es nicht, das von ihr Ausgestrahlte aufzufangen? Ich sagte vorhin, um dieses Lichtatom zu erobern, sei es unerlässlich, sich geistig aufzuschwingen; tatsächlich ist es aber auch erhältlich, wenn man an Ort und Stelle bleibt: Denn es dringt bis zu uns. Empfangen wir es nicht, so deshalb, weil wir zugesperrt und von trüben Schichten umgeben sind, die sein Eintreten verhindern. Die einzige Sephira, die uns den Weg bahnt, die wirklich Türen und Fenster in uns öffnet, damit wir für dieses Element aufnahmebereit werden, ist die Sephira Jesod. Es ist demnach gar nicht nötig, sich derart mit Erhebungsversuchen abzumühen (die oftmals unfruchtbare Anstrengungen sind); es genügt, sich zu reinigen, zu waschen, zu läutern: Dank dieser Transparenz und Reinheit strömen im Nu Gottes sämtliche Eigenschaften in uns ein. Der Ausdruck »sich erheben« muss bildlich verstanden werden. In Wahrheit geht es weder um Erheben noch Senken. Ihr könnt am Ort bleiben und lediglich den Pfad zwischen Malkuth und Jesod bahnen.

Aber zwischen Malkuth, wo wir leben, und Jesod, der ersten Stufe auf dem Baum des Lebens, ist der Weg blockiert und düster: Dort lagern alle Wahnvorstellungen und Verwirrungen. Es ist die Strecke, die der Schüler zurücklegen muss, bevor er in das Reich Jesods gelangt. Malkuth ist der Boden auf dem wir leben, die Erde; und die erste Station, die von dort zu erreichen ist, heißt Jesod. Der Pfad von Malkuth nach Jesod ist erschreckend und gefahrvoll; doch wenn der Schüler mit den Ratschlägen, Anweisungen und dem Licht seines Meisters gut ausgerüstet ist, gelangt er bis dort hin. Natürlich wird er einige Federn lassen, Schmerzliches erleiden, versucht und irregeleitet werden; aber wenn ihn ein übermächtiges Sehnen erfüllt und der unbeugsame Wille ihn beflügelt, dorthin zu gelangen, wird er sich durch nichts abschrecken lassen.

Wie ich früher schon erklärte, ist die Sephira Jesod, wie alle anderen Sephiroth, in vier Bereiche eingeteilt, und der niedrigste davon ist neblig, dämmerig und grauenerregend. Unter sicherer Führung jedoch erreicht der Suchende Jesods lichtesten, klarsten und reinsten Bereich. Im selben Augenblick wird er rein, hellsichtig und frei. Da in Jesods Licht, Fülle und Macht aller anderen Sephiroth einstrahlen, ist sie von deren Eigenschaften und Tugenden reich überflutet. Die übrigen Sephiroth sind nämlich überschäumenden Behältern vergleichbar, deren Kräfte sich in Jesod ergießen. Wenn es einem Menschen gelingt, von Jesods reinem Wasser zu trinken, nimmt er dort gleichzeitig die Tugenden aller anderen Sephiroth in sich

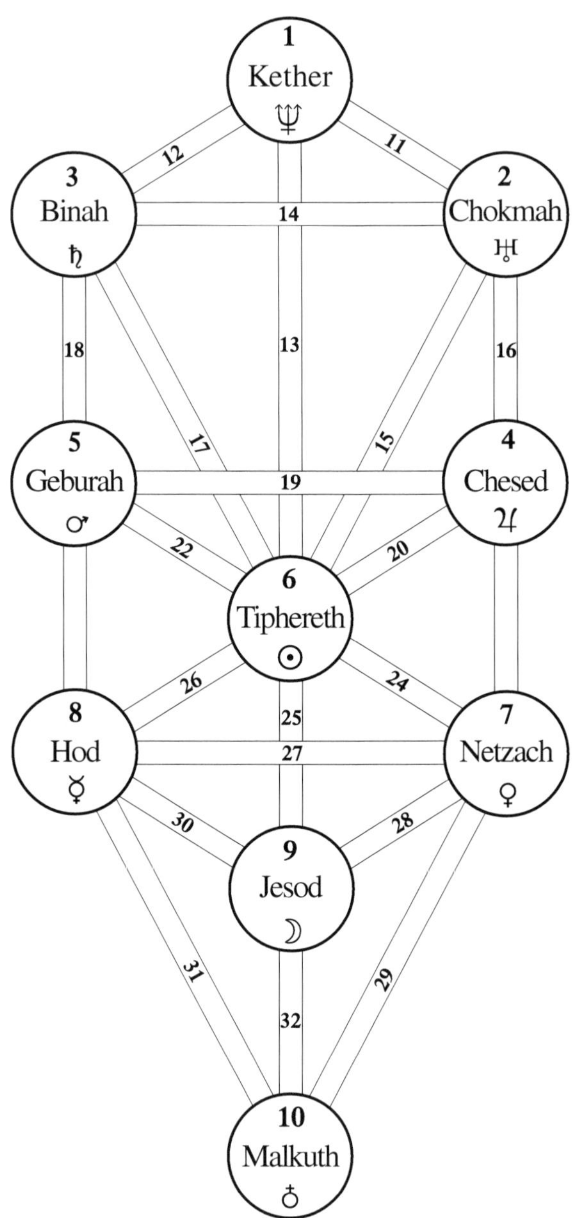

Der Sephirothbaum (Baum des Lebens)

auf. Ich versichere euch, es ist zu deren Aufnahme nicht nötig, so hoch zu steigen. Es genügt sich zu öffnen, zu läutern, da sie uns andernfalls nur umkreisen und keinen Einlass finden.

Wenn die Fensterscheiben schmutzig sind, sieht man schlecht, selbst wenn draußen die Sonne scheint. Früher, als Petroleumlampen benutzt wurden, warf die Lampe keinen Schein, wenn die Hausfrau das Glas nicht täglich putzte. Mit dem Menschen verhält es sich ebenso: Läutert er sich nicht, sieht und fühlt er nichts. Reinigt er sich aber, so dringen aus dem Kosmos die mit reichen Gütern und Pracht beladenen Strahlen in ihn ein, weil er zu ihrer Aufnahme bereit ist. Es besteht somit die Möglichkeit, dass einem alle Himmelstugenden zuteil werden: Anstatt sie holen zu müssen, werden wir von ihnen besucht. Natürlich kann man sagen, man bemühe sich, man erhebe sich geistig; doch in Wirklichkeit arbeitet man an derselben Stelle auf das Einfinden der Eigenschaften und Tugenden hin.

Im Evangelium heißt es: »Selig die reinen Herzens sind, denn sie werden Gott schauen.« Gott bedeutet die Fülle aller Sephiroth zusammen, das heißt, das Wissen, die Erkenntnis und die Einsicht von Hod – die Schönheit, die Farben und die himmlische Anmut von Netzach – das Licht und der Strahlenglanz von Tiphereth – die Macht von Geburah, das heißt, der Sieg über alle Schwierigkeiten und über die inneren und äußeren Feinde – Schutz, Gerechtigkeit, Güte und Großmut von Chesed – die Standfestigkeit, Ausdauer und das Wissen um das Schicksal und Karma von Binah – die ewige Weisheit und unaussprechliche Harmonie von Chokmah – die Allmacht von Kether. Und Jesod, die Grundfeste, nimmt die Tugenden aller Sephiroth in sich auf; sie ist deren Verdichtung und Synthese. Diese Sephira wird die Grundlage genannt, weil die Reinheit die Grundlage aller geistigen Verwirklichungen ist.

Ja, Jesod ist ganz einfach das reine Leben. Wenn man nur verstünde, dass man die Reinheit vor den Wissenschaften, Aneignungen, Fähigkeiten, zur Grundlage seines Daseins erwählen sollte! Aber die sehr gelehrten, sehr klugen Zeitgenossen haben die Frage der Reinheit vernachlässigt. »Wozu mag das reine Leben dienlich sein?« fragen sie. Sie sind mit anderen Dingen beschäftigt und erleiden danach durch ihren unlauteren Lebenswandel Schiffbruch; was sie erworben haben, geht ihnen verloren, weil die Grundlage nicht gefestigt war. Jawohl, meine lieben Brüder und Schwestern, die Grundlage. Wenn man das begreift und allein auf die Reinheit hinarbeitet, nehmen allmählich sämtliche Qualitäten und Tugenden der anderen Sephiroth in Malkuth, der irdischen Ebene, Gestalt an. Es gibt Heilige, die nie ein Buch lasen, nichts studierten und mit einem Mal himmlische Eigenschaften bekundeten: Sie verfügten über Wissen, Hellsichtigkeit und Heilkraft. Da keine trübe Schicht in ihnen verblieb, hinderte kein Filter mehr das Einfließen der übersinnlichen Fähigkeiten. Die Reinheit vermittelt Gesundheit, Macht – und obendrein die Freude.

Vergesst alles... Behaltet nur dieses eine: Die Reinheit ist die Grundlage aller anderen Güter. Die Quintessenz des hohen Wissens aller Religionsbegründer ist das reine Leben!

Licht und Friede seien mit euch!

Sèvres, den 16. Januar 1972

Weiterführende Literatur

1. Siehe Band 239 der Reihe Izvor »Die Liebe ist größer als der Glaube«, Kapitel 4: »Dein Glaube hat dir geholfen«.
2. Siehe Band 207 der Reihe Izvor »Was ist ein geistiger Meister?«, Kapitel 8: »Der Schüler vor dem Meister« und Band 234 der Reihe Izvor »Die Wahrheit, Frucht der Weisheit und der Liebe«, Kapitel 4: »Die Liebe des Schülers, die Weisheit des Meisters«.
3. Siehe Band 236 der Reihe Izvor »Weisheit aus der Kabbala – Der lebendige Strom zwischen Gott und Mensch«, Kapitel 2: »Darstellung des Lebensbaumes«.

TEIL 2

WIE DIE REINHEIT ZU VERSTEHEN IST

Kapitel 1

DIE ERNÄHRUNG, AUSGANGSPUNKT EINER STUDIE ÜBER DIE REINHEIT

Freier Vortrag

Nun, meine lieben Brüder und Schwestern, es bleiben uns heute Abend noch einige Minuten. Wenn jemand eine Frage über ein Thema stellen will, das ihn beschäftigt, werde ich versuchen, zu antworten.

Frage: »Meister, würden Sie uns sagen, wie die Reinheit zu verstehen ist?«

Die Reinheit? Vor Jahren habe ich schon mehrere Vorträge darüber gehalten. Es sind verschiedene Antworten möglich, aber im Grunde genommen ist die Reinheit gleichbedeutend mit Einfachheit, das heißt, mit dem, was einfach ist, unvermischt, keine widersprüchlichen Fremdstoffe enthält, die den harmonischen Verlauf lähmen. Wählen wir als Beispiel den menschlichen Körper. Warum den Körper? Weil es nicht nötig ist, im Ethischen und Moralischen zu suchen, um zu verstehen, was die Reinheit ist. Die Reinheit gehört sämtlichen Bereichen an und dies tritt klarer hervor, wenn man sie im Organischen, in der Ernährung studiert.

Wenn wir essen, werden die aufgenommenen Stoffe, die nicht zur Lebenserhaltung und Gesundheit des Körpers beitragen, als unrein und schädlich ausgeschieden. Nicht immer sind sie als unrein erkennbar; ein Gifttrank kann klar aussehen und dennoch den Tod bringen, wenn man davon trinkt. Schneidet man Obst auf, Orangen oder Mandarinen, staunt man über den Glanz und die Frische ihres Fruchtfleisches, aber in Wirklichkeit ist es nicht absolut rein; keine Nahrung ist vollkommen rein. – Wie verhält sich der Körper? In ihm vollzieht sich dasselbe wie an den Landesgrenzen. An den Grenzen stehen Zöllner, die in Autos und Koffern prüfen, ob nichts Gesetzeswidriges geschmuggelt wird. So sind auch zum Überprüfen der Nahrung Zöllner da, die das zum Körperaufbau nicht Verwendbare zurückweisen.

Nur ist leider der Mensch oft in einer derart schlechten Verfassung, dass er die Arbeit dieser Zöllner unbewusst hemmt. Hat er zum Beispiel Sorgen, ist er übermüdet, niedergeschlagen und verwirrt, beeinträchtigt er die Funktion dieser Wesenheiten, die beauftragt sind, eine Wahl zu treffen, sodass sie schädliche Stoffe passieren lassen, die sich im Körper anhäufen. So kann es geschehen, dass der Mensch durch sein Handeln, Fühlen und Denken auf diese Wesen in ihm, seine eigenen Zellen, schädigend einwirkt, sie verformt, stumpf macht und verdirbt. Daraufhin stellen sich Begierde, Maßlosigkeit und mangelndes Unterscheidungsvermögen bei den »Beamten« ein, die dann nicht mehr klar sehen und Giftstoffe eindringen lassen.

Ich habe euch schon einmal erklärt, wie sehr die Menschen sich irren, wenn sie sich einbilden, es genüge, vor den andern mutig, tugendhaft, beherrscht, duldsam und hilfsbereit aufzutreten und sich dabei lauter Ungereimtes zu erlauben, wenn sie allein sind. Sie ahnen nicht, dass sie vor sich selber, vor ihren eigenen Zellen, ein Beispiel geben sollten: Denn ihre Zellen sind ihre Kinder, die sie zu erziehen haben.[1] Vor anderen Leuten verhalten sie sich tadellos, und wenn sie sich allein gegenüberstehen, geben sie sich mancherlei Dingen hin, die oft nicht hasenrein sind, und die sie beobachtenden Zellen erhalten ein sehr schlechtes Beispiel. Jawohl, es prägt sich alles ein, und die Zellen sagen: »Nun gut, dann tun auch wir, was uns gefällt«, und es wird unmöglich, sie zum Gehorsam zu bringen. Auf dieses Thema will ich heute nicht zurückkommen. Ich wollte lediglich betonen, dass der Mensch aus Unachtsamkeit die Arbeit der zum Schutz seines Körpers beauftragten Wesenheiten stört: Dann treten eines Tages Tumore, Fieber und alle möglichen Krankheiten auf.

Die Reinheit im physischen Körper ist die Gesundheit. Auf der nächsten Stufe, in den Gefühlen, ist die Reinheit Glück, Freude und Seligkeit. Im Willensbereich ist sie mühelose Tätigkeit, freies Wirken, uneingeschränktes Walten. Im Denkbereich das Licht, das uns alles sehen und begreifen lässt. Wenn ich über mehrere Stunden verfügte, würde ich euch bis in alle Einzelheiten verraten, wie ich die Reinheit verstehe und aus welchem Grunde die Reinheit die Vorbedingung aller Errungenschaften, selbst der Schönheit, ist. Ja, sobald die Schleier und trüben Schichten schwinden, die das Hervortreten des Lichtes verhindern, wird das Antlitz schön und das Licht darauf sichtbar. Der Sephirothbaum, der Baum des Lebens, gründet auf der neunten Sephira: Jesod (Hebräisch bedeutet Jesod: Grund, Grundlage), und in dieser Sephira wohnt der Mond, der über die Reinheit regiert.

Ihr müsst entschuldigen, wenn ich ein bisschen unzusammenhängend spreche und mehrere Punkte nur flüchtig berühre, aber heute Abend habe ich nicht genug Zeit. Ich dachte, man werde mich über etwas fragen, auf das ich in wenigen Minuten antworten kann, aber die Reinheit ist eine der allerwichtigsten und tiefgründigsten Fragen. Ich habe mich mein ganzes Leben mit der Reinheit befasst; denn es wurde mir schon früh bewusst, dass ohne sie nichts Bestand hat. Die geringste Unreinheit im Blut, im Magen und in den Gedanken oder Gefühlen ist schon der Ausgangspunkt künftiger Wirren. Ihr solltet euch jeden Tag mit dieser Frage beschäftigen.

Reinheit zu finden ist nicht leicht: Die Luft ist mit Rauch und Benzindämpfen angefüllt, jeder weiß es; Nahrungsmittel und Getränke sind durch verschiedene chemische Produkte vergiftet. Und bei den Worten, Blicken, Gedanken, Gefühlen und

Wünschen, wo ist da die Reinheit? Ihr wendet ein: »Aber die Unreinheiten werden doch von der Erde absorbiert und umgewandelt. »Das stimmt schon, aber es gelingt ihr nicht, alles aufzunehmen. Sie absorbiert nur die physischen, materiellen Elemente, die Schalen und Abfälle, die der Mensch wegwirft, aber nicht die unreinen Gedanken und Gefühle. Wärt ihr empfänglich genug zu fühlen, was gewöhnlich von den Menschen ausgeht, ihr würdet es nicht aushalten. Seht nur hin, womit sie sich beschäftigen, woran sie denken, wonach sie streben, ihr Denken, Fühlen und Wünschen enthält schlimmste Giftstoffe, die ihre Seele nicht verkraften kann.[2] Warum ist der Diamant so rein? Weil er einfach ist: Er enthält keine Mischung, er ist reiner Kohlenstoff. Mengt ihm eine andere Substanz bei, dann ist es aus mit ihm.

Ihr seht, man kann auf jeder Seinsebene des Menschen nach der Reinheit forschen. Zur Gesunderhaltung des physischen Körpers liegt das größte Geheimnis in der Blutreinheit. Das Blut empfängt und befördert die Nährstoffe: Ob gut oder schlecht, sie werden befördert und im Organismus abgelagert. Sind die Nährstoffe rein, so erholt sich der Körper, aber sonst... Folglich ist das Erste, was der Schüler tun muss, sein Blut durch die Nahrung, die Getränke und die Atmung zu reinigen. In der gleichen Weise müssen auch die Gefühle rein sein, damit sie dem Leben des psychischen Menschen förderlich sind; denn unsere Gefühlswelt ist auch ein Organismus, der ernährt werden muss. Darüber, in der Mentalebene, befindet sich noch ein anderer Organismus, dessen Nahrung die Gedanken sind. Hegt man unreine Gefühle und Gedanken, so führt man sich genauso schädliche Stoffe zu, wie wenn man dem physischen Körper durch die Nahrungsmittel schädliche Stoffe zuführt. Auch hier gelten dieselben Gesetze, dieselben Übereinstimmungen.

Aber ja, meine lieben Brüder und Schwestern, mit der Reinheit ist nicht nur die Enthaltsamkeit den Frauen und Männern gegenüber gemeint. Es gibt viele junge Männer und Mädchen, die unberührt sind, aber in deren Herzen, Wünschen und Gedanken eine unbeschreibliche Unreinheit herrscht. Dagegen gibt es Mütter, die zehn Kinder geboren haben und rein sind wie Kristall. Ohne Zweifel ist die sexuelle Reinheit von großer Bedeutung, aber unter Reinheit verstehe ich vor allen Dingen die Reinheit der Gedanken und Gefühle. Denn im Denken und Fühlen ist man zuerst schamlos und lüstern; und dieser innere Zustand wirkt sich dann im physischen Bereich auf das sexuelle Verhalten aus.

Ja! Wenn mir heute Abend noch mehr Zeit bliebe! Denn gerade jetzt strömen mir Gedanken zu, und ich hätte Lust, euch mehr zu sagen. Aber es wartet andere Arbeit auf mich. Aber geduldet euch, wir greifen das Thema später noch mal auf, dann werdet ihr feststellen, wie bedeutungsvoll, reichhaltig und tiefgehend die Reinheit ist.

Bonfin, den 24. August 1966

Kapitel 2

DIE AUSWAHL

Freier Vortrag

Gestern sagte ich euch, man könne die Reinheit verstehen, indem man im Organismus forscht und die Ernährung als Ausgangspunkt wählt. Wir wollen sehen, was sich außerdem noch daraus ergibt.

Bekanntlich hatten die Menschen in der Vorzeit keine Ahnung von Hygiene. Sie verzehrten Fleisch, Gemüse und Früchte, ohne sie vorher zu waschen oder zu schälen, tranken schmutziges Wasser usw. Man wusste nichts von Bakterien (diese Tierchen wurden erst viel später entdeckt), die Menschen ernährten sich wie die Tiere. Seht die Tiere an: manche Vögel oder Raubtiere, sie sind nicht wählerisch, sondern fressen was kommt. Selbst die äußerlich so saubere Katze verschlingt die Mäuse mit Haut und Eingeweiden. Heutzutage sind die Menschen im Bereich der Nahrungshygiene sehr viel weiter als die Tiere. Sie wissen von Kind auf, dass bei Früchten, Fischen, Austern, eine Haut, Steine, Kerne, Gräten oder Schalen zu entfernen sind. Es hat den Anschein, als ob die Menschen zu essen verstünden. Reicht man ihnen ein Stück Käse, so schneiden sie unverzüglich die Rinde ab und gelten als zivilisierte Leute.

Natürlich nimmt man es in manchen Ländern, in Afrika oder Asien, mit der Hygiene noch nicht sehr genau. Als ich in Indien war zum Beispiel, sah ich nicht immer sehr Appetitliches: In den Hotelküchen spazierten riesige Ratten herum. Und auf der

Insel Elephanta, unweit von Bombay, sah ich Inder trübes, fast grünliches Wasser trinken! Es sollte eine heilige Stätte sein; das mag stimmen, aber das Wasser war nicht heilig – die Bakterien nehmen keine Rücksicht auf heilige Stätten. Doch halten wir uns nicht bei solchen Einzelfällen auf. Im Allgemeinen haben die Menschen in ihrer Ernährungsweise gewaltige Fortschritte gemacht. Sie haben entdeckt, wie nützlich es ist, zu raffinieren, zu sterilisieren und zu pasteurisieren, und alle Welt ist überzeugt, dass bei den Nahrungsmitteln eine Auswahl getroffen werden muss und dass es unerlässlich ist, schädliche oder unverdauliche Bestandteile zu entfernen.

Dadurch, dass der Mensch bei der Nahrung stets einen Teil entfernt, abtrennt oder wegwirft, hat er einen ungeheuren Schritt getan, der ihn von der Tierwelt unterscheidet. Nur hat er nicht bedacht, dass er noch in anderen Bereichen reinigen, waschen, entfernen und wählen muss, sowie Nützliches von Schädlichem und Reines von Unreinem trennen sollte. Gibt es in der Gedanken- und Gefühlsebene nicht auch eine Nahrung, die gegessen und verdaut wird? Ja, und dort verhalten sich die Menschen wie die Katzen: Sie verschlingen Haut und Eingeweide, das heißt Unsauberes und Schädliches. Dort, im Psychischen müssen sie noch Fortschritte machen, in der psychischen Nahrung eine Auswahl treffen lernen, wie sie es für die physische Nahrung tun.

Auf der Smaragdtafel steht geschrieben: »Langsam mit großem Fleiß sollst du die Erde vom Feuer sondern, das Feine vom Dichten«, das heißt, das Reine vom Unreinen. Sicherlich meinte Hermes Trismegistos viel mehr, denn er sprach vom Stein der Weisen. Aber das Prinzip ist das gleiche. Man scheidet das Reine vom Unreinen, wie man Gold oder Edelsteine vom Ganggestein befreit. Das ganze Leben, jede Industrie, sämtliche Berufe beruhen auf dem Prinzip des Scheidens und Wählens. Überall wird ausgewählt: in den Kaufhäusern, den Lebensmittelgeschäften, bei den Diamanten und Edelsteinen.

Die Wettbewerbe und Examen sind ebenfalls Auswahlverfahren. Ob es sich um die Ernennung eines Generals oder einer »Miss World« handelt, es geht stets um eine Wahl. Dass auch im Innenleben getrennt, ausgeschieden, gesiebt und gewählt werden muss, wissen die Wenigsten. Fragt man bei gelehrten Leuten an, welche Gedanken und Gefühle schädlich sind und dem Menschen Krankheit und Siechtum bringen, wissen sie es nicht. Für sie sind alle Gedanken und Gefühle ungefähr gleichwertig. Sie ahnen nicht, dass auch dort zu unterscheiden ist, wie bei Brennstoffen oder Nahrungsmitteln, die ihrer Qualität entsprechend eingestuft werden: erste Qualität, zweite, dritte.

Früher wurde zum Heizen und Beleuchten derart schlechtes Material benutzt, dass es rauchte, entsetzlich roch und die Augen tränten! Es war fast zum Ersticken. Heutzutage wird Elektrizität verwendet, die keinerlei Rückstände hinterlässt und keinen Rauch erzeugt. Auch bei der Kohle gibt es, wie man weiß, verschiedene Eigenschaften: angefangen bei der Kohle, die viel Wärme spendet und wenig Schlacken hinterlässt bis zu der, die kaum wärmt und eine Menge Schlacken hinterlässt. Ausnahmslos jeder brennbare Stoff, sowohl Kohle als auch Holz, Petroleum, Benzin und Stroh, enthält Unbrennbares (in unterschiedlichen Mengen, und das ist sehr wichtig). Jede Materie ist qualitativ besser oder schlechter, und es muss deshalb stets eine Auswahl getroffen werden. Mit den Gefühlen verhält es sich ebenso.

Gefühle sind wie Brennstoffe, sie sind jedoch nicht alle von der besten Sorte und vermögen daher weder das hellste Licht noch die intensivste Wärme, noch die für die Bewegung wirksamste Kraft zu liefern. Manche Gefühle sind, wie die Nahrung, genießbar, andere müssen ausgeschieden werden, weil sich etwas Unsauberes, Unreines in sie eingeschlichen hat, das die Verdauung des astralen Magens beeinträchtigt. Nehmen wir an, ihr werdet zornig, seid von Eifersucht, Hass oder Rache erfüllt, was ergibt sich daraus? Bestimmt viel Wärme, aber auch eine

Menge Rauch und Abfälle, die euch vergiften. Das wissen die Leute nicht. In der Schulwissenschaft werden die Gefühle in keinem Fach zwecks Einstufung im Einzelnen studiert. Jedes Gefühl, wie es grade aufkommt, wird verzehrt und gekostet, ohne zu überlegen, wohin es führt! Bei den Gedanken ist es auch so: Man unterscheidet nicht unter ihnen; es gibt keinen Wertmaßstab.

Alle diejenigen, die meinen, sie dürften jeder Leidenschaft, jeder Gefühlsregung und allem Schamlosen nachgeben, haben noch nie einen Einblick in des Menschen Wesen gewonnen. Sie ahnen nicht, wie er ursprünglich in den Werkstätten des Herrn geschaffen wurde. Sie wissen lediglich, dass es einen Magen und ein Geschlecht gibt, die man unbedingt befriedigen muss. Nun gut, aber sollte dabei nicht trotz allem eine Auswahl getroffen werden? Gewiss, sie werden sagen: »Eine Auswahl? Kommt nicht in Frage!« Aber wenn sie doch zugeben, dass für die Nahrung eine Auswahl getroffen werden muss, warum wollen sie nicht annehmen, dass auch das Verschlingen irgendeines Gefühls, irgendeiner Lust sie vergiften wird? Wahllos stürzen sie sich in die Arme irgendeiner Frau, irgendeines Mannes, schlafen mit dem Erstbesten, ohne im Geringsten zu ahnen, was für Dünste und Unreinheiten von ihnen ausgehen, und sie nehmen derart widerliche und ekelhafte Einflüsse auf, dass es ist, als ob sie in schmutzigen Abwässern waten. Ich bin nicht gegen Verbindungen, man muss welche eingehen, gewiss, nur fragt es sich in welcher Weise, damit man innerlich nicht beschmutzt wird. Ein Anlass zum Nachdenken.

Jede Verbindung sollte eine Steigerung, eine Verschönerung bedeuten, die Liebe soll für beide Partner stets eine Bereicherung sein. Wie oft werden sie stattdessen krank und labil, weil sie unvorsichtiger- und unvernünftigerweise allerlei Entartetes schluckten. Es handelt sich nicht darum, das Lieben aufzugeben, sondern darum, klug und vorsichtig auszuwählen, um wirklich nur das aufzunehmen, was hell und rein ist, damit man selber auch rein und licht wird. Wenn ein junger Mann und ein junges Mädchen ineinander verschlungen sind, wissen sie nicht, dass sich zwischen ihnen eine Osmose, eine Angleichung vollzieht. Ja, innerhalb ihrer elektromagnetischen Felder vollzieht sich zwischen den Strömen eine Osmose und zwar solchermaßen, dass die Schwächen des jungen Mannes in das Mädchen eindringen und umgekehrt. Auch bei den guten Eigenschaften verhält es sich so.

In der Liebe vollzieht sich zwischen den Wesen eine Nivellierung, und das ist der Grund, weshalb die Jugend sich vor dem Eingehen dieser Angleichung mit dem Gesetz des Wählens und Unterscheidens vertraut machen und wie bei der physischen Ernährung überlegen muss, bevor sie an Astrales rührt. Die Herkunft, Beschaffenheit und der Erzeuger dieser astralen Nahrung sind zu prüfen. Leider wollen die Jugendlichen nicht nachdenken; sie lassen sich nur selten von ihrer Intuition zu etwas wahrhaft Beglückendem führen. Ihrer Bildung und ihren Kenntnissen zum Trotz folgen sie blind ihren Gefühlen und nicht der Weisheit. Ich habe nichts gegen das Gefühl, nichts gegen das Bedürfnis zu lieben, ganz im Gegenteil; denn eben darin liegt ja der Sinn des Lebens. Ich meine nur, die Jugend sollte zuerst mal unterscheiden lernen, auf wen oder was ihre Wahl fällt.

Der Mensch verzehrt Brot, Obst, Gemüse, Fleisch usw. Nun, im Bereich der Gefühle liegt die gleiche Mannigfaltigkeit und Reichhaltigkeit an Nahrung vor, wie auf der physischen Ebene. Manche Gefühle sind wie Wurstwaren, jawohl, Blutwurst oder Schinken; andere Gefühle sind wie Wein, Früchte und Gemüse; da aber dieses Reich der Gefühle den Menschen unbekannt ist, verzehren sie alles was kommt und werden krank. Darum ist es nötig, dass sie alles Vergiftende von sich weisen: die Wut, die Bosheit, die Eifersucht und vor allem die sinnliche Liebe; mit dieser Liebe nämlich schleichen sich unzählige schädliche Elemente ein. Der Mensch soll nur das entnehmen, was stärkt, erleuchtet und heilt.

Im Allgemeinen spricht man von der Liebe, ohne recht zu wissen, worin sie besteht. Hier ein Beispiel. Ein Mann verliebt sich in eine Frau: Er beteuert, er verzehre sich in Liebe zu ihr. Bestimmt meint er es ehrlich, aber seine Liebe gleicht der eines Tieres, eines Raubtieres: Ihn hungert, und er will fressen. Denkt er an das Glück dieser Frau? Nein, ganz und gar nicht. Er hat Hunger und frisst. Was aus der Frau wird, berührt ihn nicht. Hat er sie erst aufgezehrt, sucht er eine andere. Die Liebe ist demnach nicht immer sehr rein und edel, dennoch ist sich alle Welt darüber einig, solches Verhalten als Liebe zu bezeichnen. – Nun ist da aber ein anderer Mann, der an die Zukunft, Gesundheit, Schönheit und Erhebung der geliebten Frau denkt; er möchte sie behüten, für sie sorgen, ihr alles schenken, was zu ihrem Glück beitragen könnte. Beides nennt sich »Liebe«, doch wie verschieden äußert sie sich! Wahrhaftig lieben heißt, in dem Bestreben lieben, die andern zu fördern. Einen Menschen zu küssen ist leicht, schwerer ist es, ihm noch nach Jahren Liebe zu bezeigen. Selbstverständlich ist Küssen ein Beweis der Liebe: Aber diesen Beweis gilt es treu zu erhalten; hingegen sind oft nach kurzer Zeit schon alle Versprechungen gebrochen und verwischt.

Ja, man findet bei den Leuten stets aufwallende Wünsche und Leidenschaften, davon gibt es in der Welt genug – was seltener ist, beinahe unauffindbar, ist die Einsicht, das Unterscheidungsvermögen. Dies ist das Wertvollste, was es gibt, aber die Menschen haben kein Verlangen danach, wollen davon nichts wissen. Weshalb? Weil sie falsch denken. Sie sagen sich: »Wenn wir verantwortungsvoll sind, müssen wir auf bestimmte Freuden und Vergnügen verzichten, und diese möchten wir uns nicht vorenthalten.« Solche Worte beweisen, wie unwissend und dumm man ist; genau das Gegenteil ist nämlich der Fall: Man fühlt sich weit beglückter, wenn man aufpasst, seine Gefühle überwacht und eine Auswahl trifft. Wie kann man glücklich sein, wenn man geistig blind ist? Wer sich nicht schützt, weil er nichts sieht, nichts vorausfühlt, ist dem Erstbesten bzw. Erstschlechtesten ausgeliefert. Bildet euch ja nicht ein, dem Glück zu begegnen, solange ihr blind seid. Es verhält sich so, wie wenn einer euch einen mit allen möglichen Dingen gefüllten Sack darreichte, mit den Worten: »Nun zu, stecke die Hand hinein und greif dir etwas Schönes heraus!« Blind vertrauend steckt ihr die Hand in den Sack, und werdet von einer Schlange gebissen, die euch den Tod bringt. Glaubt mir, solange ihr blind seid, wird stets irgendwo eine Schlange lauern, die euch beißt.

Man hat keine Ahnung von der Beschaffenheit des Menschen, weiß nicht, dass er nicht nur einen physischen, sondern noch feinstoffliche Körper hat: den Äther-Leib, Astral-Leib, Mental-Leib, Kausal-Leib, Buddhi-Leib, Atman-Leib. Was man ebenfalls nicht weiß, ist die Tatsache, dass der Mensch mit seiner hemmungslosen Leidenschaft in der Astralebene die ungeheuerlichsten Wesenheiten aufscheucht, die von ihm angezogen, über die ganze Menschheit herfallen. Dass der Mensch nichts von seiner eigenen Beschaffenheit weiß, nichts von dem Austausch, den er ununterbrochen mit den unsichtbaren Wesen anderer Bereiche eingeht, ist die Ursache seines tiefsten Unglücks. An dem Tag aber, da der Mensch weiß, wie er beschaffen ist, was die anderen Ebenen sind und in welcher Weise er unablässig mit deren Wesen in Verbindung steht, wird er Acht geben, wird auswählen, Schädliches ausschalten, seine Pforten vor feindlichen Kräften schließen und sie nur den heilsamen, harmonischen, aufbauenden Strömen öffnen.

Ja, meine lieben Brüder und Schwestern, euer Körper wird mit dem aufgebaut, was ihr aufnehmt. Sind die Stoffe nicht rein, werdet ihr unrein; sind sie schädlich, werdet ihr krank. Dieses Gesetz ist ein absolutes, nicht allein im Physischen, sondern, um wie viel mehr noch, im Psychischen, im Bereich des Denkens und Fühlens. Genau wie ihr Sorge tragen müsst, um nur gut gewaschene und gereinigte Nahrungsmittel zu verspeisen, so sorgfältig müsst ihr Tag und Nacht die in euch einwirkenden Gedanken und Gefühle beobachten. An jeder Landesgrenze stehen Zöllner, die Ein- und Ausreise nebst Transporten überprüfen. Habt ihr an eurer Landesgrenze auch Zöllner aufgestellt, damit nichts Gefahr bringendes und Schädigendes eindringt? Nein, dafür habt ihr nicht gesorgt! Und somit findet jedermann, wo immer er herkommt, Einlass und vergiftet euch. Stellt Zöllner auf! – Und jeden Gedanken, der sich einstellt, empfangt mit den Worten: »Moment mal, wo kommst du her? Welche Farben trägst du? Was bringst du mir ein, wenn ich dich aufnehme?« In solcher Weise vermögt ihr die verheerenden Folgen eines Gedankens, der euch besucht, unverzüglich zu erkennen und ihn rechtzeitig zu verjagen. Aber es wird nichts geprüft, man verschluckt das Angeflogene und denkt sich: »Nanu, mit dir werde ich schon fertig!« Und wer wird mit wem fertig?

Die Menschen fangen unüberlegt und wahllos jede Gefühlsregung und politische Idee auf. Darum sind die Menschen für einen Eingeweihten nichts mehr als Katzen, die die Mäuse mit Haut und Eingeweiden fressen. Äußerlich waschen sie sich mehrere Male am Tag, aber nur wenige reinigen sich innerlich, und darum häuft sich Schmutz an. Sie sind wohl gekleidet, gut hergerichtet, aber inwendig nähren sie dunkle Gedanken und verbreiten schlechte Schwingungen. Sie sind ahnungslos; ihnen fehlt das Wissen. Ein andermal werde ich euch verraten, wie man sich reinigen, wie man sich waschen soll, sich von all dem Schädlichen und Schmutzigen befreien kann.

Ihr bildet euren Körper mit dem, was ihr esst. Ob für den physischen-, ätherischen-, astralen- oder den mentalen Leib, eine Auswahl ist erforderlich, und es darf nichts Verstaubtes, Verschimmeltes und Vergorenes aufgenommen werden. Das Auswählen bedingt ein besonderes Wissen. Nicht alle Gedanken und Gefühle bestehen aus dem gleichen Stoff, sie existieren in verschiedenen Kategorien; je höher man nach einem Stoff sucht, desto reiner ist er. Dies trifft auch auf der physischen Ebene zu: Was rein und leicht ist, steigt empor; das Unreine und Schwere setzt sich am Grund ab, wie die Bodenhefe oder der Schlamm. Je reiner die Stoffe, desto widerstandsfähiger sind sie. Deshalb sollt ihr euren Körper mit dem allerreinsten Material aufbauen, damit kein Leiden, nicht einmal der Tod an euch zehren kann. So können weder Leiden noch Tod Herrschaft über ihn haben. Krankheit und Tod greifen nur um sich, wenn sie sich irgendwo festsetzen können. Selbst der Teufel kann nicht Fuß fassen, wo keine Schwächen und Laster sind, das heißt Unreines. Wenn man im Leben viel Unangenehmes ertragen muss, ist es ein Hinweis dafür, dass man dem Bösen Eintritt gewährte.

Ich habe euch immer gesagt, dass ich nicht gern viel in Büchern lese, weil ich die tiefsten Lebenswahrheiten dort nicht finde, wohl aber im Buch der lebendigen Natur, wo ich erkenne, dass die kosmische Intelligenz alles sichtbar eingetragen hat. Was ich euch heute darlege, entdeckte ich bei den Insekten, Ameisen, Käfern und Wanzen. Sie haben mir tatsächlich Fantastisches enthüllt. Solange ein Haus sauber ist, kommt kein Insekt. Lasst aber nur den geringsten Abfall und Nahrungsreste liegen, gleich kommen die Insekten. Wie konnten sie wissen, dass es da etwas zum Knabbern gibt? Warum fallen die Flöhe und Wanzen nur bestimmte Leute an? Deshalb, weil ihr schlackenhaltiges Blut diesen Biestern leckere Nahrung bedeutet: Sie mögen nur das Unreine: Reines widert sie an. Wollt ihr darum nicht von Parasiten heimgesucht werden, reinigt euer Haus. Wollt ihr nicht gestochen und genagt werden, reinigt euer Blut.

So wisst denn, dass sich im Psychischen das Gleiche abspielt. In den Evangelien wird gesagt, dass der Teufel von bestimmten Wesen Besitz ergriffen hatte. Wieso? Weil er dort die ihm zuträgliche, unreine Nahrung fand. Die Teufel lieben nämlich nur den Schmutz. Aus diesem Grund wird Weihrauch in Tempeln und Kirchen verbrannt; Weihrauch ist rein und vertreibt die unsauberen Geister. Benutzt man widerliche Gerüche, stellen sich die Teufel sofort ein. Darum verwenden die Zauberer zur Beschwörung der Dämonen lauter stinkende Räucherungen, Fledermäuse, Eulen, Ratten und Schlangen.

Seht, wie die kosmische Intelligenz uns unterrichtet. Sie sagt: »Lasst ihr auf der physischen Ebene Unreines in euch eindringen, so öffnet ihr den Krankheitserregern Tür und Tor: In gleicher Weise steht den Dämonen alles offen, wenn ihr in der Astral- und Mentalebene Unsauberes aufkommen lasst. Deshalb sagte Jesus, der Teufel austrieb und Kranke heilte, zu den Geretteten: »Geh und sündige nicht mehr!« Was so viel heißt wie: Lass keine Unreinheiten mehr in dich eindringen! Aber wer nimmt heute diese Mahnung noch ernst? Die Jugend ahnt nicht, dass sie beim ständigen Einlassen von Unreinheiten im feinstofflichen Bereich allem Gesetzwidrigen freie Bahn gibt. Das muss sie lernen, denn die Übereinstimmung ist absolut: Sie ist unerlässlich für des Menschen Gesundheit. Auch für die Schönheit und Denkfähigkeit ist es nötig, seine stoffliche Nahrung sorgfältig auszuwählen, und genauso notwendig ist es, bei der geistigen Nahrung wählerisch zu sein. Seine ganze Zukunft hängt davon ab. Ob er in seinem Wesen haltlos, hinfällig und kränklich oder solide, stark, wohl gebildet und ausdrucksstark ist, hängt von den aufgenommenen Stoffen ab. Ich wiederhole, ob auf der physischen-, astralen- oder mentalen Ebene, man begegnet den gleichen, absoluten Gesetzen.

Ihr werdet sagen: »Aber wie stellt man es an, die Gedanken und Gefühle auszuwählen? Wie kann man wissen, ob sie rein oder unrein sind?« Ganz einfach. Gedanken und Gefühle, die rein persönlich und ichbezogen sind, können auf keinen Fall rein sein, da sie von niederen Elementen durchtränkt sind. Jedes Gefühl und jeder Gedanke, die einzig und allein auf unser eigenes Interesse, unsere eigene Beglückung, Bereicherung und Bestärkung ausgerichtet sind und nichts Förderliches,

Wohltuendes für die Menschheit beinhalten, sind unrein. Es ist demnach leicht, sie einzustufen: Begehrlichkeit, Eifersucht, Zorn, Sinnlichkeit usw. bringen Unreinheiten. Gefühle, die den Menschen dazu antreiben, den andern Hilfreiches und Angenehmes zu erweisen: Entsagung, Selbstlosigkeit, Aufopferung, Geduld, Großzügigkeit, Sanftmut, Liebe und das Verlangen, sich mit dem göttlichen Licht zu verschmelzen, um es in die Welt zu bringen, diese Gefühle bringen allesamt die Reinheit.

Von jetzt an besitzt ihr einen Maßstab. Wenn ihr nur mit rein persönlichen Wünschen, Rachegefühlen, Eifersucht, übler Nachrede umgeht, seid ihr längst beschmutzt, auch wenn ihr euch einbildet, rein zu sein. Und wärt ihr auch in Samt und Seide gehüllt und mit Diademen gekrönt, würde ein Hellseher die trüben, widerlichen Schmutzfarben erblicken, die euren Astralleib umgeben. Jede dieser Farben entspricht einer Schwäche oder einem Laster. Schwingt ihr euch aber bis zu den höchsten Gefühlen auf, erhaltet ihr so strahlend reine Elemente, dass ein Hellseher euch in der Astral- bzw. Buddhi-Ebene mit derart klaren, traumhaft schillernden Farben sieht, dass er geblendet ist. Kennt er die Entsprechungen zwischen den Farben und Tugenden, wird er ausrufen: »Das ist sein Glaube... dies hier seine Liebe... dies seine Geduld...«

Wenn einer mit seiner Reinheit prahlt, weil er noch keine Frau umarmt hat, glaube ich ihm nicht. Mein Gott, wenn das die Reinheit wäre! Wie steht es um seine Wünsche und Gedanken? Ja, wenn er nur die abscheulichen Farben sähe, die ihn umschweben! Was ich euch da sage, ist absolut wissenschaftlich. Tausende von Eingeweihten und Hellsehern haben uns diese Wahrheit übermittelt: Sie ist in alle Ewigkeit gültig. An der Entsprechung zwischen den Tugenden und Farben kann nichts geändert werden.

Im Bereich des Denkens findet man, wie ich euch sagte, genau die gleiche Einstufung wie bei den Gefühlen. Es gibt überaus kleinliche, egozentrische, berechnende Gedanken.

Durch sie erzeugt der Mensch trübe und widerliche Farben, die anzeigen, wie »schlau« er im Betrügen, Übertölpeln und Beiseiteschaffen anderer ist. Die Eingeweihten hingegen tragen Sorge, die erhabensten Gedanken in sich zu hegen, sie denken allein an das Licht, an das Wohlergehen aller Geschöpfe auf der Erde, an das Reich Gottes, sie sind nur darauf bedacht, mit der kosmischen Intelligenz eins zu werden, sich in das Licht aufzuschwingen; sie stehen auf dem Gipfel des Denkens, und ihr Mentalleib erglänzt in allen Farben der Heiligkeit, die noch viel herrlicher leuchten als die Farben der Astralebene. Ihr wisst ja, man stellt die Heiligen mit einem goldenen Lichtkreis dar. Aber eigentlich sind alle anderen Farben auch vorhanden: Violett, Himmelblau, Smaragdgrün usw. In der Aura eines Eingeweihten sind nicht nur die sieben Farben des Prismas enthalten, sondern dazu noch Tausende und Abertausende von unbeschreiblicher Pracht.

Deshalb versichere ich euch, meine lieben Brüder und Schwestern, wenn einer das Glück hat, seine Gedanken auf Christus, auf Buddha zu richten oder einem Menschen die Gnade zuteil wird, einem großen Meister zu begegnen, der da auf Erden wirkt und bereits Jahrhunderte und Jahrtausende sein Leben für die Reinheit eingesetzt hat, und in dessen ganzem Wesen die Himmelskräfte pulsieren, die er zur Läuterung und Veredelung der Erde spendet und ausstrahlt, wenn einem die Gnade zuteil wird, ein so hehres Wesen kennen zu lernen, wird man schon allein durch seinen Anblick rein.

Das ist die Methode der Läuterung: Mit einem Menschen Umgang zu haben, der die Reinheit in seinem physischen Körper, seinem Astral- und Mentalleib erlangt hat, und der jeden verdunkelnden Gedanken, Wunsch oder herabziehende Leidenschaft von sich weist, weil er sich wohl bewusst ist, dass jeder aufsteigende Gedanke, jedes aufwallende Gefühl sich auf seine Umwelt überträgt. Was ein wirklicher Eingeweihter ist, davon habt ihr noch keine Vorstellung. Er ist hellwach und bewusst, nie befällt ihn Schlaf und selbst wenn er schläft, wacht er. Ja, er weiß genau, dass er der Kopf der Seilschaft ist, und dass er bei der geringsten Unachtsamkeit, beim geringsten Fehltritt, die gesamte Seilschaft in den Abgrund reißt. Die Schüler ahnen nicht, welche Sorgen ihren Meister beschäftigen. Sie sind so sehr in ihre belanglosen Angelegenheiten vertieft, dass sie nicht merken, was in der Seele, im Geist ihres Lehrers vorgeht. Also wartet er, wartet auf den Augenblick, da sie begreifen werden, dass er ihnen nur das Reinste und Leuchtendste bringen will. Aber – lassen wir das.

Merkt euch heute dieses eine, dass Reinheit und Unreinheit das Produkt der Menge und Beschaffenheit dessen ist, was man auf jeder Ebene aufnimmt. Bei der Ernährung nimmt man eine bestimmte Nahrungsmenge auf und scheidet die Abfälle aus. Überisst man sich, so bilden sich im Körper mehr Ablagerungen als er auszuscheiden vermag. Die großen Esser müssen bekanntlich viel öfter ausscheiden: In gleicher Weise müssen diejenigen mit zu heftigen Begierden und Leidenschaften sich auch häufiger entleeren.

Ihr meint: »Ich habe doch wohl den Anspruch auf Wünsche und Begierden!« Dadurch wird euer Astralmagen überlastet und ihr müsst eine Riesenmenge Abfälle ausscheiden; da es jedoch in der Astralwelt keine Abfallgruben gibt, seid ihr gezwungen, euch auf Kosten der anderen um euch herum zu befreien. Ein Mann, der auf der Astralebene zu viel gegessen hat, fühlt sich zu einer Frau getrieben, um sich seiner Abfälle zu entledigen und umgekehrt. Was tun die Tiere? Es gibt bei ihnen keine besonderen Orte für ihre Ausscheidungen und daher lassen sie überall ihren Schmutz. Ja, das Tier ist der Spiegel des menschlichen Astralleibs. Leute mit niederen Wünschen in der Astralebene benehmen sich genau wie die Tiere auf der physischen Ebene. Auch der Mensch, der sich geistig überisst, der wahllos alles Mögliche liest, belastet sein Gehirn. Eine Großzahl von Nervenkrankheiten und Nervenkrisen sind darauf zurückzuführen! Aber ja, in jedem Bereich ist die Überbelastung gefährlich.

Meine lieben Brüder und Schwestern, wählt die Ernährung als Ausgangspunkt zum Verständnis der in den übrigen Bereichen waltenden Gesetze. Die Ernährung ist ein Schlüssel, der die Gesetze in sämtlichen Lebensbereichen erschließt. Überall waltet eine außergewöhnliche und absolute Entsprechung.

Bonfin, den 25. August 1966

Weiterführende Literatur

1. Siehe Band 5 der Reihe Gesamtwerke »Die Kräfte des Lebens«, Kapitel 7: »Die unerwünschten Wesen«.
2. Siehe Band 219 der Reihe Izvor »Geheimnis Mensch – Seine feinstofflichen Körper und Zentren«, Kapitel 2: »Die Aura«.
3. Siehe Band 207 der Reihe Izvor »Was ist ein geistiger Meister?«, Kapitel 10: »Die magische Gegenwart eines Meisters«.
4. Siehe Band 240 der Reihe Izvor »Yoga der Ernährung«, Kapitel 4: »Die Auswahl der Nahrung«, Kapitel 5 »Der Vegetarismus« und Kapitel 6: »Die Ernährung und ihre Moral«.

Kapitel 3

DIE REINHEIT UND DAS GEISTIGE LEBEN

Freier Vortrag

Heute Morgen auf dem Felsen, meine lieben Brüder und Schwestern, habt ihr sehen können, was Reinheit ist. Welche Pracht! Alles war licht und klar, die Luft, die Farben am Himmel waren von unaussprechlicher Reinheit. Der Horizont ringsum war ein festliches Schwingen und Glänzen. An einem derartigen Morgen können diejenigen, welche die Farben lieben, sich mit der Morgenröte, der Sonne, dem Himmel verschmelzen und sich wahrhaft läutern.

Wollte ich nun das Wort »Reinheit« erklären, würdet ihr mich vielleicht nur mit Mühe verstehen. Etwas intellektuell, mit dem Verstand zu begreifen ist eines, es intuitiv, mit seinem ganzen Wesen zu erfassen ein anderes. Eine rein intellektuelle Erklärung der Reinheit, würde ohne Zweifel zu Missverständnissen führen, da die Leute infolge ihrer unterschiedlichen Bedürfnisse und Neigungen, verschieden urteilen. Ihrer Meinung nach ist das rein, was ihnen zusagt; manche Verliebte haben einen Hang für Verderbtes und Lasterhaftes und gestatten sich die unwahrscheinlichsten Dinge, von der Unschuld ihres Tuns überzeugt. Weshalb? Weil sie ihrer Liebe Ausdruck geben. Sie vertreten die Ansicht, dass die Liebe alles reinigt. Meinen sie es aufrichtig? Ja, sicher! Wie kann man das Reine vom Unreinen unterscheiden? Ihr erinnert euch noch an die Anekdote von den beiden Dieben. Zwei Strolche waren in eine

Kirche eingedrungen, um dort zu stehlen. Sie stiegen auf einen Stuhl, um einen Kronleuchter abzuhängen. Da der Stuhl aber nicht hoch genug war, holten sie einen Tisch, und da dieser ebenfalls nicht reichte, legte einer der Diebe eine dicke Bibel auf den Tisch und stellte sich darauf. Empört rief der andere: »Unglücklicher! Wo denkst du hin, das ist ja die Bibel!« »Och!« sagt der Erste, »Was tut es, wenn man reinen Herzens ist?« Seht ihr, sein Herz war rein, das war die Hauptsache! Mochte er den Kronleuchter auch abhängen, seinen Fuß auf die Bibel setzen, sein Herz war ja rein. Viele sagen: »Wenn nur das Herz rein ist«, um sich zu rechtfertigen!

Wenn neue Personen in die Bruderschaft kommen, interessiert mich immer sehr, welche Seite bei ihnen am stärksten entwickelt ist. Manche leben nur vegetativ: Sie essen, trinken und leben passiv wie die Pflanzen. Sie gehen an ihre Arbeit, laufen ein bisschen herum, doch ein reiches Seelenleben fehlt ihnen. Sie sorgen sich ihr Leben lang nur ums Essen, Trinken und Schlafen, um eine kleine Beschäftigung. Bei anderen überwiegt das tierisch Triebhafte. Da freilich ist Leben, emsiges sogar, aber noch kein Denken, keine Klarsicht; es äußern sich Instinkte, Leidenschaften, Wut, Eifersucht und Sinnlichkeit. Darüber finden sich Wesen mit verfeinertem Gefühlsleben: Sie weisen mehr Empfindsamkeit und Fantasie, etwas Poetisches, Musikalisches, Romantisches auf, aber noch keine Weltanschauung, kein göttliches Ideal. Danach folgt eine andere Gruppe, bei der das Intellektuelle sehr entwickelt ist: das sind die Leute, die studieren, lesen, schreiben, den Dingen auf den Grund gehen, die Schriftsteller, Denker, Philosophen. Sie sind noch keine Geistesmenschen, zergliedern alles, analysieren, erfassen die Dinge nur mit ihrem Intellekt. Dem Intellekt indessen sind Grenzen gesetzt! Er ist weniger begrenzt als das Vegetative, Instinktive und Empfindsame, aber ungeachtet seiner ungeheuren Möglichkeiten, findet der Intellekt nicht zu allem Zugang: Die Verstandesmenschen stehen nicht im Licht der absoluten Wahrheit.

Es gibt über dem Verstand noch einen anderen Bereich, den geistigen und göttlichen. Er ist es, der dem Menschen jenes Wesentliche vermittelt, das ihm keine andere Tätigkeit schenkt. Das geistige Leben schenkt eine Fülle, von der die heutigen Menschen weit entfernt sind, weil sie zu tief in der begrenzten Tätigkeit des Intellektes stecken. Seit einigen Jahrhunderten hat der Intellekt eine ungeheure Entwicklung erfahren. In früherer Zeit wurden die Schulen und Universitäten noch nicht in dem Ausmaß besucht wie heute; die Leute besaßen nur wenige Bücher. Heute möchte beinahe jeder in das Königreich des Intellektes aufgenommen werden. Sie ziehen die Möglichkeit gar nicht in Betracht, dass die kosmische Intelligenz höhere Entwicklungsstufen vorgesehen hat; und den Menschen drängt, vollkommenere, den Intellekt weit übertreffende Sphären zu erforschen. Über das Erreichte jedoch sehen sie nicht hinaus, wähnen sich auf dem Gipfelpunkt der Schöpfung. Wüssten sie nur, wie sehr sie sich irren!

Wenn ich einen Blick auf die Neuankömmlinge werfe und wahrnehme, dass bei manchen unter ihnen vorwiegend die niedersten Neigungen entfaltet sind, das Instinktive, das Vegetative oder gar nur der Intellekt, so macht mich das traurig und unglücklich, denn ich weiß, dass sie ihr Leben nahezu unnütz verbringen werden. Sie werden essen, trinken, Kinder zur Welt bringen, aber fernab vom Geistigen stehen; ich weiß im Voraus, dass sie nichts fühlen werden von der Schönheit, vom Reichtum und der Pracht des Universums. Sie sind so begrenzt, dass sie lediglich an der Oberfläche der Dinge, im greifbaren Kontakt mit dem Sichtbaren zu verharren wünschen. Doch wozu an derselben Stelle stehen bleiben? Jetzt gilt es Neues aufzunehmen, zu erfassen, an neue Dinge zu glauben.

Aber sie weigern sich. Weshalb? Vielleicht, weil sie ängstlich sind, weil sie fürchten, sie würden unglücklich werden und müssten auf vieles verzichten, wenn sie sich dem Geistigen öffnen, das der menschlichen Seele ungeahnte Weiten, unbekannte Möglichkeiten erschließt. Da sie noch sehr niedere, gewöhnliche Gelüste, Neigungen und Vorlieben hegen, würde ihnen der Verzicht darauf nicht gefallen. Nun, ich sage, es fehlt ihnen an Einsicht; sie bedenken nicht, dass ihre ganze Zukunft, ihr wahrhaftiges Glück, ihre Freiheit in diesem geistigen Leben liegen. Besser wäre es, sie sagten: »Einverstanden, wir haben viele Schwächen, Begierden und niedere Neigungen zu befriedigen: Wenn es auch nicht möglich ist, sie vollkommen auszumerzen, so wollen wir doch versuchen, sie einzudämmen, zu begrenzen, um einige lichtere Elemente aus dieser höheren Welt des Geistes aufzunehmen. Vielleicht rücken wir dabei diesem Höheren näher und würden Freuden empfinden, die wir bisher niemals gekostet haben.« So urteilen sie aber nicht, und man könnte diese Leute in jegliche Bruderschaft, in jedes Einweihungszentrum, ja selbst in den bedeutendsten Mysterientempel der Welt einführen, sie verhielten sich nicht anders. Bewusst oder unbewusst sind sie verschlossen. Sie sitzen da, essen, trinken, hören zu und nehmen sogar an den Arbeiten und Übungen teil, wollen sich aber nicht öffnen, sind innerlich verkapselt, ohne Regung. Das ist für mich sehr einfach zu erkennen.

Sowie ich einen Menschen sehe, weiß ich, wie er urteilt, ob er offen oder verschlossen ist, ob er das Geistige anstrebt oder nicht. Ihr denkt: »Warum sind sie denn aber hier, wenn sie nichts Höheres suchen?« Manchmal aus Neugierde oder Verwandten und Freunden zuliebe, die sie eingeladen haben; aber innerlich sind sie verschlossen; es steht für sie fest, dass sie sich nicht anstrengen wollen.

Wenn diese Geschöpfe wüssten, was sie ausgrenzen, wenn sie sich dem Göttlichen verschließen, und wie lange sie noch das Opfer von Leiden, Ungewissheit, Enttäuschung, Bitterkeit, Krankheit und Unglück bleiben werden, würden sie schleunigst ihr Verhalten ändern. Ich meine damit nicht nur ihr Benehmen. In ihrem ganzen Wesen haben sie sich vom Geist abgekehrt.

Die Unwissenheit, hält sie ewig in den Fesseln der Materie und der Begrenztheit gefangen. Man hängt an der Unwissenheit, will sich ihrer um keinen Preis entledigen, will nichts lernen. Man lässt sich mit Füßen treten, schlagen, ewig hin- und herzerren, aber von dieser Unwissenheit will man nicht lassen. Was würde man ohne sie anfangen?

Was soll ich beim Anblick solcher Köpfe denken, die nicht die geringste Anstrengung zu machen gewillt sind, um zumindest versuchsweise in die wundervolle Welt einzudringen, die Geistesleben heißt? Mögen sie bleiben, wo sie sind! Sie werden dahinvegetieren, essen, trinken, viele Kinder kriegen – aber nicht glücklich sein! In den Märchen heißt es: »Sie waren glücklich und hatten viele Kinder.« So mögen auch sie vielleicht viele Kinder haben und noch einen Haufen Geld und Häuser dazu, werden aber nicht glücklich sein – das muss ich hinzufügen. So heißt es in den neuen Märchen. Sie sind ein bisschen anders. Wie treffend diese Auslegung ist, mögt ihr früher oder später selber nachprüfen. Auch wenn ihr jetzt nicht alles versteht, früher oder später werdet ihr die Richtigkeit meiner Worte einsehen: Dann werdet ihr euch fragen, weshalb ihr nicht schon viel früher mit dem Studium begonnen, an euch gearbeitet und die geistigen Übungen durchgeführt habt.

Unbewusst sind viele unter euch dem Geistigen abgekehrt. Infolge ihrer Erbanlage oder ihrer Erziehung bleiben sie, ohne es zu wollen, verschlossen. Weil sie nie in sich gegangen sind, sich nie analysiert haben, sind sie sich ihrer respektlosen Haltung allem Heiligen gegenüber nicht bewusst. Es ist höchste Zeit, dass sie sich Rechenschaft darüber geben und klar erkennen, dass sie eine Seite ihres Wesens verkümmern lassen; sie sollten sich entschließen, jetzt etwas dafür zu tun. Sonst wird jahrelang nichts Neues in sie einströmen: weder Einsicht noch Offenbarung noch Klarheit. Unbewusst oder bewusst beharren sie auf ihrer Verschlossenheit; um weiterzukommen, müssen sie sich auftun.

Die geistige Welt ist ganz nahe, ja, sie berührt uns! Die physische und geistige Welt berühren sich, nur fühlt der Mensch nichts, weil er sich mit dichten Hüllen umgeben hat. In Wirklichkeit steht der Mensch mitten in der unsichtbaren Welt, nur fühlt er nichts davon, weil er aus der Vergangenheit Gefühle und Gedanken mitführt, die den Kontakt, die Durchdringung, die Verschmelzung mit dem Göttlichen verhindern.

Hört mir gut zu, meine lieben Brüder und Schwestern, denn es gibt viel zu lernen. Es wird nur allzu viel über Geist, Religion und Gott geredet. Aber die wenigsten wagen es, sich dem geistigen Leben zu weihen, weil sie nicht einsehen, nicht glauben, nicht fühlen, dass es das Wertvollste schenkt. Die meisten fürchten lächerlich zu wirken, Ansehen und Kraft einzubüßen oder aber der Freuden, Zerstreuungen, Vergnügen beraubt zu werden. Das ist ganz und gar nicht der Fall! Es geht einem nichts verloren. Richtig verstanden, richtig gefühlt, bringt das geistige Leben eine Bereicherung, eine Erneuerung, eine zusätzliche Kraft, die den Menschen festigt, erfüllt, verschönt und stärkt. Man verharrt bei wirklichkeitsfremden Vorstellungen, die ersetzt werden sollten.

Ihr haltet mir entgegen, manche, euch bekannte Mystiker oder Geistliche hätten ein leiderfülltes, entbehrungsreiches, qualvolles Leben geführt oder aber ein seltsames Betragen zur Schau gestellt. Darauf erwidere ich, dass jene Verhaltensweisen, die ihr für Mystik oder Spiritualität hieltet, nicht der Wahrheit entsprechen. Seelisch Kranke, Pseudomystiker oder finstere Mittlerpersonen sind keine beispielhaften Vorbilder der Geistigkeit. Geisteswissenschaft ist kein ungewisses Tasten, sie ist eine präzise Wissenschaft. Nur Geduld! Man wird euch die Maßstäbe aufzeigen, damit ihr euch klar darüber werdet, was wahre Geistigkeit ist.

Die Leute fürchten sich vor dem Geistigen nur deshalb, weil ihnen nicht richtig gezeigt wurde, worin es besteht. Es wurde ihnen scheinbar Geistiges vorgeführt, ein Ersatz, aber von der wirklichen Geistigkeit haben sie noch keine Vorstellung. Viele bilden sich ein, geistig leben bedeute zur Kirche gehen, ein paar Kerzen anzünden, zu beichten, den Armen Almosen geben, Psalmen hersagen oder über das Evangelium predigen. Nein, wahrhaft geistiges leben ist erhöhtes Leben, heißt mit dem, was oben ist, mit allem Himmlischen, Reinen, Harmonischen in Einklang leben. Unentwegt im Geistigen leben heißt, in wirklicher und inniger Verbindung mit dem Himmel stehen und ist kein äußerliches Getue: weder besondere Gebärden noch Körperhaltungen. Geistig bedeutet, dass der Geist sich kundtut. Nur zu oft stehen die Formen an erster Stelle, und die Verbindung mit diesem erhabenen Leben der Vollkommenheit ist noch nicht vollzogen.[1] Man trifft so genannte spirituelle Menschen, die alles besitzen, außer dem Geist. Da könnt ihr Komödien und Grimassen sehen, aber von Geist ist nichts zu spüren. Der Geist verleiht blühendes Leben, Kraft und Schönheit, die Auferstehung! Ihr mögt kein Wort sagen, nichts tun und dennoch offenbart sich der Geist. Wie denn? Das eben ist das Wunderbare! Es kann aber auch sein, dass ihr jahrelang Tag und Nacht niederkniet und Kerzen anzündet, ohne dass der Geist euch jemals besucht.

Eine Zeit wird kommen, in der das geistige Leben richtig verstanden wird und man ununterbrochen betet. Von was können eingefallene, düstere Gesichter mit tiefbeschatteten Augen künden? Von was für einem geistigen Leben kann die Rede sein, wenn Licht und Liebe fehlen? Aus dem Geiste leben bedeutet lieben, entsagen, Opfer bringen, gütig sein. Viele meinten, dem Geistigen durch unerbittliche Strenge näher zu kommen, als müsste man sich, um ein geistiger Mensch zu sein, hart und grausam zeigen und die anderen auf den Scheiterhaufen bringen! Mit derartigen Vorstellungen muss aufgeräumt werden.

Auch in Indien oder Japan gibt es Mönche und Yogis, die in der Absicht, ihre Willenskraft zu entwickeln, schwierige Konzentrationsübungen durchführen. Sie beobachten nicht, merken nicht, welche Veränderungen sich in ihnen dabei vollziehen, ihre Miene wird verschlossen, der ganze Mensch wird hart und starr und verhält sich den andern gegenüber abweisend. Es mag sein, dass sie dabei hervorragende Asketen werden, aber Askese ist noch kein geistiges Leben. Es ist nicht notwendig, zur Festigung des Willens Herzenswärme, Liebe, Sanftmut und Güte auszuschalten; es kann beides nebeneinander bestehen. Nicht durch die einseitige Entwicklung von Willen, Verstand oder Herz gelangt man zu geistigem Sein. Nein, wahrhaft geistiges Leben schließt das Licht des Verstandes, des Herzens wärme und darüber hinaus noch geistige Kraft ein.

Denjenigen, die das Geistesleben meiden, die sich nicht damit befassen wollen, weil sie Angst haben und es vorziehen, in dem zu bleiben, was die Welt und die anerkannte Wissenschaft bestätigen, werden die vom Geist verliehenen Reichtümern entgehen. Es mag sein, dass ihnen die Möglichkeiten der anderen Bereiche offen stehen, zum Beispiel Geld, soziale Stellung und Ansehen. Das bringt sie aber nicht weiter. Der Geist vermittelt die Fülle; öffnet sich der Mensch seinem Strom, so besiegt und überwindet er alles und wird ein vollkommenes Wesen.

Wer dieses Leben nicht anstrebt, weiß nicht, wo sein wahrer Vorteil liegt; dazu sage ich nur: »Ihr Ärmsten! Ihr wisst nicht, was ihr preisgebt!« Ihr fragt: »Und den anderen, was bringt denen das geistige Leben ein?« Den anderen? Nun, sie haben vielleicht die gleichen Widerwärtigkeiten, die gleichen Insekten zu ertragen, das heißt, ähnliche Schwierigkeiten durchzustehen, mit dem Unterschied jedoch, dass sie deren Sinn begreifen, sie überwinden, nutzen und an ihnen wachsen. Im Erdendasein ist es nicht möglich, Frost und Hitze, Stechmücken, Wespen,

Schlangen, Böses und Ungerechtes zu umgehen, aber wer geistig lebt, verfügt über Fähigkeiten, Möglichkeiten und Gesichtspunkte anderer Art, die ihn befähigen, dort Kraft zu schöpfen, wo andere erliegen.[2]

Seit 29 Jahren hört ihr mir zu, doch sehe ich, dass einige von euch die Vorteile des geistigen Lebens nicht wirklich erfasst haben. Aus dem einen oder anderen Grund sind sie bemüht, dieses Leben zu leben, ohne es recht zu verstehen. Aber an dem Tag, an dem sie erfassen, was es tatsächlich bedeutet, wird neben ihm nichts mehr Bestand haben. Dann erst werden, ungeachtet dessen, was ihr tut, selbst die unbedeutendsten und gewöhnlichsten Dinge unvermutet köstlich sein. Das Leben aus dem Geist wird euch aller Dinge Sinn und Bedeutung erschließen, denn allein des Geistes Licht kann die Augen öffnen. Ob ihr nun esst oder trinkt, spazieren geht oder heiratet, Häuser aufbaut oder abbrecht, alles was ihr tut, wird einen zauberhaften Reiz besitzen, den ihr bisher nicht gekannt habt; denn in euch ruht das Wesentlichste, das jeglicher Sache Wert und Schönheit verleiht. Andernfalls, was immer ihr unternehmt, es fehlt euch der Sinn für das Schöne.

Professoren, Wissenschaftler und Philosophen haben ganze Generationen gelehrt, den Geist zu verachten, indem sie lediglich die menschliche Intelligenz verherrlichten. Damit haben sie viel Unheil angerichtet, wofür sie verantwortlich sind. Jawohl, zahlreiche Wissenschaftler, Schriftsteller und Denker, die nicht von echten geistigen Meistern geschult wurden, richteten durch ihr einseitiges Urteil, das nur den Schein der Dinge, das heißt die tote Seite der Natur berücksichtigt, große Schäden an. Das Lebendige, Geheimnisvolle, Weihevolle und Göttliche haben sie ausgemerzt. Sie sind im Irrtum, das Leben wird sie strafen.[3] Das Unsichtbare wartet mit Geschehnissen, die sie zur Besinnung bringen und ihnen zeigen werden, dass sie ihren ursprünglichen Standpunkt ändern müssen. In nächster Zukunft, meine lieben Brüder und Schwestern, wird alles gewandelt und umbewertet. Eine wundervolle Weltanschauung zieht herauf, die die Menschen zum Leben aus dem Geist führen wird. Das wahrhaft geistige Leben ist das Leben in der göttlichen Liebe, im Geist Gottes. Leben aus dem Geist beginnt mit der Liebe zu Gott, mit dem Willen, Ihn zu erfahren und zu erkennen, Ihm Herz und Sinn zu öffnen, damit Er sich ganz, ungeteilt und vollständig in seiner Pracht und Fülle offenbare. Könnt ihr das verstehen?

Ich möchte noch etwas sehr Wichtiges hinzufügen. Das geistige Leben steigert die Schwingung und Strahlung eurer Zellen und Atome so sehr, dass es scheint, als ob sie Licht, Musik und Duft verbreiten. Schafft ihr das Geistige ab, so vermindert sich eure Strahl- und Anziehungskraft, ihr werdet ausdruckslos und finster, die anderen bemerken eure Gegenwart nicht mehr und wenden sich von euch ab. Dann klagt ihr: »Kein Mensch liebt mich mehr!« Was habt ihr getan, damit man euch liebt? Ihr habt ausgerechnet den Quell der Liebe, der hervorsprudeln und die anderen laben soll, verschüttet. Das größte Unglück, das einem Menschen widerfahren kann, ist die Abkehr vom Geistigen. Künftig wird die Schulwissenschaft entdecken, dass Unausgeglichenheit, Nervenkrankheiten und Depressionen auf den Mangel an geistigem Leben, an hohen Zielen und hehren Idealen beruhen. Dann wird sie uns Recht geben. Es wird sein, wie mit der Galvanoplastik[4], das heißt, der Arbeit, welche die Mutter während der Schwangerschaft machen muss, damit ihr Kind gesund und mit vielen Geistesgaben und Tugenden zur Welt kommt. Vor wenigen Jahren erst entdeckten die Biologen bei den Mäusen, dass der Zustand der Mausmutter einen Einfluss auf die Nachkommenschaft hat. Nun, diese Entdeckung kam viel zu spät![5]

Ich habe Leute gekannt, die weder Scharfblick, Beobachtungsgabe, intellektuelle Fähigkeiten noch Gedächtnis hatten, die jedoch eine Eigenschaft besaßen: Sie liebten das Geistige, widmeten sich jahrelang diesem höheren Leben, nährten sich davon, bis sie eines schönen Tages, dank ihrer umfassenden Einsicht, die intellektuellsten Köpfe überflügelten. Ja, wenn ihr die Welt des Geistes hoch schätzt, sie in euch eindringen lasst, kann sie ungewöhnliche Fähigkeiten in euch wecken. Gewiss sind viel Zeit, Geduld und Ausdauer erforderlich, aber die geistige Welt ist im Stande, euch bedeutende Fähigkeiten zu vermitteln, dessen bin ich sicher. Viele Wissenschaftler und Gelehrte dagegen, die das Geistige aus ihrem Leben gestrichen hatten, büßen nach und nach ihr Wissen und ihre Kraft ein, weil sie keine Gelegenheit gehabt haben, sich an des Geistes lebendigem Quell zu erneuern. Sie wussten nicht, dass das Geistesleben, als das Herrlichste und Wundervollste, jeder anderen Tätigkeit Krönung ist! Noch verhöhnen sie die Geistigkeit, aber es kommt der Tag, an dem ihnen, falls die Bedingungen es erlauben, unwiderlegbare Beweise entgegengehalten werden – dieselben, die überall von der Natur eingezeichnet sind. Dann werden sie sich nicht mehr rechtfertigen können. Eines wird sie retten: dass sie zugeben, die überall vor ihren Augen liegenden Beweise nicht selber entdeckt zu haben!

Seht die Leute an, die außerordentlich befähigt und begabt sind, aber nichts Geistiges, das heißt weder Güte noch Herzenswärme, Entsagung oder Selbstlosigkeit ausstrahlen. Liebt man sie? Nein, man fürchtet sie, beugt sich vor ihnen, duldet sie, mag sie aber nicht. Ich frage: »Oh ihr gelehrten Köpfe! Wie wollt ihr dieses Problem lösen, solange euch die geistigen Eigenschaften fehlen, die allein imstande sind, bei andern Menschen Liebe, Dankbarkeit, Bewunderung, Entzücken, Begeisterung und Hoffnung zu wecken?« Ohne das Seelisch-Geistige wird das Dasein unerträglich.

In jungen Jahren schon wurde mir klar, dass man auf das Machtstreben verzichten muss, um mächtig zu werden. Wirkliche Macht zeigt sich nicht im Befehlen, Dreinschlagen, Strafen oder Töten. Wahrhaft mächtig ist nur der, der so viel Wärme und Liebe verströmt, dass die Menschen es nicht mehr ertragen und sich »ausziehen«. Solche Macht besitzt die Sonne. Sie sagt: »Aha! Du widersetzt dich? Ich habe dich doch gebeten, deinen Mantel abzulegen!« – »Ich will nicht!« – »Du willst nicht?« – »Du wirst sehen!« Sie beginnt euch zu wärmen und da, wo Regen, Wind, Sturm und Schnee erfolglos waren, siegt die Sonne. Aber ihr versteht meine Sprache nicht. In Worte gefasst heißt das nämlich: Ihr sollt mit eurer Liebe die Leute so sehr erwärmen, dass sie ihre Schwächen, ihr Elend, ihre Krankheiten, ihre Bosheit ablegen; das ist das Geheimnis, es gibt kein anderes. Alle suchen nach anderen Mitteln, um die Liebe zu erzwingen, aber Zwang und Gewalt machen die Leute nicht gefügig, sondern nur halsstarrig. Ihr beharrt, der andere widersetzt sich, und das führt wohin?

Ich bin neugierig zu sehen, wie es den Leuten, die das Geistige ablehnen, in einigen Jahren ergehen wird. Ich weiß schon jetzt, auf wie viel Verdruss und unentwirrbare Schwierigkeiten sie stoßen werden! Auch die Kinder weisen das geistige Leben zurück, weil ihnen nicht gesagt wurde, dass es das Dasein bereichert und verschönt. Sie ersehnen es nicht, streben lediglich nach sozialem Aufstieg, wollen Wissenschaftler, Gelehrte und Wirtschaftskapitäne werden. Wozu das Geistige? Es ist ihnen unbequem, weil es sie am Unfugtreiben hindert. Auch die Religion wurde ja abgeschafft, weil sie ein Hindernis war.

Nun aber zurück zur Reinheit, obwohl wir eigentlich von Anfang an über nichts anderes gesprochen haben! Sieht man einen Fluss, so bemerkt man, dass er unten an der Mündung von Abfällen und Unrat aller Art verschmutzt ist. Je mehr man sich der Quelle nähert, desto heller ist das Wasser: Auf dem Gipfel, wo der Fluss entspringt, ist er kristallklar! Ähnlich ist es bei einer Flasche Wein oder Essig: Unten setzt sich der Satz ab, das Schwere, Dichte: Oben ist die Flüssigkeit klar. Dies ist ein Gesetz. Es mag Ausnahmen geben, aber im Allgemeinen ist es so. In den Erdtiefen finden sich die schweren Kristalle und Metalle, weiter oben verfeinert sich der Stoff, bis hinauf zu den Edelgasen und dem Ätherischen. Ähnlich verhält es sich beim Menschen: Unten sammeln sich die Abfälle an, während oben im Gehirn, im Geist, das Leichte und Lichte zu finden ist. Welche Schlussfolgerung lässt sich aus diesen Beispielen ziehen? Dass sich die Reinheit nur oben finden lässt. Tatsächlich werdet ihr die Reinheit nie auf der vegetativen oder nur triebhaften Seinsebene, ebenso wenig im Gefühlsmäßigen oder Intellektuellen finden, denn damit ist der höchste Gipfel noch nicht erreicht. Die Reinheit muss hoch oben gesucht werden, das heißt im Geist. In dem Augenblick ist man endlich von den Fehlschlüssen des Intellektes, von Begehren und Herzeleid, von den Schlacken und Krankheiten des physischen Körpers befreit. Gewiss kann sich die Reinheit in jeder Tätigkeit kundtun, in der Ernährung, den Gebärden, im Fühlen und Denken; davon sprechen wir ein anderes Mal. Die Quelle der Reinheit aber findet sich auf den Höhen des geistigen Lebens. Die Reinheit kann man nur erlangen, wenn man dem Geist die Tore der Seele öffnet, wenn man das Sonnenlicht, Gottes Liebe und Weisheit einströmen lässt.

Wenn ihr wüsstet, wie ich mich heute Morgen gelabt, wie ich mich in der Reinheit der duftigen Morgenröte gebadet habe! Zuweilen ist die Atmosphäre mit Spannung und Streit erfüllt und die Voraussetzungen zur inneren Reinigung sind nicht gegeben. Aber an einem Morgen wie dem heutigen, wie soll man da daran vorbeisehen, dass sich im Weltall etwas ereignet, sich ein Strom ergießt, in den man eintauchen und sich reinigen kann? Ich kenne noch viele andere Methoden zur Reinigung; ich werde euch später mitteilen, wie man sich mit der Erde, dem Wasser, der Luft und dem Feuer und vor allem mit den Sonnenstrahlen reinigt. Dank dieser Methoden wird es möglich, sich von den Unreinheiten, der Ursache aller Krankheiten und Zerfallserscheinungen, zu befreien.

Ich sage euch, das Leben vermittelt die Reinheit. Lasst das Leben in euch kreisen, es wird euch reinigen! Solange ein Mensch lebt, scheidet das in ihm fließende Leben die zersetzenden Giftstoffe aus. Sowie aber das Leben sich verlangsamt oder still steht, ist es aus: Unreines häuft sich an, es stellen sich Fäulnis und Zerfall ein. Darum soll man das Leben sprudeln lassen. Indem es quillt, reinigt es sich selbst, wie das Quellwasser. Springt die Quelle, wirft sie mit Macht und Fülle alles Unreine von sich. Das lese ich alle Tage im Buch der Natur! Ihr sagt: »Es gibt viele Leute, die sich nicht um das Geistige kümmern, die dennoch lebendig sind, vergnügt weiterleben und Geschäfte machen.« Einverstanden, sie sind lebendig, aber nur im Vegetativen, Triebhaften, Gefühlsmäßigen oder gar im Intellektuellen, weiter oben jedoch, im göttlichen Bereich, sind sie tot. Hat sich der Tod eingestellt, so stirbt man nicht lange danach auch unten. Wir in Bulgarien sagen, zieht man einen Fisch aus dem Wasser, so verwest zuerst sein Kopf. Genauso verhält es sich bei den Unwissenden: Sie lassen ihren Kopf verwesen, das heißt, sie vernachlässigen den Geist, und am Ende breitet sich dieser Zustand bis in die letzte Körperzelle aus. Stirbt der Mensch geistig, ist er oben bereits ein Leichnam, und stirbt nach und nach auch in den anderen Ebenen ab: Intellektuell begreift er nichts mehr, im Fühlen stumpft er ab, ist angeekelt, angewidert, ohne Freude und Begeisterung, er empfindet nichts mehr; in seinem Triebleben fehlt ihm die Kraft, die Impulse zu steuern; im Vegetativen schließlich werden die Wurzeln faul, der Baum stirbt ab. Meine lieben Brüder und Schwestern, wenn ich bei euch vom Leben spreche, verstehe ich darunter immer das geistige Leben, das reinste, lichteste Denken und nicht die gewöhnliche Vitalität.

Merkt euch Folgendes: Wenn ihr den Intellekt von den Unreinheiten befreit, so werdet ihr einsichtig und klug. Entfernt ihr die Unreinheiten aus dem Herzen, so kostet ihr das Glück. Säubert ihr den Willen von den Unreinheiten, die ihn einrosten ließen, werdet ihr mächtig. Entfernt ihr die Unreinheiten aus dem Blut, dem physischen Körper, so stellt sich die Gesundheit wieder ein. Seht, das ist mathematisch genau! Dies ist göttliche Algebra. Auch dort gibt es absolute Entsprechungen.

Überdenkt, was ich eben sagte. Denkt den ganzen Tag, ja das ganze Leben darüber nach! Es gibt nichts Wichtigeres für euch. Lasst alles andere beiseite, das Geschwätz und unnütze Plaudern und verlasst diesen Saal in der Gewissheit, dass euch soeben die tiefsten Lebensgeheimnisse offenbart wurden. Ihr hört hier bedeutende und wesentliche Dinge und sollt sie sorgfältig bewahren. Lauscht in euch hinein, so werdet ihr den Lärm und die Aufruhr hören, die in euch aufkommen, sobald ich hinausgehe. Weshalb macht ihr keine nennenswerten Fortschritte? Weil das Gehörte auf der Stelle vergessen oder verwischt wird und sich nicht in euer Hirn einprägen kann.

Lasst diese bedeutenden Wahrheiten in euch wachsen![6] Wenn ich mit euch rede, lege ich mein ganzes Herz, meine ganze Seele, meine ganze Kraft in meine Worte, damit sie auf euch wirken sollen. Aber ihr merkt nichts. Morgen kommt ihr wieder, um einen neuen Vortrag zu hören, und euer ganzes Leben wird ablaufen, indem ihr immer auf den nächsten Vortrag wartet. Wie oft habe ich gesagt: »Nehmt euch einen einzigen Vortrag und gründet euer ganzes Leben darauf!« Setzt das Wesentliche in das Zentrum eures Daseins und ihr werdet mit Staunen feststellen, wie sich alle anderen Dinge vollkommen um dieses Zentrum ordnen. Die Mitte, das Wesentliche, ist das geistige Leben. Denkt nur an dieses Leben! Das soll nun aber nicht heißen, dass man alles andere aufgeben soll. Die bedeutendsten Meister und Eingeweihten, für die nur das geistige Leben zählt, tragen doch auch Sorge für ihren Körper: Sie essen, waschen sich, kleiden sich und arbeiten, denn auf Erden ist dies unerlässlich; in Wirklichkeit dient ihnen das Materielle nur als ein Mittel, um ihr hohes Ziel zu erreichen. Ihre Seele und ihr Geist leben im Gottgeist.

Und jetzt sage ich euch, meine lieben Brüder und Schwestern, dass ich, Omraam Mikhaël Aïvanhov, in der Welt Menschen kenne, die in dieses geistige Leben eingegangen sind. Man versuchte, sie zu beschmutzen, anzuschwärzen und in die Gosse zu ziehen, aber das Göttliche, das sie umgibt, reinigt und heiligt sie immer mehr, zum größten Leidwesen der finsteren Geschöpfe. Wer kann euch beschmutzen, wenn ihr ein Weltmeer seid?

Bonfin, den 26. August 1966

Weiterführende Literatur

1. Siehe Band 235 der Reihe Izvor »Im Geist und in der Wahrheit – Wie finde ich zu Gott?«, Kapitel 11: »Im Geist und in der Wahrheit«.
2. Siehe Band 241 der Reihe Izvor »Der Stein der Weisen – Von den Evangelien zur Alchimie«, Kapitel 3: »Ihr seid das Salz der Erde«.
3. Siehe Band 234 der Reihe Izvor »Die Wahrheit, Frucht der Weisheit und der Liebe«, Kapitel 14: »Wahrheit der Wissenschaft und Wahrheit des Lebens«.
4. Siehe Band 214 der Reihe Izvor »Liebe, Zeugung und Schwangerschaft«.
5. Siehe Band 318 der Reihe Broschüren »Die wesentliche Aufgabe der Mutter während der Schwangerschaft«.
6. Siehe Band 229 der Reihe Izvor »Der Weg der Stille«, Kapitel 8: »Die Stille, Voraussetzung für das Denken«.

Kapitel 4

DIE REINHEIT IN DEN 3 WELTEN

Freier Vortrag

In den letzten Tagen, meine lieben Brüder und Schwestern, habe ich einiges über die Reinheit gesagt: Die Reinheit auf der physischen, astralen und mentalen Ebene. Natürlich habe ich nicht alles erwähnt, es ist noch viel zu ergänzen.

Wenn man von der Reinheit auf der physischen Ebene, das heißt in Bezug auf Körper, Kleidung, Gegenstände spricht, sagt man sauber, Sauberkeit. Für die physische Ebene wird nicht das Wort Reinheit verwendet. Reinheit entspricht einem höheren Bereich, dem Bereich des Herzens, der Gefühle, der Empfindungen. Reinheit und Sauberkeit sind zweierlei Dinge: Man kann sauber sein, ohne rein zu sein und rein, ohne sauber zu sein. Zum Beispiel sind die indischen Sadhus und Yogis von einer großen Reinheit in ihren Gedanken und Gefühlen, aber äußerlich, mein Gott, da kann man nicht immer sagen, dass sie sauber sind; während sich im Gegenteil viele Europäer jeden Tag und selbst mehrere Male am Tag waschen, aber innen nicht rein sind. Seht die Katze an: Ihr werdet kein saubereres Tier finden als sie, aber die Katze ist nicht rein und zwar deshalb, weil sie nur an die Mäuse denkt und sie mit Haut und Eingeweiden verschlingt. Viele Menschen gleichen der Katze. Das wisst ihr aber bereits.

Wenn wir jetzt ein bisschen höher gehen, in die Mentalebene, die Ebene der Gedanken, bezeichnen wir die Reinheit mit den Worten »heilig« und »Heiligkeit«. Die Seraphin, die der heilige Johannes am Throne Gottes geschaut hat, sagten nicht: »Sauber, sauber ist der Herr« oder »Rein, rein ist Er«..., sondern sie wiederholten: »Heilig, heilig, heilig ist Gott der Herr. Der Allmächtige, der da war und der da ist und der da kommt« Das Denken ist das Reich der Beweggründe, der Absichten, der Ziele. Ist der Mensch in seinen Ideen, Gedanken, Vorhaben nicht rein, das heißt, sind seine Ziele nicht ganz selbstlos, und arbeitet er nicht für Gott, für die ganze Welt, so kann er nicht heilig sein. Erst wenn der Mensch umfassende Weisheit, inneres Licht erlangt hat, wenn er sich zum Ziel setzt, die Vorhaben Gottes zu verwirklichen, den Willen Gottes zu erfüllen, heiligt er sich.

Auch im Hebräischen findet sich für jede dieser drei Ebenen, dieser drei Welten, ein besonderes Wort für die Reinheit. Der physische Körper heißt »Guf«, und das entsprechende Adjektiv ist »tsach«: sauber. Für das Herz (das Astrale »Nefesch«) sagt man »tarn«: rein. Für »Ruach«, für den Geist (oder höher »Neschamah«, die göttliche Seele), sagt man »kadosch«: heilig. Die Heiligen nennt man die »Kaedoschim«. Folglich, wie ihr seht, drei verschiedene Wörter: »tsach«, »tarn« und »kadosch«. Ja, für »Nefesch« gibt es sogar ein passenderes Adjektiv als »tarn«, nämlich »tachor«. Es heißt im Psalm:

Lev tachor bara li Elohim...
(Herr, schaffe in mir ein reines Herz...)

Ve ruach kadschecha al tikar mi meni.
(und entziehe mir nicht Deinen Heiligen Geist.)

Sicher finden sich in den anderen Sprachen die gleichen Entsprechungen, aber ich bin nicht sprachenkundig. Ich kann ein bisschen Russisch, ein bisschen Türkisch, aber Deutsch kann ich nicht. Was das Englische betrifft, habe ich gerade so viel gelernt, um in einer Bar einen Kaffee bestellen zu können. Nein, so schlimm ist es doch nicht; ich habe auch ein paar Mal Gespräche in Englisch geführt.

Ihr seht, was sich über die Reinheit sagen lässt! Vorher, als ich von der Reinheit sprach, hattet ihr nur einen allgemeinen Begriff davon, jetzt aber, wo ich die Worte: Sauberkeit, Reinheit und Heiligkeit herausgreife, wird diese Frage viel klarer, nicht wahr? Im Vaterunser heißt es: »Vater unser, der du bist im Himmel, geheiligt werde Dein Name...«.[1] Warum heißt es nicht: Gereinigt werde Dein Name... oder gewaschen... oder gesäubert? Nein, es heißt: »Geheiligt werde Dein Name.« Die Heiligung ist eine Form der Reinigung, aber es ist nicht mehr die Reinheit der Astralebene. Die Heiligung ist mit der Welt der Gedanken verbunden: Im hellsten Licht unserer Denkkraft soll der Name Gottes geheiligt werden. Ich habe euch bereits erklärt, was das Wort Heiligkeit bedeutet. Bei dem Wort Heiligkeit, denkt man an das Licht. Wir, im Bulgarischen, haben, wie ich schon einmal erwähnte, Ausdrücke, die diese genaue Übereinstimmung aufzeigen. Zu den Heiligen sagt man »Svetia«, und die Heiligkeit heißt »Svetost«. Das Licht heißt »Svetlina«; ich leuchte heißt: »az svetia« und die Welt heißt: »Svet«. Demnach ist der Heilige nichts anderes als ein Mensch, der das ihn erleuchtende Licht in sich trägt, jenes Licht, das die Welten schuf; das Licht macht seine Heiligkeit aus. Im Französischen liegen den Worten: Heiliger, Licht, leuchten und Welt verschiedene Sprachwurzeln zugrunde. Während im Bulgarischen, wie ihr seht, Svetia, Svetost, Svetlina, az svetia und Svet derselben Wurzel entstammen. Das ist wunderbar! Wenn man von einem Heiligen spricht, hat man nur eine seiner Eigenschaften vor Augen: seine Reinheit: Von seinem Licht wird nicht gesprochen, als wenn kein Licht in ihm wäre, obwohl die Heiligkeit im Grunde genommen eine Lichteigenschaft ist, reines Licht, das im Mentalen, im Sitz der Intelligenz und der Vernunft leuchtet.

Es heißt: »Geheiligt werde Dein Name.« Aber wo? In den Häusern? In den Tempeln? Nein, in unserem Denken soll der Name Gottes geheiligt werden. Will man den Namen Gottes heiligen, muss man Ihn zuerst kennen und in seiner ganzen Herrlichkeit erfassen. Ihr sagt: »Erfassen... Aber alle Welt erfasst!« Nein, ganz und gar nicht. Wenn alle Leute den Namen Gottes verstünden, sähe es auf der Welt anders aus! Denn es heißt auch noch: »Das ist aber das ewige Leben, dass sie Dich, der Du Gott bist und den Du gesandt hast, Jesum Christum, erkennen.« Den Namen Gottes heiligen heißt, sämtliche Eigenschaften und Tugenden seines Namens kennen, damit erfasst werde Sein Geist, Seine Liebe und wer Er in Wahrheit ist und wie Er die Welt erschuf. Den Namen Gottes kennen und den Namen Gottes heiligen ist eine ungeheure, erhabene Leistung.

Nun gibt es einen Punkt, zu dem ich einiges erläutern möchte. Ich habe soeben gesagt, man könne sauber sein ohne rein zu sein und rein ohne sauber zu sein, das stimmt; aber ich muss hinzufügen, dass man unmöglich heilig werden kann, wenn man sich nicht zuerst gereinigt hat. Ja, um die Heiligkeit zu erlangen, muss man zuerst rein sein. Ich werde euch ein Beispiel geben. In der Vergangenheit machte man Licht mit Petroleumlampen und die Hausfrauen mussten jeden Tag das durch den Rauch geschwärzte Glas auswischen. Nun, das gereinigte Glas ist die Reinheit; und das Licht, das durch das Glas dringt, ist die Heiligkeit. Deshalb müssen wir uns reinigen: Damit unser inneres Licht ausstrahlen kann. Solange man nicht rein ist, kann das Licht nicht gesehen werden. In jedem von uns ist der Funke, aber er kann sich nicht offenbaren, weil das Glas nicht gereinigt ist. Sobald das Glas sauber ist, strahlt die Heiligkeit auf. Die Reinheit ist nur die Vorbedingung, die Heiligkeit ist das Ziel. Wenn die Seele durch das Herz schwingt, ist der Mensch rein, wenn der Geist durch den Intellekt strahlt, ist der Mensch heilig.

Die Heiligkeit kommt von oben, vom Himmel, von Gott, aber die Reinheit von unten, von da, wo der Mensch die Dinge wählt. Was geschieht, wenn ihr reines Wasser in eine schmutzige Schale gießt? Die Ambrosia kommt von Gott, aber unser Gehirn, unser Herz, unser ganzes Wesen ist das Gefäß, das wir erst säubern müssen, um diese Ambrosia aufzunehmen. Ihr sagt: »Schon lange bringe ich dem Herrn meine Schale dar.« Ja, aber der Herr antwortet: »Solange Du Deine Schale nicht gereinigt hast, gieße ich nichts hinein.« Oft halten die Menschen unmögliche Gefäße dem Himmel entgegen und manchmal gar (entschuldigt!) einen Nachttopf. Deshalb sagen sich die Wesen oben: »Wenn wir Ambrosia in sein Gefäß gießen, wird es ihm Schaden zufügen.« Nicht selten lassen uns die Wesen oben zu unserer Sicherheit leer ausgehen.

Daraus könnt ihr sehen, wie wichtig diese Frage ist, meine lieben Brüder und Schwestern. Ihr müsst darüber nachdenken. Die Heiligkeit kommt von Gott, doch die Reinheit kann nur von uns kommen, es liegt an uns, sie zu verwirklichen und in uns einzuführen. Die Heiligkeit kommt von oben, und keiner ist im Stande, sie uns zu vermitteln. Solange der Heilige Geist nicht zu uns kommt, können wir nicht heilig sein. Aber wenn der Heilige Geist in uns Wohnung nimmt, so heißt das, dass wir bereits rein sind und seine Anwesenheit macht uns heilig.[2]

Im Vaterunser heißt es zudem noch »Dein Wille geschehe, wie im Himmel so auf Erden.« Ihr seht: Dein Wille. Warum wünschen die Eingeweihten den Willen Gottes zu tun? Weil dies eine magische Handlung ist. Indem sie mit ihrer ganzen Kraft wünschen, den Willen des Herrn zu erfüllen, verbinden sie sich mit Ihm, und in dieser Vereinigung gelingt es ihnen, rein zu werden und sich zu heiligen. Ihr fragt: »Aber wie denn?

Die Reinheit hat damit nichts zu tun!« Aber doch. Wenn ein Mensch den Willen Gottes erfüllen will, ist sein Wesen davon besetzt, reserviert, er ist allen anderen Einflüssen gegenüber verschlossen, und in diesem Augenblick gelingt es keinem entgegengesetzten Willen, ihn von seinem Ziel abzubringen, um sich seiner zu bedienen, weil er bereits in Diensten steht, reserviert, besetzt ist, und er bewahrt seine Reinheit. Solange der Mensch den Willen Gottes nicht erfüllt, steht er allen Winden offen, und jedes sichtbare und unsichtbare Wollen von Elementargeistern, Larven oder gar Menschen dringt in ihn, um ihn irrezuleiten. Inmitten all dieser entgegengesetzten Willenskräfte – dem Nachbarn, der Base, der Tante, der Ehefrau usw. – wird er völlig aus dem Gleichgewicht geworfen, und die Unreinheiten dringen in ihn ein. Ja, ein Wesen, das den Willen Gottes nicht erfüllt, kann weder rein noch heilig sein. Für diejenigen, die verstehen, ist dies ein aufklärender Hinweis!

Nun wisst ihr, dass ihr euch bemühen sollt, nach dem Willen Gottes zu leben, um eure Reinheit, eure Kraft zu bewahren, um unabhängig und frei zu sein. Seid versichert, wenn der Herr nicht in euch wohnt, so nehmen andere von euch Besitz, und ihr seid dann ein Knecht von lauter chaotischen, ichbezogenen und gesetzlosen Einflüssen. Solange die Menschen das nicht einsehen, solange sie keine Diener Gottes sind, steht ihr Gasthof, ihr Haus, das heißt, ihr ganzes Wesen allen Winden und jedem unerwünschten Eindringling offen, und es gelingt ihnen nie, sich zu reinigen.

Ihr seht, die Reinheit, die wahre Reinheit, die Heiligkeit ist nicht da, wo man sie gewöhnlich sucht. Sie wohnt hoch oben und muss von dorther kommen. Das Wasser fließt vom Gebirge herab: Schöpft ihr es an der Quelle, ist es rein, schöpft ihr es weiter unten, ist es stets trübe, verschmutzt und selbst gesundheitsschädigend. Holt ihr das Wasser hoch oben, wo der Herr wohnt, so werdet ihr klares Wasser trinken und dieses Wasser wird euch reinwaschen, erfrischen, beleben und unsterblich machen. Das ist das wahre Wissen! Aber haben all jene, die über die Reinheit, die Heiligkeit sprechen, diese magische Verbindung erkannt? Zur Reinheit kann man unten unmöglich gelangen. Unten findet man nur die Sauberkeit, eher noch – die Unsauberkeit!

Sucht man nach Symbolen der Reinheit auf allen Gebieten und in allen Reichen der Natur, findet man Folgendes: Für die Erde ist es der Kristall, der Edelstein oder der Diamant. Das Reinste, was die Erde hervorbringt, ist der Bergkristall oder der Diamant; übrigens, welche Kraft besitzt der Diamant! Im Pflanzenreich ist das Symbol der Reinheit die Lotosblume, die im Wasser wächst und deren Blütenblätter wunderbar lichtzart und hell sind. Ihr sagt: »Und die Lilie?..., und die Rose?...« Ja, auch die Lilie; aber die Rose bedeutet etwas anderes, sie ist eher das Symbol der himmlischen Liebe. Bei den Vögeln ist das Symbol der Reinheit die Taube. Aus diesem Grunde wird der Heilige Geist als Taube dargestellt. In Wirklichkeit ist der Heilige Geist natürlich keine Taube, aber der Vergleich hat sich eingebürgert. Bei den anderen Tieren ist das Symbol der Reinheit das Lamm, mit seiner weißen Wolle, seiner Sanftmut, seiner Einfachheit, seiner Hingabe und Demut. Im Astralbereich sind es die Engel, die »Devas«, wie man sie nennt. Und so findet man, höher und höher steigend, in den verschiedenen Reichen der Natur andere Symbole der Reinheit bis zu Gott selber, der die absolute Reinheit, die absolute Heiligkeit ist.

Überlegt denn also und überdenkt diese bedeutungsvolle Idee, dass der Mensch, der Schüler, immer darauf bedacht sein soll, nach dem Willen Gottes zu handeln, um sich zu erhalten, zu reinigen und immerfort zu heiligen. Sonst ist er gezwungen, ob er will oder nicht, anderen zu gehorchen, anderen Willenskräften, die nicht so selbstlos, rein und licht sind. Es haftet ihnen stets etwas Kleinliches, Ichbezogenes, Boshaftes an. Nie darf man sich so tief herablassen, dem Willen der Menschen zu folgen, wie das viele Leute tun, die sogar ohne Widerrede die Befehle von Betrügern oder Missetätern ausführen. Welche Unwissenheit! Gibt es hingegen Menschen, deren Wille, Vorhaben und Neigungen dem Willen Gottes entsprechen, das heißt, denen nur das Wohl der Menschheit vorschwebt und die sich einsetzen für die Wohlfahrt, die Gesundheit, die Schönheit und die Freiheit der ganzen Welt, so gehorche man ihnen! Sind ihre Ziele persönlich und begrenzt, so ist es besser, man folgt ihnen nicht.

Ich gebe euch jetzt ein Beispiel, das euch zeigen soll, dass die Menschen nicht bemerken, dass sie nicht im Buch der lebendigen Natur zu lesen vermögen. Wenn ihr Brösel oder Unreines im Zimmer oder draußen liegen lasst, wie kommt es, dass nicht lange danach allerlei Insekten, Ameisen, Wespen usw. daherkommen, um zu naschen? Weil der Schmutz sie anzieht. Säubert alles, und sie verschwinden! Demnach müsst ihr wissen: Wenn ihr Unreines in euren Gefühlen oder Gedanken habt, kommen die Unerwünschten und fallen über diese Abfälle, diesen Unrat her, und ihr werdet sie nicht mehr los. Denn seht: Auch wenn ihr versucht, die Insekten zu töten oder zu vertreiben, so könnt ihr alle möglichen Puder oder Sprühmittel anwenden, es hilft nichts. Solange noch Unrat liegen bleibt, sind immer wieder Biester da, weil immer neue kommen. Um sich ihrer zu entledigen, muss man das Unreine entfernen, dann suchen sie ihre Nahrung woanders, dort, wo Unrat liegt; denn nur das Schmutzige zieht sie an. Gibt es im Astralen, im Mentalen nicht auch Gedanken, Gefühle, die gären oder faulen? Selbstverständlich. Dort gilt das gleiche Gesetz. Entledigt man sich der Unreinheiten, so verschwinden die Unerwünschten.

Es gilt, die Reinheit gut zu verstehen. Hat man sie nicht richtig erfasst, das heißt, sie nicht in jedem Bereich erforscht, ist es ausgeschlossen rein zu werden. Ihr wendet ein: »Schaut doch dieses junge Mädchen oder dieses Kind an, sie sind rein!« Gott allein weiß, ob sie rein sind, und für wie lange? Wenn ein junges Mädchen unwissend ist, wird es sehr schnell seine

Reinheit verlieren, weil seine Reinheit eine zufällige ist; mit seiner Unwissenheit wird es sie nicht zu bewahren wissen. Deshalb muss die Jugend unterrichtet werden, damit sie endlich weiß, was Reinheit ist. Ihr sagt: »Ja, aber es ist uns noch nicht klar. Sie haben die Sache noch nicht definiert.« Ich werde euch Definitionen geben, seid unbesorgt; vorerst bereite ich den Boden vor.

Angenommen ihr seid in einem Lokal, wo geraucht wurde und grobe Leute allerlei Unfug trieben: Wenn ihr nach Hause kommt, fühlt ihr euch beschmutzt und unrein. Ihr empfindet das Bedürfnis, euch zu waschen, ins Wasser einzutauchen; danach fühlt ihr euch erleichtert. Von diesen peinlichen Eindrücken befreit, fühlt ihr euch wiederum leicht und froh. Habt ihr das beobachtet und darüber nachgedacht? Eben diese Empfindungen müsst ihr untersuchen lernen! Manchmal habt ihr den Eindruck, in eine Gosse getaucht zu sein und fühlt euch verschmiert, als ob etwas an euch klebe. Alles ist sauber, doch ihr fühlt euch nicht wohl und habt das Bedürfnis, euch zu waschen. Oder aber im Gegenteil: Ihr habt ein Gefühl der Reinheit, der Leichtigkeit, ohne zu wissen warum. Haltet ihr inne, um diese Empfindungen wahrzunehmen? Auf diese Weise nämlich unterrichtet uns Gott, denn seelische Empfindungen erteilen exakte, wissenschaftlich genaue Auskünfte.

Ihr sagt: »Gefühle sind zu unbestimmt, sie sind nicht objektiv, man kann sich nicht darauf verlassen! Was man sehen, wiegen und messen kann, was immer die gleichen Umrisse und Maße besitzt, ja, darauf kann man sich verlassen; doch das Seelenleben, das Gefühlsleben, das Subjektive ist ein zu ungenaues Gebiet!«. Darin irrt ihr euch: Dort gibt es ebenfalls feststehende Begriffe, absolut beständige Wertmaße, auf die man sich verlassen kann. Das ganze Gebiet des Subjektiven wurde von den Menschen vernachlässigt. Da sie noch keine geeigneten Instrumente entdeckten, die infolge der Schnelligkeit und Feinheit der psychischen Phänomene im Stande wären zu registrieren, was in dem Gebiet des Fühlens und Denkens geschieht, haben sie es den Esoterikern, Medien, Eingeweihten überlassen, und das ist sehr schade. Später aber werden sie sich damit beschäftigen und die gleiche Genauigkeit, die gleiche wissenschaftliche Präzision wie auf der grobstofflichen Ebene entdecken.

Das Leben ist das Wesentlichste; das Lebendige vernachlässigen und nur auf das Tote, Erstarrte, Verhärtete zählen, unter dem Vorwand, dass es leichter zu beobachten sei, ist unklug. Insbesondere, da in Wirklichkeit das Lebendige noch viel genauer und bestimmter ist. Nur muss man wissen, mit welchem Thema und welchem Aspekt man sich eingehender befassen will. Auf dem Felsen, beim Sonnenaufgang, fühlt ihr zuweilen eine Ruhe und schwebende Leichtigkeit, als würdet ihr von Flügeln getragen. Nun, so geht denn auch diesem Gefühl nach! Denn es ist eine Wirklichkeit und sogar viel wirklicher als alles Feste und Materielle. Oder es ist euch nach einem Gespräch zumute, als ob ihr durch Blicke oder Aussagen beschmutzt wurdet: Geht auch diesem Gefühl der Unreinheit nach! Dann werdet ihr sehen, dass auch im Subjektiven und Unsichtbaren absolute Maße existieren.

Und nun fragt ihr: »Aber wie soll man wissen, was rein und was unrein ist?« Das ist sehr leicht zu erfahren. Einst sagte mir jemand, man wisse nie, was gut oder böse, gerecht oder ungerecht sei. Als ob man das nicht erfahren könnte! Man kann es mit absoluter Genauigkeit erfahren. Und wie? Ganz einfach: Ihr wollt dem oder jenem etwas antun und seid ungewiss, ob es gut oder böse ist. Nun, versetzt euch an seine Stelle! Ihr wollt zum Beispiel einem Menschen eine Ohrfeige erteilen, aber eine tüchtige! Gebt sie zuerst euch selber; ihr werdet merken, dass der Schlag nicht besonders angenehm war. Demnach ist er für den andern auch nicht gut. Wieso wisst ihr plötzlich, dass euer Verhalten nicht gut ist? Mein Gott, welche Klarheit, welche Weisheit, welche Klugheit auf einmal! Wenn man selber betroffen ist, weiß man immer, was gut oder schlecht ist. Fügt einem Menschen einen geringfügigen Schaden zu, beschimpft ihn, gebt ihm einige Ohrfeigen, ihr werdet sehen, ob er euch nicht auf der Stelle zeigen wird, dass er sämtliche Gesetzbücher samt Paragrafen und die ganze Rechtswissenschaft kennt! Fügt er aber seinerseits den andern etwas Böses zu, dann weiß er merkwürdigerweise nicht mehr, ob es gut oder böse ist. Wenn er verleumdet oder entehrt hat, Misstrauen und Zweifel gehegt, andere Menschen herabgesetzt, auseinandergebracht und vom Lichtweg abgehalten hat, weiß er nicht, ob dies gut oder böse ist. Er hätte es indessen sehr wohl wissen können: Er brauchte sich nur an die Stelle des anderen zu versetzen! Jesus fasste diese bedeutende Wahrheit in die Worte: »Alles, was ihr wollt, dass euch die Leute tun sollen, das tut ihnen auch.« Sämtliche Gesetze sind darin enthalten, und dann fragen die Leute noch: »Ist es böse, wenn ich dem oder jenem antue, was ich vorhabe?« Übrigens stellen sie sich diese Frage gar nicht, denn sonst wäre ihnen die Antwort sofort klar!

Hier noch etwas zu der Reinheit. Was tat Jesus, als die Schriftgelehrten und Pharisäer zu ihm kamen und ihm die Ehebrecherin zuführten, die nach dem Gesetz des Moses gesteinigt werden sollte? Er bückte sich und schrieb etwas in den Sand (bisher wurde noch nie offenbart, dass es kabbalistische Zeichen waren!) und sagte: »Wer unter euch ohne Sünde ist, der werfe den ersten Stein auf sie!« Somit durften nur die Reinen es wagen, zu urteilen oder zu beschuldigen. Da sie aber wussten, dass sie alle mehr oder weniger in anrüchige Angelegenheiten verwickelt waren, wurde ihnen Angst. Ja, denn der Sinn der Zeichen, die Jesus niederschrieb, war ihnen bekannt, (diese Zeichen drückten aus, dass alles auf diejenigen zurückfallen würde, die nicht rein waren). So machte sich einer nach dem anderen aus dem Staube, und Jesus blieb mit der Frau allein zurück. Jesus sprach zu ihr: »Weib, wo sind sie, deine Verkläger? Hat dich niemand verdammt? – Herr, niemand – So verdamme ich dich auch nicht: Gehe hin und sündige fortan nicht mehr!« Jeder kennt diese Geschichte: Aber hat man sie verstanden? Ihr sagt: »Wie? Priester und Pfarrer haben darüber gepredigt!« Ach, das ist es ja: Es wurde zu viel gepredigt und nicht verstanden!

Warum hat man nicht gemerkt, dass nur die Unreinen die anderen der Unreinheit bezichtigen? Weshalb hat Jesus, der Reine, diese Frau nicht beschuldigt? Daraus entnehme ich die folgende Einsicht: Alle, die hässlich sind, bemängeln die Schönheit und alle die unrein sind, stürzen sich auf die Reinen. Die Reinen nämlich kümmern sich nicht um die Unreinheit der anderen, sie haben Besseres zu tun. Die wirklich rein sind, haben nie den Mund geöffnet, um einen Menschen seiner Unreinheit wegen zu tadeln, obwohl sie das Recht dazu hätten. Sie tun es nicht, weil sie darüber stehen. Jesus hatte volles Recht, diese Frau anzuklagen, aber er tat es nicht, weil die Reinheit sich nicht um den Schmutz der anderen kümmert. Die Reinen denken nur daran, die anderen reinzuwaschen, die Unreinen hingegen nur daran, sie zu beschmutzen und zu verleumden. Es ist nicht edel, die anderen zu beschmutzen. Überlasst jeden der Gerechtigkeit Gottes! Ist ein Mensch unrein, nun, so wird der Himmel ihm seine Schönheit, seine Tugenden und seine Fähigkeiten entziehen, wird ihm keine Reichtümer mehr senden und ihm allen Segen vorenthalten. Nicht euch steht es zu, ihn zu verurteilen. Verleumdet ihr einen Menschen, der in der Reinheit lebt, so wird er noch herrlicher, noch mächtiger, noch klüger, was immer ihr auch tut, und ihr werdet euch grämen und sagen: »Ha, ich bringe es nicht fertig, ihm zu schaden!« Jawohl, so ist das traurige Schicksal derjenigen, die sich einbilden, rein zu sein und über die andern richten zu dürfen. Wenn einer eine Quelle ist, kann er nicht beschmutzt werden; anstatt ihn zu bemängeln, würdet ihr besser daran tun, ihn nachzuahmen, um eurerseits eine Quelle zu werden, die sich immerzu beim Sprudeln selber reinigt.

Seit Jahren ist mir gar manches klar geworden, und deshalb kümmere ich mich nicht um den Schmutz der anderen. Im Gegenteil, ich nehme sie wie sie sind, versuche ihnen zu helfen, ihnen meine Liebe, mein Licht zu schenken, auch wenn sie vielleicht nichts verstehen. Wenn sie diesen lichten Weg nicht betreten, sind sie früher oder später innerlich mit Schmutz behaftet. Die Leute, die mit ihrem Leben am unzufriedensten sind, sind immer die unreinsten. Anstatt das höchste Ideal anzustreben, kümmern sie sich nur um das Tun und Lassen der anderen, sie belauschen, argwöhnen und verbreiten Zweifel und Verleumdungen über sie. Das ist die Unreinheit: von Zweifel, Argwohn, Eifersucht, Neid und allem Negativen erfüllt zu sein.

Ich möchte euch jetzt noch auf einen Vorgang aufmerksam machen, der euch bisher entging, jedoch sehr aufschlussreich ist. Ihr habt zum Beispiel einen Kaffee oder sonst etwas Anregendes getrunken und fühlt euch körperlich wieder frisch und kräftig. – Wie wirkt sich das psychisch aus? Nun, Glaube und Hoffnung haben sich gefestigt, eure Aufnahmebereitschaft und Tatkraft gestrafft. Die Steigerung eurer Nervenkraft wirkt sich auf alle Bereiche aus. Ein anderes Mal dagegen fühlt ihr euch müde und abgespannt, Lebensmut und Zuversicht sind im Schwinden: Das Denken verliert an Klarheit, der Wille an Festigkeit und euer Selbstvertrauen sinkt ab. Worauf ist das zurückzuführen? Äußerlich hat sich nicht viel verändert, doch innerlich hat etwas nachgelassen, und nun liegt alles darnieder. Nun fließt euch aber auf die eine oder andere Weise neue Lebenskraft zu und im Nu erwachen wieder hoffnungsvolle Zukunftspläne. Solches ereignet sich öfters, nicht wahr? Darum ist es nicht erstaunlich, dass Kinder, Jugendliche und sehr vitale Menschen viel Hoffnung, Mut, Freude und Liebe in sich tragen, während ältere Leute weniger beschwingt, weniger unternehmungslustig und wohlgemut sind, rasch aufgeben, traurig den Kopf hängen lassen. Ja, traurig und trostlos!

Als Jesus sagte: »Ich bin gekommen, dass sie das Leben haben«, so deshalb, weil er wusste, dass das Leben das Wesentlichste ist. Nur meinte Jesus damit nicht allein das Biologische, die Vitalkraft. Dieses Leben haben die Menschen ja bereits in sich; es war nicht nötig, dass Jesus es ihnen schenkte; zudem ist es diesem Leben nicht gegeben, im Geistigen Hervorragendes zu bewirken; denn mit den Kräften, die sich in Magen, Bauch, Lungen und Sex befinden, ist der Mensch nur aufs Essen, Trinken, Schlagen und Verführen bedacht.

Wenn also Jesus sagte: »Ich bin gekommen, damit sie das Leben haben«,[3] meinte er das geistige Leben. Damit komme ich von neuem auf das Geistesleben zu sprechen, denn es ist die sämtliche Möglichkeiten erschließende Ursache. Ähnliche Erfahrungen habt ihr alle gemacht, aber dabei das Wesentliche nicht erfasst: die Bedeutung des Seelisch-Geistigen. So strebt denn nach diesem geistigen Leben! Denn sowie ihr in diesen unmittelbar von Gott kommenden Strömungen lebt, werdet ihr auf einmal edelmütig, treu und einsichtig. Dieses Leben treibt euch dazu voranzuschreiten, an eurer Vervollkommnung zu arbeiten und überall Licht, Hoffnung und Liebe zu verbreiten. Gerade dieses geistige Leben wäre imstande gewesen, die edelsten, erhabensten Gedanken und Gefühle in den Menschen wachzurufen, aber sie wandten sich davon ab und werden von Tag zu Tag habgieriger, gröber, sinnlicher, gemeiner und grausamer. Aber ja, meine lieben Brüder und Schwestern, trachtet unablässig nach dem geistigen Leben, versucht ihm näher zu kommen und es auszuströmen. So leicht ist es allerdings nicht, weil das Geistige hoch oben beheimatet ist und ein ganzes Antennensystem erforderlich ist, um es aufzufangen, es in euch kreisen zu lassen und von ihm gespeist, erquickt und erfreut zu werden. Beginnt ihr es zu kosten, so wird euch der Segen dieses Lebens bewusst.

Wenn Jesus betete, damit seinen Jüngern dieses Leben zuteil werde, beweist dies, dass sie es noch nicht besaßen. Sicherlich hatten sie etwas, das der wirklichen Geistigkeit nahe kam, aber des geistigen Lebens Quintessenz besaßen sie nicht. Die Worte Jesu: »Ich werde euch den Geist senden«, beweisen, dass sie ihn noch nicht empfangen hatten. Die Christen denken, dass die Apostel schon vollkommen waren. Aber nein! Erst durch Jesus sind sie es geworden. Jesus hat sich für sie eingesetzt und hat für sie gebetet, bis sie jenes geistige, göttliche Leben empfingen, das auch das ewige Leben genannt wird. Denn das ewige Leben ist nichts anderes als das geistige Leben. Das ewige Leben darf nicht als eine unendlich lange Zeit aufgefasst werden. Nein, eine einzige Sekunde kann durch ihre Qualität Ewigkeitserleben bedeuten. Nicht die Zeitdauer erhebt das Leben zur Ewigkeit, sondern die höchste Steigerung des Seelisch-Geistigen.

Selbst wenn die Menschen die Erde verlassen müssen, dürfen sie ihnen das ewige Leben zu erfahren. Man sollte nicht denken, das ewige Leben sei ein ewiges Erdendasein, wie in jener Sekte, deren Anhänger sich eingebildet hatten, niemals sterben zu müssen. Starben sie dennoch, so war das Zufall. Demnach starben sie alle zufällig, doch keiner durch den Willen Gottes! Seltsam, nicht wahr? Wie ihr seht, geben sich viele Christen Illusionen hin und wiegen sich in trügerischen Hoffnungen; unglaublich! Sie sind übrigens nicht die Einzigen. Viele andere Sekten gibt es, die noch an irrigen Vorstellungen haften, doch wird das eines Tages alles richtig gestellt werden. Ihr sagt: »Sie gehören aber auch dazu, ihre Lehre ist eine Sekte.« Ganz und gar nicht! Unsere Lehre ist keine Sekte. Ich wagte einst sogar zu sagen, dass die katholische Kirche im Augenblick eine Sekte sei, weil sie bestimmte Wahrheiten nicht annimmt. Ja, ungeachtet dessen, dass das Wort »katholisch« allumfassend bedeutet, ist die katholische Kirche begrenzt. Wohingegen unsere Lehre eine Synthese des Besten ist, was es bei den Christen, Buddhisten, Tibetern, Israeliten, Muslimen, Taoisten usw. gibt; sie ist eine universale Lehre, die sich dereinst überall verbreiten wird.

Ihr sagt: »Klar, Sie predigen für ihre Kirche!« Eine Kirche ist es gerade nicht, sonst hätte ich sie längst als Erster verlassen. Ja, ich als Erster. Wisst ihr übrigens, warum wir keinen Tempel haben? Weil er nur klein, begrenzt und von Menschenhand gebaut wäre. Denn es steht schon ein Tempel errichtet, das Universum, der alleinige Tempel Gottes, und deshalb wollen wir keinen anderen Tempel bauen. Alle haben ihre Kirchen und Kapellen, wir sind beinahe die Einzigen, die keine besitzen. Wozu einen Tempel, wenn es schon den Tempel der Natur gibt? Auch jeder von uns ist ein kleiner Tempel; in diesem Tempel sollen wir Gott anbeten. Ja, wir sollten innerlich ständig in unserem eigenen Tempel weilen! Es gibt viele, die, wenn sie nicht in einer Kirche sind, nicht mehr zu Gott beten können: Als ob Er nirgendwo anders wäre, als in den Kirchen! In ihren eigenen Tempel versuchen sie nicht einzutreten, obgleich in der Heiligen Schrift steht: »Ihr seid der Tempel des lebendigen Gottes.« Jawohl, ihr seid ein Tempel, und diesen Tempel sollt ihr sauber und rein erhalten! Da die Menschen dies nicht wissen, lassen sie ihren Tempel durch Abfälle und Unreinheiten verunstalten und begnügen sich damit, einmal im Jahr einen von Menschenhand erbauten Tempel zu betreten. Das genügt nicht. Auf solche Weise wird sich keine Wandlung vollziehen. Alle Tage, den ganzen Tag über, die ganze Nacht hindurch, soll man in seinem eigenen Tempel weilen und ihn nie verlassen und dazu von Zeit zu Zeit in den großen Tempel der Natur gehen. Das wird die Weltanschauung und Religion der Zukunft sein. Jawohl, dann wird eine Hoffnung bestehen, dass der Mensch sich bessert und wandelt, denn er wird Tag und Nacht in seinem Tempel weilen, um ihn zu reinigen und zu schmücken, damit der Herr und die Engel kommen, um darin Wohnung zu nehmen. Jetzt hingegen geht man einmal im Jahr zur Kirche, um eine Kerze anzuzünden! Das ist lächerlich und albern! Selbst einmal pro Woche hinzugehen ist zu wenig.

Als die Menschen geistig noch nicht so entwickelt waren, wurde ein Tag pro Woche zum Kirchenbesuch festgesetzt. In der neuen Religion jedoch werden es sieben Wochentage sein, die ganze Woche, das ganze Leben im Gotteshaus! Einen einzigen Tag nur, das ist zu einfach. Und was wird die übrigen sechs Tage getan? Man betreibt Geschäfte, stiehlt, betrügt, begeht Ehebruch und am siebenten Tag wird für einige Minuten in die Kirche gegangen, die Hand in den Weihwasserkessel getaucht und damit hat man seine Pflicht getan! Wäre solches Tun wirksam, sähe es in der Welt besser aus. Ich jedenfalls glaube nicht daran. In diesem einen Fall bin ich ungläubig und nicht zu überzeugen! Ich glaube an wirksamere Dinge. Ihr sagt: »Wie, was erzählen Sie da, das ist ja fürchterlich!« Nein. Die Religionsgründer waren bedeutende Psychologen und Pädagogen, sie wussten, was sie taten. Sie kannten die Menschennatur und wussten sehr wohl, dass man in der damaligen Zeit nicht mehr von ihr verlangen konnte. Deshalb hatten sie die für die Mehrheit der Menschen allzu strengen Vorschriften ein bisschen erleichtert. Aber die Zeit kommt, da die Menschen sagen werden: »Nur an einem Tag in die Kirche gehen? Nein, ich will Tag und Nacht in der Kirche bleiben und sogar dort schlafen!« In welcher Kirche? In ihrer eigenen Kirche, in ihrem eigenen Tempel natürlich! In der neuen Religion wird man nach den Vorschriften der Heiligkeit in der eigenen Kirche essen, trinken, schlafen, sprechen und küssen. Ihr ruft: »Mein Gott, welche Umwälzung!« Aber ja, meine lieben Brüder und Schwestern, es ist erfreulich: Sämtliche Prinzipien, die nur für eine bestimmte Epoche Gültigkeit hatten, werden erschüttert werden. Eine neue Weltanschauung, eine neue Religion kommt, und es ist die Religion des lebendigen Christus, die wahre Religion Christi, die Sonnenreligion! Jahrhundertelang wurde sie verfälscht, doch jetzt wird man sie endlich in ganzer Wahrheit kennen.

Meine lieben Brüder und Schwestern, bittet ausschließlich um das geistige Leben, denn sowie es in euch einströmt, setzt es die bereitstehenden Anlagen in Betrieb: Euer Wille erträgt das Widerwärtige standhafter, euer Körper ist bei bester Gesundheit und ihr erfüllt eure Aufgaben mühelos.

Wenn ihr mir noch folgen könnt, möchte ich jetzt etwas ergänzen. Ich habe im Buch des Lebens Folgendes gelesen: Wenn bei einem Menschen die Lebenskraft schwindet, fällt er leblos zusammen, sieht nicht mehr, fühlt nicht mehr, ist wie tot. Aber wenn es gelingt, ihn wieder zu beleben, öffnet er die Augen, beginnt sich zu bewegen und kommt allmählich wieder zu sich. Nun, dieses Beispiel verdeutlicht alles. Wenn ein Mensch leblos daliegt, beinahe tot, weder sehen, sprechen noch fühlen kann, sind seine Sinne intakt. Es fehlt ihm nichts außer Lebenskraft. Kehrt sie zurück, fängt in ihm alles wieder zu arbeiten an. Ist es denn so schwer zu begreifen, dass es sich mit der Geisteskraft ebenso verhält? In uns befinden sich Anlagen, Zentren, Chakras, allerlei unsichtbare Einrichtungen.[4] Weshalb arbeiten sie nicht? Weil der Strom, der Treibstoff, diese Geisteskraft nicht vorhanden ist! An dem Tag, da diese Kraft zugeführt wird, treibt sie die Zentren an, die nicht rein physischer, sondern seelischer, geistiger, übersinnlicher Art sind, und der Mensch nimmt das Dasein anderer Wesenheiten, anderer Geschöpfe und Einflüsse wahr. Welche Fülle der Entdeckungen bietet sich ihm dann bei seinen Nachforschungen dar! Bis ins Unendliche! Die Ursache dieses Wunders ist die einströmende, alles speisende Geisteskraft.

Da stehen welke Blumen, ihr begießt sie und sie leben wieder auf. Oder es liegt eine ausgetrocknete Möhre vor euch: Ihr taucht sie ins Wasser und sie quillt kurz danach auf, wird fest. Was hat sich zugetragen? Man beobachtet nicht, überlegt nicht und merkt nicht, dass Zusammenhänge bestehen; deshalb haben die Dinge für uns keine Bedeutung. Man weiß nicht, dass Gott ein unermessliches Wissen in all diese winzigen Vorgänge, die sich um uns herum abspielen, gelegt hat. Ihr staunt, dass so kleine Dinge mir so viel zu sagen haben? Aber ja, es sind Zeichen aus dem Buch der lebendigen Natur, und ich bin dabei, sie zu entziffern. Ich verweile bei jedem Zeichen, und was ich dabei entdecke, ist unbeschreiblich!

Das ist das neue Leben, meine lieben Brüder und Schwestern, und wenn ich sage, das neue Leben, so meine ich nichts anderes, als das geistige Leben, das Leben aus dem Geiste, aus dem Geist Gottes, von dem Jesus sprach. Aber in diesem geistigen Leben findet sich die Reinheit. Alle Eingeweihten, denen es gelungen ist, mit dieser göttlichen Quelle in Verbindung zu treten, leben in der Reinheit. Täglich kosten sie diese Reinheit, vor allem als ein Gefühl der Schwerelosigkeit, des Lichtseins und der Frische: Denn diese Empfindung ist das Gefühl, welches das geistige Leben verleiht. Das Leben aus dem Geiste ist es, das uns Tag und Nacht das beseligende Gefühl verleiht, gesäubert, gewaschen, gereinigt und geheiligt zu sein.

Merkt euch wohl, die Reinheit liegt nicht da, wo man sie sucht. Die wahre Reinheit liegt im Leben in Gott. Lebt ihr so, kann euch niemand beschmutzen. Und würdet ihr mit Kot beworfen, verleumdet, kein Mensch kann euch beschmutzen. Tragt ihr hingegen das geistige, das göttliche Leben nicht in euch, fühlt ihr euch, was ihr auch tut, immer unrein, durch etwas Schmieriges besudelt, das ihr nicht loswerdet. Manche werden von dem Gefühl gepeinigt, Sünder, Verbrecher zu sein und wiederholen ständig: »Ich bin verdammt. Ich bin verdammt.«

In Wirklichkeit haben sie gar kein Verbrechen begangen, aber sie fühlen sich unrein und verdammt. Weshalb? Weil das göttliche Leben sie noch nicht berührte. Wenn das Göttliche Einzug hält, kann nichts und niemand euch beschmutzen. Wer auch immer euch anrührt oder umarmt, er beschmutzt euch nicht, denn von außen wird man nicht unrein. Das Schmutzige kommt von innen. Das meinte Jesus, als er sagte: »Was zum Munde eingeht, das verunreinigt den Menschen nicht. Was aber zum Munde herausgeht, das kommt aus dem Herzen, und das verunreinigt den Menschen.«[5] Von innen kommt die Unreinheit: vom Herzen, von den Neigungen, den Gedanken; Ihr seht, so steht es geschrieben.

Bonfin, den 28. August 1966

Weiterführende Literatur

1. Siehe Band 313 der Reihe Broschüren »Das Vaterunser«.
2. Siehe Band 232 der Reihe Izvor »Feuer und Wasser, Wunderkräfte der Schöpfung«, Kapitel 18: »Das Herabsteigen des Heiligen Geistes«.
3. Siehe Band 240 der Reihe Izvor »Söhne und Töchter Gottes«, Kapitel 1: »Ich bin gekommen, damit sie das Leben haben«.
4. Siehe Band 219 der Reihe Izvor »Geheimnis Mensch – Seine feinstofflichen Körper und Zentren«, Kapitel 6: »Die Chakras«.
5. Siehe Band 241 der Reihe Izvor »Der Stein der Weisen – Von den Evangelien zur Alchimie«, Kapitel 2: »Was zum Mund hineingeht, das macht den Menschen nicht unrein...«.

1 Ehjeh
Kether – Krone
Metatron
Chajoth ha-Kadosch – Seraphin
Reschith ha-Galgalim – Urwirbel (Neptun)

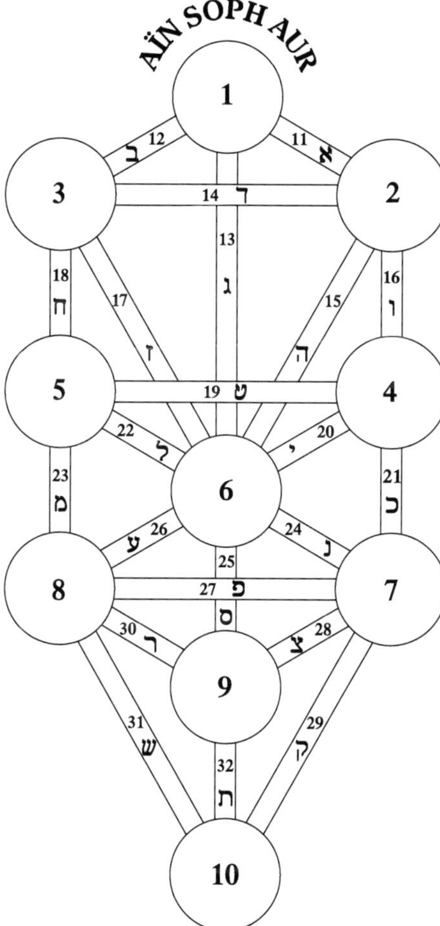

3 Jehova
Binah – Vernunft
Zaphkiel
Aralim – Throne
Schabtai – Saturn

2 Jah
Chokmah – Weisheit
Rasiel
Ophanim – Cherubin
Masaloth – Tierkreis

5 Elohim Gibbor
Geburah – Kraft
Kamael
Seraphim – Mächte
Maadim – Mars

4 El
Chesed – Barmherzigkeit
Zadkiel
Chaschmalim – Herrschaften
Zedek – Jupiter

8 Elohim Zebaoth
Hod – Herrlichkeit
Raphael
Bnei Elohim – Erzengel
Kochab – Merkur

7 Jehova Zebaoth
Netzach – Sieg
Chaniel
Elohim – Fürstentümer
Nogah – Venus

9 Schaddai El Chai
Jesod – Grundlage
Gabriel
Cherubim – Engel
Levana – Mond

6 Eloha va-Daath
Tiphereth – Schönheit
Michael
Malachim – Himmelskräfte
Schemesch – Sonne

10 Adonai Melek
Malkuth – Reich
Uriel oder Sandalfon
Ischim – die Vollendeten
Aretz – Erde

Kapitel 5

DER LEBENSSTROM

Freier Vortrag

In anderen Vorträgen habe ich mehrmals vom Baum des Lebens mit den zehn Sephiroth: Kether, Chokmah, Binah, Chesed, Geburah, Tiphereth, Netzach, Hod, Jesod und Malkuth[1] gesprochen. Ich sagte euch, dass die neunte Sephira Jesod der Reinheit vorsteht. Jesod bedeutet Grundlage, Fundament. Warum ist gerade diese Sephira die Basis, das Fundament? Das werden wir gleich sehen.

Jede Sephira besteht aus mehreren Regionen. In Jesods höchster Ebene regiert der Herr Schaddai El Chai, dessen Name wörtlich bedeutet: Allmächtiger, lebendiger Gott. Schaddai El Chai ist der Lebensspender. In Jesod befindet sich auch die Engelordnung der Cherubim (in der christlichen Religion die Engel), die von dem Erzengel Gabriel angeführt werden. Der Erzengel Gabriel regiert die Geburt der Kinder und darum ist es, wie ihr seht, kein Zufall, dass es in der Heiligen Schrift heißt, dieser Erzengel sei Maria erschienen, um ihr die Geburt Jesu anzukündigen, und Zacharias, Elisabeths Ehemann, um ihm die Geburt von Johannes dem Täufer anzukündigen. Der materielle Aspekt der Sephira Jesod ist der Mond, hebräisch: Levana. Der Mond ist das Symbol der Frau, der Bildekraft, der Materie, der man eine Unzahl von Formen geben kann, und er ist ebenfalls das Symbol der Reinheit. Bevor der Mensch sich auf der Erde verkörpert, geht seine Seele durch das Reich des Mondes, und wenn er die Erde verlässt, muss er von neuem dort hindurch, um sich in höhere Sphären zu begeben. Der Mond spielt somit eine wesentliche Rolle sowohl bei der Geburt als auch beim Tod. Er steht somit in Beziehung zu den hintergründigen Lebensfragen.

Allgemein werden in Bezug auf den Mond allerlei Witze gemacht. Von einem zerstreuten Menschen zum Beispiel, sagt man, er sei auf dem Mond: Manche erzählen sogar, sie hätten beide Mondhälften gesehen! Von Verrückten sagt man, sie hätten einen Mondstich; die Mondstiche sollen nämlich gefährlicher sein als die Sonnenstiche! So beeinflusst also der Mond die Verrückten, die Faselhanse, die Mondsüchtigen! Dies aber ist sein niederer Aspekt. In Wirklichkeit besteht der Mond aus mehreren Sphären, sagen wir der Einfachheit halber aus zwei: einer dämmrigen Zone voller Täuschungen, Wahnvorstellungen, Verrücktheiten, Verwirrungen und Trugbilder und einer höheren Ebene der absoluten Reinheit, der klaren Schau der Dinge. Viele Dichter halten sich in dem Dämmerbereich des Mondes auf, sind stolz, in ihren Dichtungen etwas Überirdisches, Fantasievolles zu bieten: poetisch traumhafte Empfindungen, fantastische Gebilde; aber diese undeutliche Welt der unbestimmten verfließenden Konturen, in die sie sich flüchten, ist gefahrvoll und mehr als einer von ihnen hat im Wahnsinn geendet.

Jede Sephira ist eine Welt für sich, und diese Welt ist von der dichtesten bis zu den feinstofflichsten Ebenen streng gestuft. In den unteren Ebenen von Jesod finden sich Staub und Wolken, das heißt, Illusionen und Irrtümer, weil mit Jesod das psychische Leben beginnt, das zunächst aus nebligen Zonen beschaffen ist, mit unbestimmten, verschwommenen Formen. Deshalb fallen Menschen, die sich nicht durch das Studium und die Meditation weiterentwickeln, Illusionen und Trugbildern zum Opfer. Jesod ist eine feinstofflichere Gegend als Malkuth, doch besteht sie aus unterschiedlichen Dichtigkeitsgraden, und die Malkuth zunächstliegende Stufe bietet nicht viel Klarheit:

Sie ist noch viel zu staubig und feucht. Wenn es aber gelingt, diese Zone zu durcheilen und höherzusteigen, entdeckt man eine strahlende Lichtwelt: Tiphereth, das Reich der Sonne.

Warum ist aber Jesod der Bereich der Reinheit? Ich habe schon gesagt, dass Schaddai El Chai der Lebensspender ist und dass die Cherubim, die Engel, dieses Leben empfangen und auf die Menschen übertragen. Das Leben ist einem Strom vergleichbar, der aus einer hoch oben gelegenen Quelle herabfließt. Dieser flutende Lebensstrom ist Christus selber. Deshalb sagte Jesus: »Ich bin der Weg, die Wahrheit und das Leben.« Bei diesen Worten schaut ein Eingeweihter kein anderes Bild als das eines Flusses, der in den Bergen entspringt und sich in das Meer ergießt. Der Weg, die Wahrheit, das Leben. Was bedeuten diese drei Worte? Der Weg ist das Flussbett, das Leben das Wasser, das in diesem Flussbett fließt, und die Wahrheit ist die Quelle, aus der das Leben strömt und sämtliche Schöpfungen hervorgehen. Aber man kann diese Bilder noch folgendermaßen auslegen: Das Flussbett mit seinen Krümmungen ist der Pfad der Weisheit, der bis zur Quelle, das heißt zur Wahrheit führt. Das Wasser ist die Liebe, das Leben, denn das Leben ist nichts anderes als die Liebe: Das Leben geht aus der Liebe hervor. Das also meinte Jesus: »Ich bin der Weisheit Pfad und ich bin die Liebe, aus der das göttliche Leben erblüht und bin der Wahrheit Quelle, aus der dieses Leben entspringt und hinabflutet, um alle Geschöpfe zu tränken.« Das Wasser ist das Symbol des Lebens, der Liebe. Alle Energien und Kräfte, die in der Natur, im Weltall kreisen, sind ein Fluidum, dem Wasser ähnlich, welches tränkt, erquickt, am Leben erhält.

Von dem Fluss und der Quelle habe ich schon öfter gesprochen. Ich habe euch als tägliche Übung empfohlen, in Gedanken aus diesem Fluss zu trinken, der von den Gipfeln herabströmt, euch an dem klaren, reinen Quell zu laben und so lange wie möglich dort zu verweilen. Diese Übung wirkt überaus läuternd und erfrischend, aber ihr führt sie leider nicht durch! Ich stelle euch diese Bilder jedoch vor, damit ihr euch damit beschäftigt! Die Quelle und der Fluss haben eine Entsprechung im Seelisch-Geistigen. Und darauf gründet ja gerade unsere Lehre: auf der Liebe (das Wasser), auf der Weisheit (das Flussbett) und der Wahrheit (die Quelle)!

Die Flüsse ergießen sich von den Bergen in die Täler und so ist es also den Bergen zu verdanken, dass Leben auf der Erde gedeiht. Die Berge sind die hohen Antennen, welche die Erde mit dem Himmel verbinden, sie bilden ein Band zwischen Erde und Himmel. Mit ihren Gipfeln nehmen sie die göttlichen Kräfte und Energien auf, die sich in mächtigen Wirbeln und leuchtenden, glitzernden Schwingungen offenbaren. Die Anwesenheit dieser kosmischen Kräfte veranlasst die entkörperten Geister, sich häufig zu den Gipfeln der Berge zu begeben: Sie tauchen dort in diese Lichtströme ein, um sich zu stärken und kehren dann wieder zu ihrem Wirken und Weben in der Welt zurück. Das von den Bergen strömende Wasser ist demnach von Himmelskräften durchtränkt.[2]

Lasst uns noch etwas bei diesem Bild des Flusses verweilen – ihr werdet sehen, dass es noch mehr Dinge enthält. Der Fluss entspringt hoch oben im Gebirge und fließt dann in die Ebene hinunter. Wenn es aus der Quelle sprudelt, ist das Wasser überaus klar und rein, aber nach und nach, beim Hinabfließen, durcheilt es mehrere Gegenden, und da die Bewohner dieser Bereiche nicht besonders gewissenhaft sind, schütten sie ihre Abfälle und Unreinheiten in den Fluss, ohne an die Bewohner zu denken, die weiter unten wohnen und gezwungen sind, von dem bereits verunreinigten Wasser zu trinken. Sie tun übrigens dasselbe, leeren ebenfalls ihre Abfälle in den Fluss, sodass das Wasser, wenn es in die Ebene kommt, derart verseucht ist, dass man beinahe umkommt, wenn man davon trinkt. Was ist mit diesem Fluss gemeint? Er ist eines der tiefgründigsten Symbole. Er ist der Fluss des kosmischen Lebens, von dem die Apokalypse spricht, der sämtliche Geschöpfe tränkende Lebensstrom.

Dieser lebendige Fluss ergießt sich durch sämtliche Engelshierarchien bis zu uns; von den Seraphim über die Cherubim, die Throne, die Herrschaften, die Mächte, die Himmelskräfte, die Fürstentümer, die Erzengel, zu den Engeln und jede Engelordnung fügt ihm ihre besonderen Qualitäten und hohen Tugenden bei – bis der Fluss schließlich das Reich der verklärten Seelen, der Propheten, der großen Meister und Eingeweihten durcheilt, die Ebene der erhöhten Wesen, die Weisheit, Reinheit und Heiligkeit erlangt haben: Sie alle werden durch ihn genährt, getränkt und belebt.

Weiter unten, wenn er den Bereich der gewöhnlichen Menschen durchfließt, ereignet sich das, was ich vorhin erwähnte: Von Stufe zu Stufe werfen die Leute in das Quellwasser bedenkenlos Schmutz und Abfälle. Die Menschen werfen ihre unlauteren Gedanken und Gefühle, sowohl auf der mentalen, astralen und physischen Ebene, in diesen Fluss, der das Leben ist und sind deshalb gezwungen, wie die Kaulquappen in einem Sumpf die Abfälle von einander zu verzehren. Sie können nicht anders, sind außerstande aus dem Sumpf zu entweichen, um reines Wasser zu trinken. Der Sumpf versinnbildlicht die Welt. – Tatsächlich gleicht unsere Welt einem Sumpf, in den die Kaulquappen, Frösche und Kröten ihren Schmutz hineingeben, das heißt: ihre Rachegedanken, ihre Bosheit und Wut, und alle anderen ringsum saugen es auf und vergiften sich.

Wie das Wasser, nimmt auch das Leben allerlei Farben an, verunreinigt oder reinigt sich, entsprechend dem Bereich, durch den es fließt. Aber ob rein oder verschmutzt, bleibt das Leben immer das Leben. Es hat nur Grade und je nach der Gegend, die es durcheilt und den darin wohnenden Wesen, ist es von dieser oder jener Beschaffenheit. Nicht jedermann hat an dem gleichen Leben teil. Manche sagen mir: »Meister, wir können nichts dafür, so ist das Leben!« Worauf ich antworte: »Ja, so ist das Leben – aber welches Leben? Das Leben der Kröte? Das Leben des Wildschweins? Das Leben des Krokodils? Oder das Leben eines Engels?« Das Leben, das von Gott kommt, hat folglich unterschiedliche Abstufungen; es reicht bis hinunter in die unterirdischen Bereiche, um die niederen Wesenheiten zu ernähren: Ja, es speist selbst die Teufel und Dämonen. Von wem sollten diese denn sonst ihr Leben hernehmen? Es müsste ja ein anderer Gott ein Leben anderer Art geschaffen haben und das hieße, dass Gott einen Gegenspieler, einen ebenso mächtigen, wenn nicht mächtigeren Rivalen hätte! Nein, es gibt nur einen einzigen Gott, und dieser Alleinige speist selbst die Teufel. Nur fließt ihnen die Nahrung nicht in ihrer ursprünglichen Reinheit zu. Das ist das Geschick aller unterirdischen Geschöpfe: Sie müssen sich mit den kümmerlichen Resten begnügen, die vom göttlichen Leben abfallen.

Das ist leicht zu verstehen. Es genügt zu schauen, wie es den Landstreichern ergeht: Sie ernähren sich von den Abfällen, die sie in den Mülleimern vorfinden. Sie wollen durch ihr Beispiel eine Lehre erteilen: »Seht uns an«, sagen sie, »wir haben weder lernen noch arbeiten wollen, jetzt fehlt uns das Geld, und wir sind genötigt, in den Abfalleimern nach den von den Leuten übrig gelassenen Resten zu suchen. Wir sind ein Spiegelbild der unterirdischen Geschöpfe, die sich mit den Überresten des göttlichen Lebens zufrieden geben müssen.« In dieser Weise belehren die Landstreicher die ganze Welt, aber wer versteht ihre Sprache?

Ihr werdet ausrufen: »Wie das? Die Wesen in der Hölle werden von Gott genährt?« Ich weiß wohl, dass dieser Gedanke manchen Geistlichen schockieren wird, allein man sollte ein wenig nachdenken: Die niederen Wesen, diese Dämonen, die die Menschen peinigen, wo haben sie ihr Leben hergenommen? Gott allein ist der Schöpfer und Verteiler des Lebens. Wenn andere Geschöpfe Leben zu schaffen vermöchten, wären sie ja ebenso mächtig wie Gott! Das ist es gerade, was die christliche Kirche irregeführt hat: diese Annahme, Gott habe einen Feind, der Ihm seit Millionen von Jahren Widerstand leistet.

Und darum bedarf Er des Menschen, damit er Ihm beistehe! Wie ist denn so etwas annehmbar? Der Herr allein hält das Leben in seiner Gewalt, aber Er geht in Seiner Großzügigkeit so weit, selbst die niedersten Geschöpfe vor dem Verderben zu bewahren, weil sie in Seinen Diensten stehen. Ja, wenn manche eine Belehrung brauchen, wird Gott sich nicht persönlich mit ihnen befassen, sondern Seinen richtenden Dienern (den Teufeln) sagen: »Geht hin und findet den und jenen, schüttelt ihn ein bisschen, damit er zur Einsicht kommt.« Als Lohn erhalten diese Diener etwas zu knabbern. Natürlich fallen ihnen weder die besten noch die größten Stücke vom Himmel zu, aber sie werden dennoch ernährt. Und damit erkläre ich, dass diese Großzügigkeit Gottes die wunderbare Hoffnung enthält, dass selbst diese zutiefst in den Schlamm abgesunkenen Geschöpfe eines Tages zu Ihm zurückfinden, wenn sie bereuen und sich läutern. Ihr glaubt mir nicht? Aber doch, so ist es. Die Leute sind derart grausam, dass sie eine Wandlung der Teufel nicht einmal zulassen möchten; sie vertreten die Ansicht, diese müssten in alle Ewigkeit in der Hölle schmachten! Aber nein, der Herr gedenkt sie zu belehren und ihnen aufzuhelfen. Aber da seine Geduld und Langmut unendlich sind, ist Er nicht in Eile und deshalb gibt es noch Teufel, die die Menschen plagen. Doch wurde verheißen, dass eine Zeit komme, da die Teufel in Fesseln gelegt werden und die Menschen nicht mehr peinigen können – diese Epoche naht.

Ich habe schon mehrere Male die Bedeutung des in der Apokalypse erwähnten Drachens dargelegt.[3] Dort heißt es, dass der Drache gefesselt und für tausend Jahre in den Abgrund gestürzt wird. Was wird er inzwischen tun? Nun, er wird während dieser Zeit derart wirksame Unterweisungen erhalten, dass er nach seiner Gefangenschaft ausnehmend fein erzogen sein, keine Giftzähne und Krallen mehr besitzen wird. Aber ja, es gibt da unten nämlich Baustellen. Werkstätten, wo er einigen Behandlungen unterzogen und ein wenig geschoren wird. Glaubt ihr, es genüge, einen Drachen tausend Jahre lang einzusperren, damit er gewandelt wieder herauskommt? Keine Spur! So leicht wandelt sich ein Drache nicht, wenn er nicht ein bisschen hergenommen wird. Mit ihm beschäftigen sich die Geschöpfe, die ihren Erzieherberuf ausgezeichnet kennen. Sie werden ihm sagen: »Wohlan! Jetzt bist du an der Reihe. Du hast die Menschen lange genug gepeinigt, jetzt wird man dich lehren, anständiger und netter zu werden!« Ihr fragt euch, wie ich das weiß? Nun ja, ich weiß es, weil ich es gelesen habe. Wo? Jedenfalls nicht in den Büchern der Menschen! Ich verlasse mich längst nicht mehr auf die von Menschen verfassten Bücher; ich bin zu sehr enttäuscht von den Irrtümern und Ungereimtheiten, die ich darin finde und verliere meine Zeit nicht mehr damit sie zu lesen. Ich lese jetzt nur noch im Buch der lebendigen Natur: In diesem Buch habe ich entdeckt, dass die Liebe Gottes bis in die abgründigsten Tiefen der Erde hinunterreicht. Selbst dort unten verbleiben noch einige Lebensteilchen. Sonst würde in diesen untersten Bereichen kein Wesen mehr überleben. – Ihr wendet ein: »Auch der Mensch kann Leben schaffen!« Nein, meine lieben Brüder und Schwestern, das Leben kommt von Gott, der Mensch übermittelt es nur. Der Mensch vermag kein Leben zu erzeugen: Könnte er Leben schaffen, würde er nicht mehr sterben wollen. Der Mensch übermittelt lediglich das Leben für eine bestimmte Zeit, ist selber aber kein Lebensschöpfer.

Jetzt will ich euch noch etwas offenbaren. Ich sagte, dieser Lebensstrom fließt bis in die Erdtiefen hinab. Ja, und wenn er dort angelangt ist, reinigt er sich von den Abfällen, die er unterwegs ansammelte – denn unter der Erde gibt es Fabriken mit allerlei feinmaschigen Sieben und Transformatoren –, und daraufhin fließt dieses Leben geläutert und gesäubert von neuem nach oben zurück. Ähnlich wie das Wasser, das von den Bergen herabfließt, mit Schmutz beladen, getrübt und entweiht zum Meer gelangt, unter den Sonnenstrahlen verdunstet und in die Höhe steigt, alsdann von neuem von den Bergen herabfließt oder als Regen fällt. Einen ähnlichen Kreislauf beobachtet man beim Blut: Reines Blut geht von den Lungen in das Herz, von wo es in alle Organe gesandt wird, deren Schlacken, Abfälle es aufnimmt und kehrt dann in die Lungen zurück, um sich zu reinigen. Der Kreislauf des Körperblutes, des Erdwassers sind Bildseiten aus dem Buch der Natur. Alles ist dort in diesem lebendigen Buch eingetragen, aber die Menschen haben noch nicht eingesehen, dass die Natur das Buch ist, in dem Gott alle Seine Gesetze niedergeschrieben hat. Gott tut sich durch das Geschehen in der Natur kund, aber anstatt die Natur zu studieren, blättert man in anderen Büchern, die häufig von willensschwachen, krankhaften und abwegigen Geschöpfen verfasst wurden.

Vorhin erwähnte ich das Beispiel der Landstreicher: Ich möchte es nochmals aufgreifen, um euch die Übereinstimmung noch eingehender aufzuzeigen, die zwischen dem äußeren und inneren Leben besteht. Wenn ein Mensch sehr reich ist, kann er es sich leisten in erstklassigen Restaurants zu speisen, wo ihm die frischesten und besten Nahrungsmittel geboten werden: Die Armen müssen mit kleinen Restaurants vorlieb nehmen, wo man ihnen Suppen und Ragouts aus den Speiseresten der großen Restaurants zubereitet. Daneben gibt es noch diejenigen, die es sich nicht einmal leisten können, in diese billigen Restaurants zu gehen, man nennt sie »Landstreicher«. Sie leben unter den Brücken mit einer Flasche Wein und ein paar harten Brotkanten oder verzehren gar Speisereste und Abfälle aus den Mülleimern. Ihr seht also, die erstgenannten Reichen verfügen über viel Geld, mit dem sie sich die frischeste Nahrung leisten, während diejenigen, die kein Geld besitzen, gezwungen sind, das zu essen, was die anderen zurückweisen. Im seelisch-geistigen Bereich verhält es sich genauso, wobei es vorkommt, dass man Leute, die auf ihren äußerlichen Reichtum pochen, psychisch in den Abfalleimern essen sieht!

Im Innenleben findet sich die gleiche Rangordnung wie in der Außenwelt. Es gibt Menschen, die innerlich sehr hoch gestellt sind, nur schöne Gedanken und Gefühle hegen und deren Seele himmlische Speisen aufnimmt. Andere, die in des Lebens niedere Bereiche hinabstiegen, ständig in Rachsucht, Zorn, Hass, Eifersucht, Sinnlichkeit und Lüsternheit leben, sind nicht reich genug, um sich in den besten »Restaurants« der Geisteswelt zu laben. Sie gleichen den Landstreichern, sind genötigt das zu essen, was die anderen zurückweisen und können sich keinen reinen und leuchtenden, geistverklärten Körper bilden, weil die Elemente, die sie auflesen, trübe und schmutzig sind. Darum ist es ratsam, sehr hoch zu steigen, um nicht in niederen Ebenen verweilen und von den anderen zurückgewiesene Speisereste aufnehmen zu müssen. Darin liegt das große Geheimnis des geistigen Lebens. So, wie ihr hoch auf die Berge hinaufsteigen müsst, um reines Wasser zu schöpfen, müsst ihr bis zur Quelle vordringen, um das kristallklare Wasser der göttlichen Liebe zu trinken. Um in den himmlischen Restaurants essen und trinken zu dürfen, muss man reich an Tugenden sein.

Nun ein Wort zu der Beziehung, die zwischen dem Leben und der Reinheit besteht. Schaddai El Chai ist, wie schon gesagt, der Herr des Lebens. Wenn man den Sephirothbaum betrachtet, bemerkt man, dass die Sephira Jesod als die vorletzte fast zuunterst am Baum eingezeichnet ist. In Wirklichkeit steht sie nicht unterhalb der anderen: Die von der Kabbala angenommene vertikale Anordnung des Lebensbaumes ist nur eine Art, die Dinge übersichtlich darzustellen. Es gibt zehn Sephiroth: Kether, Chokmah, Binah, Chesed, Geburah, Tiphereth, Netzach, Hod, Jesod, Malkuth: Jede dieser zehn Sephiroth drückt eine Eigenschaft, eine Tugend Gottes aus. Es gibt keine zehn Götter, sondern nur einen einzigen Gott. Schaddai El Chai ist derselbe Gott, wie Ehie, wie El oder Elohim Gibbor, aber Er erscheint in Jesod unter seinem Aspekt des Schöpfers und Lebensspenders. Im Sephirothbaum ist keine Offenbarung

Gottes geringer als die andere. Die Unterschiede bestehen lediglich von einer Sphäre zur anderen, in der Beschaffenheit jedes einzelnen Sphärenbereiches. Von Kether bis Malkuth wird die Materie dichter, fester und gewichtiger, aber unter den Eigenschaften Gottes besteht kein Qualitätsunterschied. Ist das klar? Schaddai El Chai ist infolgedessen die Offenbarung Gottes als Schöpfer und Spender des Lebens und zwar des reinsten Lebens, das von oben, von der Quelle kommt. Das sprudelnde Leben säubert und reinigt alles auf seinem Weg: Ja, das Erste, was das aufsprühende Leben tut, ist das Ausspülen und Fortschwemmen aller unreinen Elemente, die sein Ausstrahlen verhindern. Deshalb ist die Reinheit mit dem Leben, mit dem alles läuternden Leben verbunden.

Ihr wisst wohl, dass die magischen Wirkkräfte und Geräte, welche die Eingeweihten zu erwerben suchen, symbolisch durch den Hermesstab, den magischen Spiegel, das Universalheilmittel, das Elixier des unsterblichen Lebens und den Stein der Weisen dargestellt werden. Es gibt noch andere Symbole, aber die genannten sind die wesentlichsten. Nun habe ich euch schon gesagt, dass diese Kräfte sich auf je eine Sephira des Mittelpfeilers auf dem Lebensbaum beziehen: der Hermesstab entspricht Kether; der magische Spiegel: Daath*; das Universalheilmittel: Tiphereth; das Elixier des unsterblichen Lebens: Jesod; und der Stein der Weisen: Malkuth. Das Elixier des unsterblichen Lebens ist, wie ihr seht, die Reinheit, da Jesod die Reinheit bedeutet: Das reine, vollkommene Leben verleiht Unsterblichkeit. Das wahrhaft lautere Leben ist Unsterblichkeit (siehe Abbildung Seite 96).

Bei den Toten findet sich keine Reinheit, weil mit dem Stillstehen Schimmel, Fäulnis und Zerfall eintreten. Wenn ihr wandert, eine Körperarbeit leistet, fühlt ihr euch nach einer

* Daath, deren Name »Wissen« bedeutet, ist die elfte Sephira. Die Kabbala erwähnt die Sephira Daath nur sehr selten (Anmerkung des Verlegers).

bestimmten Zeit müde und habt das Verlangen, euch auszuruhen. Damit erlaubt ihr dem Leben, die im Blut weilenden Schlacken zu entfernen, die sich in euren Muskeln wegen der vollzogenen Verbrennung abgelagert haben. Jede Arbeit ist eine Art von Verbrennung und diese erzeugt Schlacken, die ausgeschieden werden müssen, weil sie sonst die Muskeln lahmen. Folglich ist es das Leben, das die Giftstoffe beseitigt und in andere Bereiche des Körpers führt, wo sie durch Haut, Nase, Mund oder andere Organe ausgeschieden werden; ist das vollbracht, findet der Mensch seine Kräfte wieder.

Die Unreinheiten sind Fremdstoffe, die nicht zum Aufbau des Organismus dienlich sind; es ist notwendig sie auszuscheiden, und das besorgt das Leben, sonst wird der Mensch krank. Erst wird er müde, dann krank und zuletzt stirbt er. Die Müdigkeit ist schon ein Hinweis dafür, dass sich zu viele Giftstoffe im Nervensystem, in Lunge, Leber und Muskeln abgelagert haben; die Müdigkeit zeigt an, dass der Organismus von Fremdstoffen überladen ist, und dass ihm die Möglichkeit geboten werden muss, sich davon zu befreien.

Da die Unreinheit Müdigkeit und Lähmung verursacht, ist sie ein Feind des Lebens, während die Reinheit dem Leben förderlich ist, Energie, Gesundheit und Tatkraft vermittelt. Deshalb bringt es dem Menschen Gewinn, die Reinheit in jedem Wesensbereich anzustreben. Ich nannte euch die drei Wörter, die die Reinheit auf der physischen, astralen und mentalen Ebene bezeichnen: Sauberkeit, Reinheit, Heiligkeit. Was sich auf der physischen Ebene ereignet, weiß jeder! Ein Mensch, der eine verdorbene Nahrung gegessen hat, wird krank und stirbt vielleicht sogar. Hat er indessen eine reine Nahrung zu sich genommen, fühlt er sich wohlauf, tatkräftig und frisch. Deshalb haben die Eingeweihten ihren Schülern von jeher angeraten, zwar nahrhafte, doch leicht verdauliche Speisen und Getränke zu wählen, die wenig Abfälle verursachen: Genussmittel wie Fleisch oder Alkohol hingegen hinterlassen so viele

Schlacken, dass der Organismus sie nur unter großen Anstrengungen auszuscheiden vermag. In der Astralebene vollzieht sich der gleiche Vorgang: Wenn ein Mensch grobe Freuden gekostet hat, mit den Frauen zum Beispiel, so benötigt er viel mehr Zeit und Schlaf, um wieder bei Kräften zu sein und klar zu sehen: Denn er ist psychisch mit Giftstoffen überlastet und sein psychischer Organismus benötigt längere Zeit, um sich ihrer zu entledigen. Wer hingegen in feinsinnigen, lichten, schönen, göttlichen Empfindungen gelebt hat, hat sein Nervensystem nicht überlastet und braucht nur wenig Schlaf, um ausgeruht und bei Kräften zu sein.

Daraus könnt ihr sehen, wie vorteilhaft ein reines Leben in jedem Bereich und auf allen Ebenen ist: Es verbessert sich nicht nur des Menschen Gesundheit, auch sein Herz wird froh und sein Geist so klar, dass er die weltweitesten Ideen zu erfassen und in die tiefsten Geheimnisse der Schöpfung zu dringen vermag. Andernfalls werden immer Schleier, Vorhänge, Schranken ihn daran hindern, das Tiefgründige und Schöne zu schauen und zu erkennen. Das unreine Leben, in dem die meisten Menschen sich ergehen, ist demnach das schlimmste Hindernis zu jeglichem Begreifen und Fortschreiten. Das zu glauben oder abzuweisen steht euch frei, doch was ich euch sage, habe ich und schon viele andere vor mir geprüft: Das hat ewige Gültigkeit.

Wenn ihr wollt, gebe ich euch jetzt einige Anleitungen zur Läuterung. Es gibt äußere Verfahren; man kann sich zum Beispiel auf einen Gegenstand aus Silber konzentrieren (weil unter den Metallen das Silber mit dem Mond verbunden ist) oder sich ins Wasser eintauchen. Aber in Wirklichkeit tragen diese Mittel nur zur Säuberung bei, sie vermögen uns nicht zu läutern. Wenn es genügte, ein Stück Silber in der Hand zu halten oder sich in ein Becken zu tauchen, um rein zu werden, wäre das sehr einfach, dann würden lauter Engel auf der Erde wandeln. Das ist nun aber nicht der Fall, es gibt nicht viele Engel. Erinnert ihr

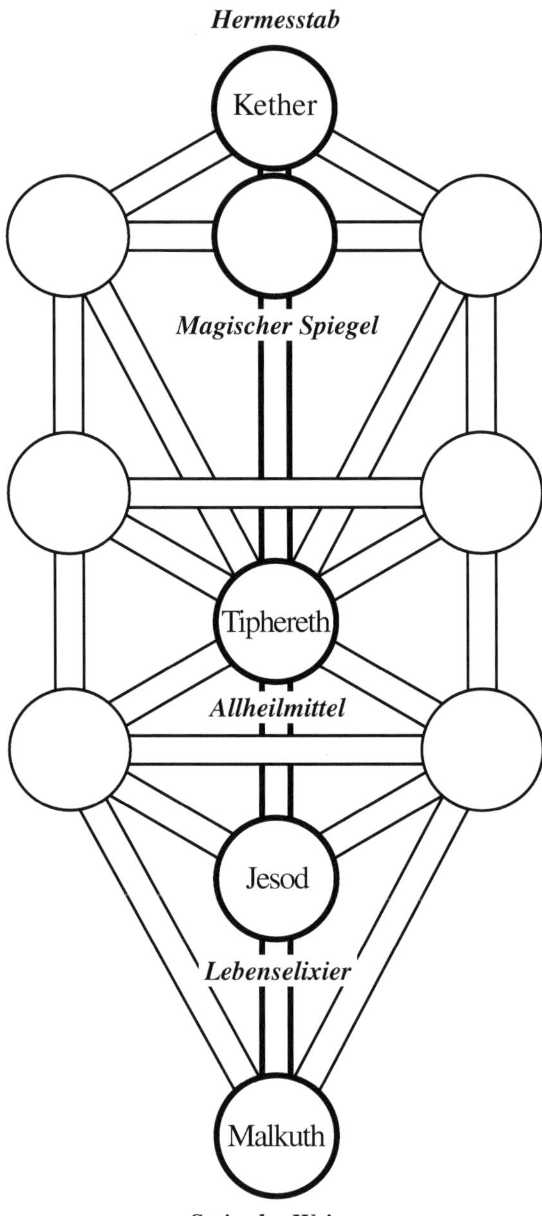

Mittelsäule

euch noch an das, was ich im vorhergehenden Vortrag gesagt habe? Um rein zu werden, sind nicht nur Waschungen erforderlich, sondern man muss sich dazu auch geistig sehr hoch aufschwingen, um Gedanken und Gefühle zu wecken, die völlig rein, das heißt uneigennützig und unpersönlich sind.

Kommen wir auf das Beispiel des Wassers zurück. Das Wasser lehrt, dass dem Menschen zweierlei Reinigungsverfahren offen stehen. – Ihr kennt sicher den Vorgang der Versickerung des Wassers: Schmutziges Wasser dringt in die Erde ein und nach dem Passieren verschiedener Erdschichten, wo es die Abfälle, mit denen es gesättigt ist, abstreift, quillt es gereinigt als klares Trinkwasser wieder an die Oberfläche. Die meisten Menschen schlagen symbolisch diesen Weg ein. Sie gleiten zu tief in die Sinnenwelt ab, werden auf der irdischen Ebene durch die Ereignisse des Alltags herumgestoßen, misshandelt, erdrückt, und dank dieser Leiden und Belastungen, die sie erdulden, werden sie geläutert und einsichtig. Aber die Schüler wählen die zweite Methode. Sie lassen sich nicht durch die Erde, sondern von der Sonne reinigen. Das Wasser verdunstet unter der Einwirkung der Sonnenstrahlen: So setzt sich auch der Schüler den Strahlen der geistigen Sonne aus, erwärmt sich und steigt in die Höhe. Er nimmt die in den ätherischen Zonen der Atmosphäre enthaltenen Elemente auf und wird durch sie geläutert. Dann steigt er, symbolisch gesprochen, wieder hinunter, um die Pflanzen, Tiere und Menschen zu laben. Wer sich durch Licht und Weisheit läutert, braucht nicht zu leiden.

Bei dem ersten Verfahren ist man gezwungen, düstere, unbekannte und unheimliche Erdzonen zu durchqueren, das zweite Verfahren gestattet, dank der Sonnenstrahlen klar zu sehen, zu schauen und zu erkennen. Das Wasser, das von oben herabfließt, ist viel reichhaltiger und wirksamer als das Wasser, das aus der Erde quillt; aus diesem Grunde empfahlen die Alchimisten, zu den Experimenten Regenwasser oder Tau zu sammeln, da sie Himmelskräfte enthalten. Selbst gefiltert, enthält das Quellwasser noch grobe Stoffe. Dass dieses stark mineralisierte Wasser nicht so gut wäscht wie das Regenwasser, ist der Beweis dafür.

Es gibt eine Menge Reinigungsverfahren, doch will ich euch heute nur die einfachen angeben, die leicht durchzuführen sind. Nur müsst ihr wissen, dass man sich jahrelang darin üben muss, bis man Ergebnisse erzielt. Das erste Verfahren besteht darin, dass ihr euch in Gedanken vorstellt, hoch hinaufgestiegen zu sein, in eine Höhe von mehreren tausend Kilometern, und dass es euch dort oben gelingt, das Prana aufzunehmen, das reines Leben ist, dass ihr es wie ein himmlischer Segen durch euch strömen lasst und es all eure Zellen durchdringt. Ihr verharrt bei dieser Übung, bis ihr das Gefühl habt, leichter geworden zu sein, freier zu atmen und deutlicher zu verstehen. Das zweite Verfahren ist das Betrachten der Morgensonne, wobei man sich vorstellt, bis in ihr Zentrum vorzudringen und durch ihr Licht verklärt zu werden. Das dritte Verfahren besteht darin, dass man sich unbekleidet der Luft aussetzt, indem man sich vorstellt, dass die Luft durch einen dringt und alles Unreine entfernt. Beim vierten Verfahren führt man die gleiche Übung mit dem Wasser durch: in einer Badewanne, im Meer oder in einem Fluss. Selbstverständlich sucht man einen Ort aus, wo nicht Tausende von Menschen ihren Schmutz zurückgelassen haben. Das fünfte Verfahren ist eine Übung mit der Erde. Man geht zum Beispiel in den Wald und legt sich auf den Bauch, gräbt ein kleines Loch: Indem man die Finger in dieses Loch legt, wendet man sich an die Erde und sagt: »Oh, Mutter Erde, die du mir zur Bildung meines Körpers alle Stoffe gegeben hast, ich danke dir! Aber ich habe eine Bitte an dich: Nimm all die Unreinheiten hinweg, die sich in mir angehäuft haben, sende sie nach unten, in deine Werkstätten und Laboratorien und gib mir dafür die reinsten Stoffe, damit ich meine Arbeit in der Welt durchführen kann.« Nachdem ihr in dieser Weise zur

Erde gesprochen habt, sagt ihr abschließend eine Formel, die ich euch seit mehreren Jahren versprochen, aber noch nie mitgeteilt habe. Sie lautet: Taro Tora Rota Tarota Rotaro. Das sind kabbalistische Worte, die sehr wirksam sind, ihr sprecht diese Formel und verharrt in andächtiger Stille. – In dem Augenblick erhört euch die Erde, die Intelligenz der Erde, sie erteilt ihren Arbeitern den Auftrag, euch von dem Ballast der schädlichen und düsteren Partikel zu befreien, und ihr fühlt euch wieder leicht und licht. Nun habe ich euch heute Verfahren angegeben, meine lieben Brüder und Schwestern, werdet ihr sie zu schätzen wissen? Schon indem ihr die Ideen annehmt, die ich euch bringe, heiligt ihr euch. Ja, sie sind in der Lage euch zu heiligen. Ich möchte euch noch viel mehr offenbaren, doch dazu ist es noch zu früh, ihr könntet es nicht ertragen. Es gibt noch vieles zu lernen, aber ihr müsst euch darauf vorbereiten.

Bonfin, den 28. August 1966

Weiterführende Literatur

1. Siehe Band 236 der Reihe Izvor »Weisheit aus der Kabbala – Der lebendige Strom zwischen Gott und Mensch«, Kapitel 2: »Darstellung des Lebensbaumes«.
2. Siehe Band 232 der Reihe Izvor »Feuer und Wasser, Wunderkräfte der Schöpfung«, Kapitel 7: »Das Gebirge, Mutter des Wassers«.
3. Siehe Band 230 der Reihe Izvor »Die Himmlische Stadt. Kommentare zur Apokalypse«, Kapitel 10: »Die Frau und der Drache«, Kapitel 11: »Erzengel Michael streckt den Drachen nieder«, Kapitel 12: »Der Drache speit Wasser auf die Frau« und Kapitel 15: »Der für tausend Jahre gefesselte Drache«.

Kapitel 6

FRIEDE UND REINHEIT

Freier Vortrag

Meine lieben Brüder und Schwestern, in der letzten Zeit haben wir einige Betrachtungen über die Reinheit angestellt. Ich denke, es wird heute wiederum nützlich sein, ein paar Worte zu dieser Frage zu sagen, damit ihr eine noch klarere Vorstellung davon habt.

Ohne die Reinheit ist es unmöglich, gesund und glücklich zu sein, und vor allen Dingen stellt sich der Friede nicht ein. Die Eingeweihten streben nur die Reinheit an, weil ihnen klar ist, dass die geringste Unsauberkeit in ihrem physischen Körper, in ihren Gefühlen oder Gedanken, den Frieden verscheucht. Die Reinheit ist die Vorbedingung für den Frieden. Denn der Friede ist nichts anderes als das Ergebnis einer Harmonie zwischen Geist, Seele, Verstand, Herz, Willen und physischem Körper, aus denen der Mensch besteht. Ein paar ruhige Minuten von Zeit zu Zeit besagen nichts, sie sind noch nicht der Friede: Friede, das heißt auch nicht irgendwo allein leben, um von den anderen nicht gestört zu werden. Keine Spur! Selbst im entlegensten Gebirgsort findet ihr keinen Frieden, weil ihr euer Radio dorthin mitgenommen habt. Ihr entgegnet, ihr hättet euer Radio zu Hause gelassen. Aber doch! Dieselben quälenden Gedanken nehmt ihr in eure Einsamkeit mit, eure Rachegedanken, Sorgen und Befürchtungen. Wie wollt ihr da von Frieden reden?

Nicht im Erdenbereich wohnt der Friede, sondern er ist das Ergebnis einer Übereinstimmung, eines Ausgleichs, eines Einklangs zwischen sämtlichen Elementen, aus denen der Mensch besteht. Und wenn es so schwierig ist, den Frieden zu erlangen, so deshalb, weil das Körperliche und das Seelisch-Geistige nur selten zusammenklingen. Hat der Mensch kluge Gedanken, so drängt ihn sein Herz zu unsinnigem Tun. Oder, wenn er von den besten Gefühlen erfüllt ist, mangelt es ihm an Willenskraft. Wie kann in einer solchen Disharmonie von Frieden die Rede sein? Der Friede stellt sich als Letztes ein. Wenn es dem Menschen nach Zweifeln, Kämpfen, Siegen und Niederlagen endlich gelingt, seinem göttlichen Selbst über alle Widerstände und Wirren seines niederen Selbst hinaus zum Sieg zu verhelfen, dann erst kann er sagen: »Ich habe den Frieden gefunden!« Vorher mag er vielleicht köstliche Augenblicke der Ruhe erfahren, allein sie dauern nicht an. In diesem Sinn hört man viele Leute sagen: »Ich habe meinen Frieden verloren.«[1]

Der Friede, der wirkliche Friede kann nicht verloren gehen. Es mögen ab und zu Unruhen aufkommen, aber sie erzeugen nur eine oberflächliche Erregung: zutiefst innen waltet der Friede. Der Meeresspiegel ist immer von Wellen bewegt, aber in den Tiefen herrscht Ruhe. Ist es dem Menschen gelungen, diesen Frieden in sich einzuführen, so wird kein noch so erschütterndes Ereignis der Oberfläche, der Außenwelt den erreichten Seelenzustand je stören. Er fühlt sich wie in einer Festung geschützt. Im Psalm 91 heißt es: »Wer unter dem Schirm des Höchsten sitzt und im Schatten des Allmächtigen bleibt.«[2] Wahrlich, dort ist die ersehnte Heimat, das Überselbst. Wenn der Mensch zum Gipfelpunkt seines Selbsts gelangt und dort lebt, überkommt ihn der Friede. Unaussprechlich ist dieser himmlische Friede: Alle Zellen heben an zu schwingen und zu singen. Aber wie viele Siege muss er vor der Erreichung dieses Zustands über seine Neigungen, Gedanken und Handlungen erringen!

Ihr sagt: »Was erzählen Sie uns da? Sie sagten zu Beginn, Sie würden von der Reinheit sprechen!« Nun, wir haben eben gesagt, der Friede stamme von der Harmonie, von dem absoluten Einklang zwischen allen Faktoren, die den Menschen ausmachen, und diese Harmonie entsteht nur, wenn alle Seinsebenen rein sind. Stehen sie im Widerstreit, ist das der Hinweis dafür, dass sich Unreines in sie eingeschlichen hat. Hat der Mensch ein unzuträgliches Nahrungsmittel zu sich genommen, fühlt er sich nicht wohl, wird reizbar: Verabreicht man ihm ein Abführmittel, beruhigt er sich. Die Unreinheiten zerrütten den Frieden: Um diesen Frieden zu kosten, sind die Eingeweihten unablässig darauf bedacht, sich zu läutern: In ihrem Intellekt, ihrem Herzen, ihrem Willen das Störende zu entfernen. Die echten Eingeweihten haben dieses Eine begriffen: Das Wesentliche ist, rein und klar zu werden wie der Kristall, hell und rein wie das Sonnenlicht, lauter wie ein Bergsee, rein wie des Himmels Blau. Mit dieser Reinheit wird ihnen alles andere erschwinglich. Die Reinheit ist nicht leicht zu verwirklichen. Zunächst muss man sie mindestens verstehen, lieben und bis in die letzte Faser seines Wesens ersehnen, schließlich versuchen, sie auch im Physischen zu verwirklichen.

Machen sich im Organismus, im Herzen oder im Denken Störungen bemerkbar, so liegt die Ursache darin, dass ihr Unreines aufgenommen habt, wobei »unrein« ganz einfach »unzuträglich« bedeutet. Die Unreinheiten sind nichts anderes, als unerwünschte, dem menschlichen Körper nicht zuträgliche Stoffe. An sich sind diese Stoffe vielleicht nicht unrein, aber sie gelten als unrein, weil sie für den Aufbau des Menschen, seinen physischen oder psychischen Organismus nicht verwendbar sind: Es sind somit Schlacken, die entfernt werden müssen. Haltet euch klar vor Augen: Ihr steckt in einer derartigen Verwirrung, weil ihr Unreines, in Form eines Gedankens, eines Gefühls oder andere Stoffe habt eindringen lassen. Manche Leute beklagen sich, dass sie nur Unglück auf sich ziehen: »Ich weiß nicht, warum alles über mich herfällt!« seufzen sie. Nun, ich will es euch erklären. Ihr wisst, man kann durch das Errichten von Blitzableitern den Blitz anziehen. Der Blitzableiter hat die Aufgabe, den Blitz anzuziehen, zu fassen und abzuleiten. Nun, jede Unreinheit ist ein »Blitzableiter« besonderer Art. Jedem Stoff wohnt die Macht inne, ihm entsprechende Elemente anzuziehen, einen bestimmten Blitz sozusagen. So wisst denn, dass jede, im physischen, astralen oder mentalen Körper eingelagerte Unreinheit, eine bestimmte Art Blitz anzieht, das heißt, besondere, ihr entsprechende Strahlen und Schwingungen. Eine da oder dort abgelagerte Unreinheit bietet die sichere Gewähr dafür, dass der Blitz in Form einer akuten Krankheit oder anderer Störungen eines Tages an dieser Stelle einschlägt. Das ist ein Schlüssel: Jede Unreinheit, sei es auf mentaler, astraler oder physischer Ebene, bringt Störungen mit sich, und wenn ich »Störungen« sage, ist das noch sehr wenig, denn die Unreinheiten können zu Überbelastung, Vergiftung und Tod führen. Ihr seht, zu eurer Befreiung und Erlösung müsst ihr euch auf allen Ebenen reinigen durch Abführungen, Waschungen, Bäder, Meditationen, Gebete.

Jede Krankheit, auch Neurosen, lassen sich auf das Vorhandensein von Unreinheiten zurückführen. Aber anstatt einzusehen, dass man sich läutern sollte, sucht man nach Medikamenten und äußeren Mitteln, nie die Reinigung. Ihr wendet ein: »Manche Menschen führen ein reines Leben und werden dennoch krank, sterben.« Die Lebensmittel, die Getränke und die Luft enthalten freilich immer Unreinheiten; dagegen können wir nichts tun. Solange die Erde als Gesamtes nicht gereinigt ist, werden die Menschen stets Kollektiv-Unreinem unterworfen sein. Nie gelingt es dem Körper, das Unreine ganz auszuscheiden; die angehäuften Fremdstoffe behindern den Kreislauf, rufen Verhärtung, Versteinerung, Arterienverkalkung usw. hervor. Von der Natur her steht dem Menschen die Möglichkeit offen, Tausende von Jahren zu leben; doch infolge der Unreinheiten, die er aufzunehmen gezwungen ist, erwartet ihn das Geschick, schwach zu werden, zu altern und zu sterben.

Natürlich würden sämtliche Unreinheiten verschwinden, wenn man ein bisschen von dem Elixier des unsterblichen Lebens trinken könnte: Venen, Arterien und alle Durchgänge würden frei und man würde wieder jung. Das Elixier des unsterblichen Lebens ist nichts anderes als ein außerordentlich reiner Saft, der sämtliche Leitungen des physischen Körpers öffnet. Früher gab es Menschen, die es besaßen; vielleicht gibt es auch heute noch welche, die es haben. In Wirklichkeit ist dieses Elixier überall in der Natur zugegen und derjenige, der es besitzt, hat es nur verdichtet. In der ganzen Natur ist es vorhanden: in der Erde, den Meeren, den Flüssen, den Bergen, der Luft, den Pflanzen und vor allen Dingen in den Sonnenstrahlen – doch in so geringen Mengen, dass alle möglichen Geräte nötig wären, um es aufzufangen, zu verdichten und zu bewahren. Frühmorgens beim Sonnenaufgang versuchen wir dieses Elixier, das wie ein lebendiges Wasser in der ganzen Natur kreist, zu empfangen. Jedes, der als winzige Kügelchen in der Luft schwebenden Pranateilchen, ist mit einer geistigen Kraft erfüllt. Während wir die Sonne betrachten, nimmt unser Körper diese reinigenden, kräftigenden und belebenden Teilchen auf.

Reinigt sich der Mensch, lässt er das Leben in sich einströmen. Er wird, selbst wenn er nur reine Gedanken und Gefühle hegt, in einem einzigen Leben sich der unreinen Ablagerungen in seinem Körper nicht entledigen können. Führt er diese Läuterung aber mehrere Inkarnationen hindurch weiter, so steigert er seine Reinheit. Da die Menschheit voranschreitet und selbst die Erde sich wandelt, wird dereinst (natürlich erst nach sehr langer Zeit!) alles leuchtend, rein, durchsichtig und strahlend werden: das Gestein, die Bäume, die Berge, ja, selbst der menschliche Körper. So ist es in den Plänen Gottes vorgesehen.

Jedenfalls ist meine Erklärung, dass die Krankheit durch Unreinheiten entsteht, noch kein Grund dafür, dass ihr mit dem Finger auf die Kranken deutet, und sagt: »Aha! Du bist krank, weil du unrein lebst, der Meister hat es gelehrt!« Nein, es ist möglich, dass sie ein reines Leben führen, nur hat sich seit sehr langer Zeit Unreines in ihnen angehäuft: Es wäre unschön, ihnen jetzt alte Vergehen vorzuwerfen. Ich bin gezwungen, die Tatsachen zu schildern wie sie sind, doch dürft ihr dies nicht missbrauchen, indem ihr diesen oder jenen bemängelt!

Es ist dies unser aller Schicksal: Die Reinheit bringt uns das Leben, die Unreinheit bringt den Tod. Dagegen kann man nichts tun, es sei denn, man verbessert die Sachlage so gut man kann, indem man sich meistert, seine Gedanken, Gefühle und Taten überwacht. Es wird sich wohl nicht alles beheben lassen, denn die ganze Erde ist verseucht. Könnte man nur absolut Reines essen und trinken, würde der Körper nicht vergiftet und der Mensch stürbe nicht so früh. Wohin soll man aber heutzutage gehen, um reine Nahrung und Getränke zu finden, reine Luft zu atmen? Die ganze Erde ist verseucht. Der körperliche Zustand lässt sich durch reine Gedanken und Gefühle sehr verbessern: Man kann Krankheiten und Tod verzögern, aber ganz lassen sie sich nicht abschaffen, weil der physische Körper vom gegenwärtigen Zustand der ganzen Erde und der Menschen abhängt. Psychisch ist es möglich, sich mit wirklich Reinem, Leuchtendem, Himmlischem zu nähren, aber durch die Nahrung und Getränke, die gegenwärtig angeboten werden, nimmt der Mensch viel Unreines auf. Ja sogar das Brot, das wir essen, ist verseucht. Was die Milch betrifft, hat man versucht, dem Mangel an Hygiene durch wissenschaftliche Methoden abzuhelfen: Man melkt die Kühe nicht mehr mit schmutzigen Händen, alles wird mechanisch gemacht, und die Milch wird gegenwärtig kontrolliert, sterilisiert, pasteurisiert. Ist es zum Guten? Wohl enthält die Milch keine Bazillen mehr, doch auch nichts Heilsames und Nahrhaftes mehr. Das muss erwogen werden: Wenn durch wissenschaftliche Verfahren bestimmten Mängeln abgeholfen wird, tauchen andere auf. Ich will damit nicht sagen, dass die wissenschaftlichen Forschungen schädlich seien, ganz im Gegenteil, ihnen ist es zu verdanken, dass das Menschenleben verlängert wurde, doch darüber wollen wir ein anderes Mal sprechen.

Die Frage der Reinheit wird eines Tages überall und in allen Bereichen erforscht werden. Nennt man sie Hygiene oder mit einem anderen Namen, das ändert nichts an der Tatsache, dass es stets die Reinheit ist, mit der man sich befassen wird, um das Leben zu verlängern, die Krankheiten auszurotten und den Menschen das Glück zu sichern.

Ich fügte diese wenigen Worte hinzu, um euch noch besser verständlich zu machen, dass der wahre, dauerhafte Friede, das Ergebnis eines Einklangs zwischen allen Zellen und Teilchen des Gesamtorganismus ist, sobald sie ausnahmslos auf das eine Ziel gerichtet sind: das Licht.

Die Reinheit kann auf der physischen Ebene noch nicht vollkommen verwirklicht werden: Dazu wird es kommen, wenn sich Erde und Menschheit veredelt haben. Im Augenblick nehmen die Menschen zu viel Unreines auf, und darum fühlen sie sich so sehr verwirrt, beunruhigt, verängstigt und leiden mehr und mehr an Nervenkrankheiten. Der schlagende Beweis dafür, dass der Friede mit der Reinheit zusammenhängt.

Befasst euch mit der Reinheit, richtet euer Denken Tag und Nacht auf sie, sehnt euch nach ihr – die segenbringenden Wirkungen werden nicht ausbleiben. Es geht nicht nur darum, sich aus Eitelkeit rein zu erhalten, sondern man soll es für sich selbst und die anderen tun: Denn es gereicht der ganzen Welt zum Wohl. Will man den Menschen helfen, muss man zuerst sich selber helfen. Mancher sagt: »Ach, Sie haben einen Flecken im Gesicht: Warten Sie, ich wische ihn weg!« Und ohne auch nur seine Hände zu besehen, einzig von dem Wunsch beseelt, euch zu säubern, besudelt er euch mit seinen schmutzigen Händen. Nicht selten sieht man die Unreinheit der anderen, aber nicht die eigene! Wünscht man den Menschen zu helfen, so gilt es, sein ganzes Leben auf die Läuterung und Heiligung zu verwenden. Natürlich ist es ein schwieriges Unterfangen, aber es lohnt sich. Es bringt reichen Segen.

Bonfin, den 29. August 1966

Weiterführende Literatur

1. Siehe Band 5 der Reihe Gesamtwerke »Die Kräfte des Lebens«, Kapitel 11: »Frieden« und Band 12 der Reihe Gesamtwerke »Die Gesetze der kosmischen Moral«, Kapitel 5: »Das Gesetz der Affinität und der Frieden«.
2. Siehe Band 9 der Reihe Gesamtwerke »Im Anfang war das Wort – Kommentare zu den Evangelien«, Kapitel 8: »Die höchste Zuflucht«.

Kapitel 7

VON DER MAGISCHEN KRAFT DES VERTRAUENS

Freier Vortrag

Um das bisher Gesagte zu vervollständigen, möchte ich noch einiges hinzufügen, damit ihr einen klaren Begriff von den Gedanken und Gefühlen bekommt, die Unreinheiten in den Menschen einführen. Wir müssen diese Frage vom magischen Standpunkt her betrachten, denn, wie ich des Öfteren betonte, ist er für mich der wichtigste Aspekt. Ohne die Kenntnis der magischen Auswirkung einer Sache wird der Mensch nie zum Wesentlichen vordringen. Eben das wird unterlassen, die Fragen werden von allen Gesichtspunkten betrachtet: dem ökonomischen, ästhetischen, chemischen, physischen, mechanischen, sozialen, kosmischen usw. aber nie vom magischen her: Und dennoch, ich wiederhole es, ist dieser Gesichtspunkt der wesentlichste![1]

Nehmt zum Beispiel einen Ehemann und seine Frau, einen Arbeitgeber und seine Angestellten, einen Lehrer und seine Schüler, und schauen wir mal, wie sich die Dinge abspielen. Der Ehemann merkt, dass seine Frau hie und da ausgeht und alsbald, ohne jeden Beweis, zweifelt er an ihr, beschuldigt sie der Untreue. Was geschieht in diesem Augenblick? Was bedeuten, magisch gesehen, diese Zweifel, dieser Argwohn? Was bewirken sie? Das eben wissen die Leute nicht. Sie finden es normal und natürlich, ihre Frau zu beargwöhnen und zu quälen. Ich meine nicht, man dürfe nie Verdacht schöpfen. Doch geht es vor allen Dingen darum, zu wissen, was der Mensch dabei unbewusst auslöst und aussendet, was für Kräfte er ausstrahlt, was sie bewirken und erwecken. Zuweilen ist es die Frau, die ihren Mann verdächtigt: Sie ist eifersüchtig, beschuldigt ihn, und beide quälen sich gegenseitig, weil die von ihnen gehegten Gedanken und Gefühle von niederer Art sind. Oder der Arbeitgeber bezichtigt seinen Angestellten der Unredlichkeit, der Schwarzarbeit, und der Arbeiter seinerseits verdächtigt seinen Vorgesetzten der Ausbeutung und der vorzeitigen Entlassung. Wohin man schaut, Verdächtigungen und Zweifel. Ich will damit nicht sagen, man solle nie den geringsten Verdacht hegen, ich möchte lediglich bestimmte Gesetze aufzeigen, die ich erkenne.

Wie ich schon immer gesagt habe, muss man sich vor Augen halten, dass der Mensch aus zwei verschiedenen Ebenen besteht: Einer höheren, göttlichen und einer niederen, menschlichen. Nun hängt alles davon ab, mit welcher dieser Ebenen ihr es zu tun habt, und was für Kräfte ihr weckt und auslöst. Angenommen, ihr verdächtigt einen Menschen: Was tut ihr in dem Augenblick? Ihr verbindet euch mit dessen niederem Ich, empfangt die Ströme seines niederen Wesens und habt eines Tages die Fehler und Schwächen dessen, den ihr immerzu verleumdet, in euch! Weshalb? Weil ihr eine Tür zu ihrer Aufnahme in euch geöffnet habt: Indem ihr mit diesen niederen Energien unaufhörlich in Verbindung steht, nährt ihr sie. Nun müsst ihr aber wissen, dass ihr auf diese Weise eure geistige Entwicklung hemmt: Ihr beladet euch mit den Fehlern der anderen bis ihr eines Tages erliegt, nicht mehr vorwärts schreiten noch atmen könnt. Denkt ihr immer nur an der Menschen Laster und Verbrechen, so zieht ihr die üblen Wesenheiten eurer Gegner, Nachbarn oder Ehepartner an, und so ist es dann nicht verwunderlich, wenn ihr eines Tages nicht mehr damit fertig werdet. Es vollzieht sich ganz einfach eine magische Wirkung.[2]

Auch das Gegenteil trifft zu. Wenn ihr beschließt, nicht mehr an die Fehler eines Menschen zu denken, sondern nur noch an seine Tugenden, seine Kraft, seinen Geist, beginnt, ob er es nun weiß oder nicht, zwischen ihm und euch ein Kreisen und Strömen, bei dem seine guten Eigenschaften und Fähigkeiten in euch eintreten, sodass ihr eines Tages ihm gleich werdet. Die Leute, die dieses bedeutende Gesetz des Austauschs, der Osmose, der Durchdringung, der Einswerdung kennen, hüten sich, an die Schwächen der anderen zu denken und suchen dagegen mit hochstehenden Wesen Wechselbeziehungen einzugehen: Bald danach werden sie ihnen gleich, übertreffen sie sogar. So gehen die vor, die klug und einsichtig sind. Die anderen, die kleinen, schwachen, armseligen Hohlköpfe beißen sich an den Fehlern und Unschönheiten ihrer Mitmenschen fest und wissen nicht, was sie erwartet. Welch ein Unglück, mein Gott, es nicht fertigzubringen, die Menschen aufzuklären! Sie lieben den Schmutz: Skandalpresse, Kriminalromane sind ihnen ein unentbehrliches Lebensbedürfnis. Edle, reine Wesen, die lernen wollen, die hohe Meister suchen, sind selten.

Nun will ich euch noch etwas veranschaulichen, das euch entging. Wenn ihr jemanden verdächtigt, ihn der Bosheit, der Grausamkeit, der Sinnlichkeit, der Unehrlichkeit bezichtigt, impft ihr ihm eben diesen Fehler ein und treibt ihn in diese Richtung. Ein Ehemann hegt zum Beispiel den Verdacht, seine Frau sei in den Armen von dem oder jenem gelegen und beschuldigt sie der Untreue. Das stimmt aber nicht; sie widerspricht, rechtfertigt sich – nichts zu wollen! Der Ehemann ist von einer krankhaften Eifersucht befallen, macht ihr dauernd Vorwürfe und verdächtigt sie. Was ereignet sich nach einiger Zeit? Nun, diese Frau, der es nie eingefallen wäre, ihren Mann im Stich zu lassen, gerät in die Lage ihn zu betrügen und kann sich danach einfach nicht erklären, wie sie den Ehebruch begehen konnte. Kein anderer als ihr eigener Mann hat sie dazu gedrängt: Durch seine ständigen Vorwürfe schuf er in der Astralebene günstige

Bedingungen, und die arme Frau erlag. Dennoch war sie ehrenhaft, wollte widerstehen. Seht, wie diese Unglückseligen ihren eigenen Frauen Gruben graben! Umgekehrt gibt es Frauen, die ohne Unterlass ihren Mann des Betrugs bezichtigen, auch wenn er kein Verlangen danach hat: aber von dem wiederholten: »Ha! Du hast dieses und jenes getan!« tut er es schließlich. Die Worte müssen doch der Wirklichkeit entsprechen! Unbewusst sind Frauen und Männer die Schöpfer von Gutem oder Bösem. Ist es derart schwierig, dieses psychologische und magische Gesetz zu verstehen? Die Leute sind verwunderlich – fähig, die hohe Mathematik, die Elektronik und wer weiß was Kompliziertes zu studieren, aber diese ganz einfachen Wahrheiten, die selbst ein Kind versteht, begreifen sie nicht.

Nun werde ich den Männern, Frauen, Arbeitgebern, Arbeitern, Schülern, allen eine ungemein wirksame Methode angeben, die sie aus Zweifel und Verdacht endlich in die Gewissheit führen wird. Es ist doch schade, sein ganzes Leben in Verdächtigungen zu verbringen und nie etwas Sicheres zu erfahren. Man muss doch Beweise haben! Um über jemanden Beweise zu erbringen, gebe ich euch jetzt die beste Methode an. Sagt euch Folgendes: »Diese Zweifel, dieses ungewisse Herumraten habe ich nun satt! Ich will mir Klarheit verschaffen!« (Nanu, endlich will er klar sehen! Das ist besser als vermuten, sich quälen und die ganze Welt verpesten!). Da mein Intellekt blind ist und mir keine Aufschlüsse gibt, mich dauernd im Ungewissen lässt, bin ich von ihm angewidert und will jetzt meine Intuition, meine Hellsichtigkeit schulen.« Darauf unterzieht ihr euch einer strengen Zucht und Schulung, übt euch in der Konzentration, der Meditation, dem Beten, Fasten usw. und nach vierzig oder fünfzig Jahren solcher Übungen seid ihr hellsehend geworden und habt die Gewissheit erlangt, ob eure Frau euch betrog! Ja, meine lieben Brüder und Schwestern, lacht nicht! – Ihr werdet wenigstens Bescheid wissen! Ihr sagt: »Bis wir so weit sind, dauert es aber lange!« Selbstverständlich ist es lang, aber ihr werdet hellsehen! Das ist doch der Mühe wert! Ansonsten werdet ihr in fünfzig, sechzig und mehr Jahren noch nicht wissen, ob eure Frau euch betrog, und ihr werdet sterben vor Gram, es nie in Erfahrung gebracht zu haben. Ihr seht, die Sache ist sehr ernst! Ich gebe euch hier die beste Methode. Selbst Unwissenheit und Zweifel sollen uns zu dem Entschluss führen, unsere übersinnlichen Fähigkeiten zu entwickeln.

Abschließend will ich euch verraten, wie es euch ergehen wird. – Es war einmal ein König, der während eines Spazierganges auf dem Land eine Kuh bemerkte – eine derart schöne, hübsch gescheckte Kuh, dass er sich beinah in sie verliebte. Diese Kuh gehörte einem alten Weisen: Und der König sandte einen Mann aus seinem Gefolge zu ihm, der um die Kuh bitten sollte. Doch der Weise erwiderte: »Ich gebe meine Kuh nicht her, sie ist mir sehr nützlich.« Als der König dieses hörte, wurde er zornig und sprach: »Wohlan, wir werden sie ihm mit Gewalt entreißen!« Und er sandte bewaffnete Diener, um sich der Kuh zu bemächtigen. Nun aber besaß dieser ehrwürdige Greis eine ungewöhnliche Macht: Er streckte nur die Hand aus – und sie waren alle gelähmt. Er schickte sie darauf zum König zurück. Dieser sandte nun ein ganzes Heer, um die Kuh zu holen. Wiederum streckte der Weise seine Hand aus, lähmte das Heer und wies es von hinnen. Der König war sehr betrübt, sehr gedemütigt. Er sagte sich: »Noch nie hat mir einer eine solche Beleidigung zugefügt, alle gehorchen mir, nur dieser Alte bietet mir die Stirn. Aber ich werde nicht nachgeben: Was ich will, das erhalte ich!« Er dachte lange nach. »Wenn es so ist«, sagte er dann, »begebe ich mich verkleidet selber zu ihm, bitte ihn, mich zu unterweisen, und wenn ich sein Geheimnis kenne und weiß, wie er es fertig bringt, die Leute zu lähmen, werde ich ihm seine Kuh entführen!« Er begab sich also zu dem Weisen und begrüßte ihn mit den Worten: »Herr Magier, ich entbiete dir meine Hochachtung und Huldigung! Ich habe gehört, dass dein Ruhm groß ist im ganzen Königreich, ich möchte dein Schüler werden. Willst du mich annehmen?« Der Weise, der ihn selbstverständlich erkannt und seine Gedanken gelesen hatte, antwortete: »Einverstanden, ich nehme dich als meinen Schüler an: Komm, ich werde dir meine Geheimnisse enthüllen, du sollst ebenso mächtig werden wie ich.« Der König war stolz und glücklich! Da begann er Jahre hindurch Tag und Nacht Übungen zu machen, meditierte, läuterte sich und war schließlich derart erleuchtet, vergeistigt und weise – dass er nicht mehr nach der Kuh verlangte! Er hatte sie vergessen! Dasselbe wird sich mit euch ereignen, sobald ihr der Reinheit, des Lichts und der wahren Kraft teilhaftig geworden seid. Ihr werdet nicht mehr wissen wollen, ob eure Frau euch betrügt oder ob euer Meister ein Spitzbube ist. Ja, ihr werdet finden, dass die Gedanken, mit denen ihr euch abgegeben habt, gar zu kleinlich und nichtig waren – ihr werdet euch schämen, und es wird euch wie dem König ergehen: Ihr werdet die Kuh in Ruhe lassen!

Ihr ruft aus: »Fünfzig Jahre, dies ist zu viel!« Ja, es werden vielleicht nicht fünfzig, sondern sechzig Jahre sein! Ob sechzig oder neunzig Jahre, was tut's? Hauptsache ist, ihr erlangt die Gewissheit! Glaubt ihr, es lohnt sich nicht, die Gewissheit zu haben? Die Eingeweihten bitten um Erkenntnis: Sie begnügen sich nicht mit Vermutungen und Zweifeln. Wenn ihr meint, ich lebe im Zweifel! Nein, seit Anbeginn baue ich auf Gewissheit und Vertrauen und bringe es den Menschen entgegen. Ich weiß, dass viele Leute behindert sind, weil das Schicksal sich wild auf sie gestürzt hat; aber, wenn man ihnen ein kleines Kapital vorstreckt – symbolisch gesprochen – können sie einen Laden eröffnen und so viel Geld verdienen, dass sie einem später das Kapital zurückerstatten und sogar noch anderen helfen. Sie werden dann ihrerseits Kapital vorstrecken, damit Bedürftige sich wieder aufrichten und aus ihren Schwierigkeiten herausfinden. Wenn Gott den Menschen keinen Vorschuss leistete, könnte nicht einer unter ihnen fortbestehen. Ich versuche wie der liebe Gott zu handeln. Viele Leute kamen zu mir, und ich schenkte ihnen, obwohl ich sah, dass sie arme Schlucker waren, mein Vertrauen. Manche haben sich daraufhin an die Arbeit, ans Lernen gemacht, und jetzt geben sie mir etwas von dem Anvertrauten zurück. Gewährt man ihnen keinen Vorschuss, so patschen die armen Menschen ewiglich im Schlamm herum.

Ohne Vertrauen gerät alles ins Stocken. Fahrt ihr zum Beispiel mit eurem Wagen aus, kommt ihr nicht umhin, allen anderen Autofahrern auf der Straße zu vertrauen. Denkt ihr unaufhörlich: »Ach! Der da wird mich anfahren! Oh, der dort kann ja nicht fahren!« So werdet ihr ganz durcheinander sein und keinen Meter vorankommen. Das Vertrauen ist unentbehrlich, damit alles fließt. Wenn ich bestimmte Leute ansehe, meint ihr, ich erblicke die lasterhaften Gewohnheiten nicht, die auf ihren Gesichtern zu lesen sind? Angenommen ich hätte weder Intuition noch Hellsichtigkeit. Ich habe doch immerhin die Physiognomie studiert, will euch aber nicht verraten, was ich alles sehe! Ich sage nie etwas davon, sondern behalte es für mich. Ich schenke einem jeden mein Vertrauen, darin liegt mein Geheimnis. Dank dieses Vertrauens gelingt es mir, etwas zu verwirklichen. Wäre ich misstrauisch, zurückhaltend, argwöhnisch, nie hätte ich eine Bruderschaft gegründet. Aber keiner will mich nachahmen! Man will nicht einsehen, dass das Vertrauen das Gute, das Göttliche in den andern erweckt.[3] Selbst wenn ihr einem Trunkenbold, einem lasterhaften und labilen Menschen Vertrauen schenkt, wird er sich durch eben dieses Vertrauen genötigt fühlen sich zu bessern, um euch zu beweisen, dass ihr euch in Bezug auf seinen Edelmut und seine Seelengröße nicht getäuscht habt. Selbst ein Verbrecher bessert sich bisweilen, wenn man ihm Vertrauen schenkt. Das Vertrauen entwaffnet die Leute: Allein ihr seid nicht gewillt, seine Macht zu erproben! Dass uns hie und da, unseres Vertrauens wegen, ein paar »Ziegelsteine« auf den Kopf fallen... ist unvermeidlich.

Das ist eben Berufsrisiko! Aber im Vergleich zu all dem Guten, das uns erwartet, wenn wir unentwegt Vertrauen schenken, lohnt es sich. In einer Obstkiste findet man stets einige verdorbene Früchte: Wollt ihr deswegen die ganze Kiste wegwerfen? Unter den vielen, denen ich mein Vertrauen schenkte, haben mir einige geschadet. Nun ja, doch sind noch viele andere da, die mir mein Vertrauen hundertfach zurückgeben!

Wer die magische Bedeutung des Vertrauens nicht kennt, ist misstrauisch, argwöhnisch, vorsichtig, verschlossen, zurückhaltend und gilt als klug. Gewiss, es wird ihn keiner beißen, aber auch keiner lieben. Lohnt es sich nicht, etwas gebissen und gestochen zu werden, aber zu guter Letzt die ganze Welt auf seiner Seite zu haben? Dass manche euch verraten, euer Vertrauen nicht verdienen, ist nicht zu vermeiden. Aber weil einige Leute feige, egoistisch, boshaft, undankbar sind, ist das ein Grund sie alle zu verachten, zu verabscheuen und endgültig von sich zu weisen? Nein, meine lieben Brüder und Schwestern, das ist keine gute Einstellung. Wenn viele so tief gesunken sind, so deshalb, weil sie unwissend waren. Wären ihnen des Menschen Wesen und die magischen Gesetze bekannt, würden sie trotz Missgeschick, Unglück, Bosheit und Verrat weiterhin Vertrauen schenken, die Menschen aufklären, ihnen helfen, sie beglücken und ihnen Zugang verschaffen zu den Schatzkammern der Natur. Denn einst werden alle die Leute, die ihnen Böses getan, bittere Tränen weinen, wenn sie merken, dass sie ihren größten Wohltäter gequält haben. Jawohl, wenn sie dereinst sehen, wie unwürdig sie gewesen sind, werden sie nicht mehr wissen, wohin sie sich wenden sollen, um ihr Weinen zu verbergen. Als mir das bewusst wurde, wählte ich das Vertrauen, die Liebe und die Geduld, und selbst diejenigen, die nur daran denken, mir ein Grab zu schaufeln, versuche ich zu ertragen und fahre fort, ihnen das Beste zu geben, was ich habe.

Im Grunde genommen gibt es nichts »Grausameres« als einen wahren Eingeweihten, weil er die schrecklichste Rache erfand. Er sagt sich: »Alle anderen rächen sich mit Waffen und abscheulichen Schimpfworten, die nicht wirksam sind.«[4] Man rächt sich an seinen Feinden nicht, indem man sie misshandelt oder niedermetzelt: Es gibt eine andere Art sie »unglücklich« zu machen, nämlich, indem man ihnen unermüdlich Gutes tut, sie speist, erleuchtet – und wenn sie ihres Undanks einst innewerden, sind sie untröstlich! Es ist mehrmals geschehen, dass Brüder und Schwestern weinend zu mir kamen, um mich um Verzeihung zu bitten. Ja, sie weinten, weil sie einsahen, dass sie mir Jahre hindurch nachgestellt hatten, während ich fortfuhr sie aufzuklären und dem Himmel zuzuführen. Kein Geschöpf vermag einer solchen »Rache« zu widerstehen. Deshalb beglückwünsche ich mich jetzt, dass ich einsah, worin der wahre Sieg, der wahre Triumph liegt. Glaubt mir, die Menschen können nicht lange widerstehen. Am Ende, wenn sie sich recht gequält und vergiftet haben, wenn sie einsehen, wie ihr noch stärker und geistig reicher werdet, erkennen sie mit Entsetzen, in welchen Abgrund sie gestürzt sind. Nun will ich euch noch ein Gesetz offenbaren. Wer Hässliches und Finsteres in sich trägt, sieht alles hässlich und finster. Diese Feststellung sollt ihr euch einprägen. Unehrliche und Ungerechte sind außerstande zu glauben, dass es ehrliche, gerechte, gute Menschen gibt, weil sie von sich auf andere schließen. Darum sind sie immer misstrauisch, glauben nicht, dass es auf Erden edelmütige und reine Wesen gibt. Die Tugendhaften aber sehen Bosheit, Betrug und Treulosigkeit nicht: Sie können sich gar nicht vorstellen, dass die anderen derart berechnend, verlogen, ichbezogen sind. Sie sind voll guter Eigenschaften und bewerten ihre Umwelt danach: Das ist ein Gesetz. Wie viele Leute habe ich gesehen, denen es immer noch unverständlich bleibt, dass die anderen Menschen derart unehrlich und böse sein können, andere wiederum, denen es nicht eingeht, dass auf der Erde Wesen von ungewöhnlichem Seelenadel leben. Der Mensch sieht nur durch die eigenen Augen; er formt sie mit seinen Gedanken und Gefühlen. Ist er verderbt und grausam, so sieht er die anderen genauso. Begegnet ihr also Leuten, die nur von den Fehlern ihrer Mitmenschen sprechen, so wisst, dass sie diese selber in sich tragen; denn wohnten ihnen Seelengröße, Herzensgüte, Redlichkeit und vor allen Dingen Liebe inne, hätten sie bei den anderen dieselben Tugenden entdeckt.

Ein Beweis hierfür: Warum findet die Mutter ihr Kind engelhaft und göttlich? Weil sie es mit den Augen der Liebe sieht. In Wirklichkeit ist das Kind kein Engel, es ist vielleicht sogar ein Strolch. Aber für die Mutter ist es ein Engel. Wenn ein Mädchen einen Burschen liebt, sieht es den ganzen Himmel, lauter Erhabenes und Schönes in ihm. Doch an dem Tag, da sie gegen ihn aufgebracht ist, wenn ihr nur wüsstet, was sie dann sieht! Sie klagt: »Er ist ein Teufel, ein Unmensch!« Wie kommt es, dass er gestern eine Gottheit war? So rasch, innerhalb eines einzigen Tages, ändert sich ein Mensch nicht! – Sie selber hat sich geändert! Die Leute sind wie wir sie sehen; unserer seelischen Verfassung entsprechend sehen wir sie so oder anders.

Sowie den Menschen durch das Licht der Geheimwissenschaft die Augen aufgehen, fangen sie an, vor sich selber zu erschrecken. Sie sagen: »Ich, der ich immer nur an den anderen etwas auszusetzen fand und über sie Schlechtes erzählte, erkenne jetzt, dass dieses Verhalten ein übles Anzeichen für mich ist!« So lasst denn die anderen sein wie sie sind! Das tue ich auch: Ich lasse die Brüder und Schwestern tun, was ihnen gefällt und selbst, wenn ihr Tun nicht ganz einwandfrei ist, gehe ich nicht hin, um sie zu bestrafen. Ich denke mir, sie sind von anderen auf die Erde geschickt worden und diese werden sich um sie kümmern. Sie sind es, die ihnen Ohrfeigen erteilen oder ihnen manche Möglichkeiten entziehen werden. Das ist ihre Sache. Die meine ist es, meine Arbeit zu tun. Ich bin kein Richter, sondern nur da, um euch aufzuklären. Wenn ich wollte, könnte ich irgendeinen unter euch aufrufen, ihn vor einen Spiegel stellen und ihm sagen: »Sieh da diese Furchen auf deinem Gesicht! Sie zeugen von dem und dem Fehlverhalten, von dem und dem Laster. Andere Leute kannst du täuschen, mich aber nicht.« Warum tue ich das nicht? Weil es nicht meine Sache ist: Es befassen sich andere damit. Ich weiß wohl, ich kümmere mich noch um manche, die unaufhörlich abgleiten und sich gehen lassen, während ich ihnen rundweg sagen müsste: »Scheren Sie sich weg! Sie gehören nicht hierher!« Aber ich nehme sie auf und verschließe die Tür nur denen, die die Bruderschaft wirklich gefährden. Solange sie die Bruderschaft nicht zerstören, dulde ich sie: Die göttliche Gerechtigkeit wird sich mit ihnen befassen.

Ihr seht, meine lieben Brüder und Schwestern, wenn ich euch nichts über meine Methoden und Absichten sagen würde, könntet ihr mein Vorgehen nicht verstehen. Jetzt aber wünsche ich, dass euch alles klar wird. – Weshalb befasse ich mich nicht mit dem, was ihr insgeheim tut? Weil ich dabei etwas verlieren würde. Ich befasse mich nur mit eurem höheren Wesen, dem Göttlichen in euch: Dieses möchte ich freilegen und nähren: Damit gewinne ich den ganzen Himmel. Beschäftigt euch mit den Fehlern der anderen, wenn ihr wollt, die Folgen werden nicht ausbleiben. Ich habe ein Wissen: Wenn ich es nicht hätte, würde ich mich wie alle anderen verhalten. Aber dank meiner Kenntnisse, dank des Lichtes, das Gott mir geschenkt hat, versuche ich meinen Sinn nur auf das Schönste und Herrlichste zu richten. Warum besteht ihr hartnäckig darauf, euch mit alledem zu verbinden, was wurmstichig und verderbt ist?

Von nun an wisst: Wenn ihr das Vertrauen des Himmels erwerben wollt, dürft ihr eure Seele, eure Ohren keinen Verleumdungen öffnen. Sagt: »Hören Sie, hier ist nicht Zeit dazu, wir sind in einer besonderen Schule und haben so viel Schöneres zu tun! Wozu uns beschmutzen? Lassen wir das!« Ihr hingegen sagt: »Oh, kommen Sie! Erzählen Sie mir das!« Dann ernährt ihr euch mit widerlichen Dingen, als ob ihr noch derartige Nahrung nötig hättet! Leider ist es wahr, dass man ihrer noch bedarf. Wozu versammeln sich die Leute? Etwa um sich mit dem Himmel zu verbinden, mit den Engeln zu sprechen? Keine Spur – nur um niedere Bedürfnisse zu befriedigen! Das ist der Grund ihres Zusammentreffens. Und haben sie sich erst allerlei höllische und widerliche Geschichten erzählt, sind sie hochbeglückt. Schrecklich dieses Verlangen nach Innereien! Wenn ihr meint, dass man Vegetarier ist! Nein, man verzehrt noch Fleisch. Es gelüstet einen noch nach Gedärm, Blutwurst und dampfendem Blut. Ja, symbolisch gesprochen ist es so: Und dann will man als hochgeistiger Mensch gelten!

Warum drängt ihr mich dazu, von derart unangenehmen, negativen Dingen zu sprechen? Ich bin nicht sehr erfreut davon, möchte lieber von dem Göttlichen im Menschen, von der Schönheit sprechen. Zutiefst sehne ich mich nur nach dem Guten und strahlend Reinem. Ich weiß, wie gefährlich es ist, sich selbst wenige Minuten mit solchen Dingen abzugeben. Hernach muss ich mich waschen, weil schon nur das Sprechen davon auf mich wirkt, als wäre ich durch Abwasser gewatet.

Wenn man sich zumindest vergewisserte, ob das, was man sich zu erzählen anschickt, der Wahrheit entspricht! Nein, ohne jeden Beweis, ohne Gewissheit wird ausgeplaudert. Solches Vorgehen ist nicht richtig, nicht edel. Ihr sollt derartiges nicht dulden, sondern sagen: »Können Sie beweisen, was Sie vorbringen? Wenn nicht, dann schweigen Sie!« – Ich habe, wie gesagt, eine Methode gefunden: Sucht in Indien, in Tibet oder sonst wo einen berühmten Weisen auf, so werdet ihr nach fünfzig Jahren mit Sicherheit erfahren, was euch jetzt so dringend beschäftigt, nämlich, ob eure Frau euch hintergeht, ob euer Meister ein Lügner oder der und jener ein Mörder ist, ihr werdet danach derart groß und erhöht sein, dass euch diese Fragen nicht mehr interessieren. Geht euch das Wahrnehmungsvermögen ab, nun so schult es! Aber verlasst euch nicht auf euren armseligen Intellekt, der immer nur zweifelt und in der Welt Unheil stiftet! Seht die Romane, die Filme, die Theaterstücke. Wie vielen Tragödien liegen Zweifel, Verdacht, Mangel an Vertrauen zugrunde? Nun soll mir einer von euch entgegenhalten, ich hätte der Bruderschaft nicht seit Jahren Vertrauen geschenkt – ich habe nur das getan!

Soll ich euch noch etwas offenbaren? Ihr denkt nie an den Tag, da ihr oben vor die Wesen der unsichtbaren Welt treten werdet: Sie werden sagen: »Wir waren es, die durch den Mund jenes Menschen gesprochen haben. Weshalb hast du nicht darauf geachtet? Warum hast du alles zurückgewiesen? Weißt du, wie viel du ihm jetzt schuldest? Du bist ihm Millionen und Milliarden schuldig!« und es wird euch eine Rechnung vorgelegt. Das Gesetz ist unerbittlich: Habt ihr empfangen, so müsst ihr geben. Ihr fragt: »Wie viel müssen wir ihm denn geben? – Nichts, er verlangt nichts, aber ihr sollt für andere Menschen einst ebenso viel tun, wie er für euch getan hat.« Jawohl, meine lieben Brüder und Schwestern, eines Tages müsst ihr anderen Geschöpfen gegenüber die gleichen Tugenden, ebenso viel Hingabe, Selbstlosigkeit, Nachsicht und Liebe bezeigen. Auf diese Weise begleicht ihr eure Schuld. Überall muss Gerechtigkeit walten. Auch ich habe unendlich viel bekommen. Das Unsichtbare hat sich um mich gekümmert und kümmert sich noch um mich. Es erleuchtet, unterweist mich, und jetzt bin ich für so viel Gnade und überreiche Segnungen und für die Liebe, die ich Tag und Nacht empfange, sein Schuldner geworden. Wie begleiche ich diese Schuld? Indem ich für den Himmel arbeite, ihm den Weg bahne, damit er seine Vorhaben verwirklichen kann. Glaubt ihr, dass ihr eurer Verpflichtung entkommt? Oh, was für ein Unwissen! Auch ihr werdet eines Tages zahlen müssen! Oder ihr hättet nicht in diesem Gasthaus essen dürfen! – Ich meine es natürlich symbolisch. Ihr habt in diesem Gasthaus gespeist: Das ist vermerkt, und ihr müsst bezahlen. Aber ist es nicht besser zu zahlen und dafür in diesem Gasthaus zu sein? – Doch es ist besser! Die Steine zahlen nichts, bleiben aber lediglich, was sie sind, Gestein. Es sei denn, ihr zöget das Dasein der Steine vor. Das Gesetz ist unerbittlich: Ihr habt empfangen, so müsst ihr geben: Es wurde euch unentgeltlich gegeben, so müsst ihr ebenfalls unentgeltlich geben!

Kehren wir zu unserem Thema zurück. Ich möchte, dass ihr mich heute recht versteht und euch ein für alle Mal entschließt, mit den Zweifeln und Verdächtigungen Schluss zu machen. Ich sage euch, ich befasse mich nur mit Gewissheiten, selbst was euch betrifft. Ich frage nicht, ob ihr gut oder böse seid, ich weiß es: Für mich besteht kein Zweifel. Angenommen, es kommt jemand und erzählt die abscheulichsten Dinge über euch, meint ihr, ich würde ihm sofort Glauben schenken? Nein, ich werde nachprüfen: euch zu mir rufen, euch anschauen, anhören und Fragen stellen. In Wirklichkeit werde ich auf dreierlei Arten vorgehen. Zuerst mittels der Intuition, indem ich die Wesen der unsichtbaren Welt frage, wie sie euch von oben sehen. Zweitens werde ich meine physiognomischen Kenntnisse verwenden und drittens vielleicht auch einen Blick auf euer Geburtsbild werfen. In dem Augenblick habe ich absolute Gewissheit gewonnen, ihr aber wisst noch nicht, wie man Nachforschungen anstellt: Das ist traurig! Wisst ihr ctwas, so wisst es zumindest gründlich! Aber nein! Stattdessen heißt es: »Ich sah wohl etwas – aber eigentlich habe ich nichts gesehen!« Immer ist es ungenau und schleierhaft. Ich will euch da herausholen, euch in das Land der Gewissheit führen! Es wird mir zum Beispiel gesagt: »Aber der ist ja ein Säufer!« oder: »Das ist ein Taschendieb!« »Der ist ein Taugenichts!« Da werde ich mir sein Gesicht ansehen (denn es gibt darin Zonen, die das anzeigen), auch seine Hände, seinen Gang, seine Stimme anhören – denn sollte er sich auch verstellen: Dort offenbart sich der ganze Mensch! Von seinen wohleinstudierten, gekünstelten, weltmännischen, ausgefeilten Gebärden werde ich übrigens keine

Notiz nehmen, sondern auf die unmerklichen Bewegungen achten, die er mit Mund, Nase, Augen, Fingern macht. In den großen Gebärden hat er sich bemerkenswert geübt, doch bei den Einzelheiten kann sich keiner verbergen! Nur weil die Leute nicht wissen, wo man hinschauen soll, lassen sie sich täuschen. Es gibt winzige Einzelheiten, in denen sich der Mensch nie beobachtete, weil er nicht ahnte, dass er damit sein wahres Wesen verrät.

Weshalb soll man nicht auch die Leute in Augenschein nehmen, die immerzu Verdächtigungen, Verleumdungen und Schmutz über die anderen verbreiten? Häufig entdeckt man, dass bestimmte Frauen, die sich nicht verheiraten konnten, die unwahrscheinlichsten Geschichten erfinden und den Leuten Dinge andichten, die sie selber gerne begangen hätten, aber nicht verwirklichen konnten. Man nennt dies Verdrängung: Die Psychoanalyse hat eine Menge derartiger Fälle studiert! Bedauerlich ist nur, dass alle Welt ihnen Glauben schenkt. Anstatt der Sache nachzugehen oder besser noch: Diese Klatschbasen auf ihren Gang, ihre äußere Erscheinung, ihren Blick, die Farbe ihrer Haut hin einzuschätzen und etwa noch in ihrem Horoskop nachzusehen, ob ihre Angriffslust nicht auf eine schlecht aspektierte Mond- und Marsverbindung zurückzuführen ist, glaubt man ihnen aufs Wort und ist hoch beglückt dabei. Ja, man besitzt weder physiognomische Kenntnisse noch Intuition! Unter solchen Bedingungen wird man, selbst wenn die höchsten Eingeweihten auf die Erde herabsteigen, von ihrer Anwesenheit keinen Nutzen ziehen, sondern immer dabei sein, sie zu beargwöhnen.

Manche Ehemänner haben mir Abscheuliches über ihre Frauen erzählt: Hätte ich ihnen Gehör geschenkt, wäre alles zunichte. Nun ließ ich aber die Frau kommen, und was musste ich entdecken! Ihr Mann war der Folterknecht, der Unmensch und sie das Opfer! Natürlich kam auch das Umgekehrte vor. Frauen beklagten sich bei mir über ihren Mann, und wenn ich diesen sah, entdeckte ich, dass er das arme Opfer und seine Frau ein Mannweib, eine Furie war, aber eine ungezähmte! Glaubt mir, meine lieben Brüder und Schwestern, seid nicht so voreilig in eurem Urteil. Untersucht die Sache und dann, meinetwegen, äußert euch über wen ihr wollt. Wartet zunächst ab, geht den Dingen auf den Grund!

Das alles sagte ich euch nur, um euch zu veranschaulichen, dass Verdacht, üble Nachrede und Zweifel Unreinheiten sind. Der Beweis dafür ist, dass sie euch vergiften. Demnach muss der Schüler, der sich reinigen will, mit alledem Schluss machen und es durch Vertrauen, Liebe und vor allem durch Uneigennützigkeit ersetzen. Wer immer nur seinen eigenen Vorteil sucht, nimmt Unreinheiten aus der Astralebene auf. Wer indessen für eine uneigennützige Idee arbeitet, läutert sich in einem fort. Diese Idee selber reinigt ihn. Man meint, die Reinheit bestehe nur darin, die Frauen nicht zu betrachten, nicht zu berühren, ihr könnt sie betrachten, mit ihnen plaudern und spazieren gehen und werdet euch nie beschmutzen, sofern ihr uneigennützig seid. Die wahre Reinheit ist etwas anderes, als die Augen abzuwenden und den Kopf zu senken, wie es früher die Spiritualisten und Geistlichen anrieten. Ich bin schon lange angeekelt von dieser Darstellung der Reinheit und Heiligkeit! Jahrhunderte hindurch wurde uns das Vorbild dessen überliefert, was ein sittenreiner und anständiger Mann sein soll, und nun bin ich gekommen und habe alles umgestürzt und geändert, weil ich mich frei fühle und nichts zu verbergen habe. Natürlich weiß ich, dass manche ihre guten Gründe hatten, eine solche Verhaltensweise als die beste zu empfehlen. Denn, wenn sie selber auch stark, rein und selbstsicher waren, mussten sie eben auf die anderen Rücksicht nehmen, die dadurch hätten verwirrt, auf Abwege gebracht und versucht werden können. Somit enthielten ihre Vorschriften dennoch etwas Gutes. Aber man kann nicht in alle Ewigkeit dieselben Methoden beibehalten. Es müssen andere, der heutigen Denk- und Fühlweise entsprechende gefunden werden!

Ich weiß sehr wohl, dass mein Verhalten manche schockiert. Wenn sie sehen, dass ich mich nicht an das Überlieferte halte, richten und verurteilen sie mich auf der Stelle. Aber diese Überlieferungen sind nur Formen, Getue. Ich könnte mich ebenfalls anpassen, um alle Welt zu täuschen: Insgeheim hätte ich gelebt hat, wie es mir gefällt, und nach außen hin hätte ich mich untadelig gezeigt. Wie viele haben uns auf diese Weise irregeführt! Da sie wissen, dass die Leute auf den Schein hereinfallen, achten sie peinlich auf die Formen und vergnügen sich insgeheim und machen, nennen wir es Schweinereien! Ich pfeife auf die äußere Form, und wenn ihr weder intuitiv noch hellsichtig genug seid, um die Reinheit zu sehen, in der einer lebt, nun gut, dann kann ich euch nicht brauchen! Ich will Brüder und Schwestern um mich haben, die den Mut aufbringen, all diese Formen und Überlieferungen hinter sich zu lassen, um in der Reinheit viel weiter zu gehen. Und sind es auch nur zwei oder drei, das macht nichts: Ich werde die ganze Arbeit mit ihnen vollbringen!

Die meisten wissen nicht, was wahre Sittlichkeit, wahre Reinheit ist: Sie zitieren Sprüche, predigen schickliche Formen, aber aus ihnen selber sprüht kein Leben. Die Reinheit ist nicht im Gebaren, in den Zitaten: Die Reinheit ist lebendiges Denken und Fühlen, das heißt, gesteigerte Geisteskraft. Sie ist wahrhaftige Reinheit.

Ja, den in veralteten Anschauungen stecken Gebliebenen rufe ich zu: »Oh, ihr Heiligen, Keuschen, Ehrbaren, wie kommt es, dass ihr immer in Zwiespalt, Widerstreit, Traurigkeit, Verzweiflung und Krankheit steckt? Wie kommt es, dass eure Reinheit euch nichts einbrachte? Ihr, die ihr euch auf dem Gipfel der Vollkommenheit wähnt, was habt ihr errungen? Nichts. – Was ist denn das für eine Reinheit? Die wahre Reinheit schenkt alles! Warum so schwach? Warum so ängstlich, sorgenvoll, unruhig und unwissend? Habt ihr dies eurer Reinheit zu verdanken?« Wenn sie ehrlich sind, werden sie den Kopf senken und verstehen. Wohl kein Mensch auf Erden verehrt so sehr wie ich die wahrhaft reinen, unberührten und keuschen Wesen. Aber eine Reinheit, die die Leute so unbedeutend und kleinmütig macht – mein Gott! – kann ich nicht brauchen, ist mir nicht wünschenswert. Reinheit, wie ich sie verstehe, ist Segen und Fülle, ist die Grundfeste, das Fundament von allem – Jesod – wie die Kabbala sie nennt.

Bonfin, den 30. August 1966

Weiterführende Literatur

1. Siehe Band 226 der Reihe Izvor »Das Buch der göttlichen Magie«, Kapitel 10: »Wir alle üben Magie aus«.
2. Siehe Band 242 der Reihe Izvor »Unerschöpfliche Quellen der Freude«, Kapitel 13: »Und ihr werdet alle Menschen auf den Weg der Freude mitziehen«.
3. Siehe Band 239 der Reihe Izvor »Die Liebe ist größer als der Glaube«, Kapitel 10: »Worauf das wahre Vertrauen gründet«.
4. Siehe Band 15 der Reihe Gesamtwerke »Liebe und Sexualität«, Kapitel 27: »Die wahren Waffen: Liebe und Licht«.

Kapitel 8

DIE REINHEIT DER WORTE

Freier Vortrag

In den vergangenen Tagen beschäftigten wir uns mit der Reinheit im Physischen, Astralen und Mentalen. Heute möchte ich euch von der Reinheit des gesprochenen Wortes etwas sagen: Aber zunächst erzähle ich euch eine kleine Geschichte über den Propheten Mohammed. Er war ein sehr weiser Mann. Aber nicht wie Jesus bereit, die rechte Wange hinzuhalten, wenn ihn jemand auf die linke schlug – er glich eher Moses und griff leicht zum Schwert.

Man erzählt also, dass einst ein Mann zu Mohammed kam und sagte: »Ich bin todunglücklich, weiß nicht wie ich ein gegen meinen Freund begangenes Vergehen wieder gutmachen könnte. Ich habe ihn ungerechterweise beschuldigt, habe ihn verleumdet und weiß jetzt nicht, wie sich das wieder gutmachen ließe.« Mohammed hörte aufmerksam zu und antwortete: »Geh und mache Folgendes: Lege eine Feder vor jedes Haus der Stadt und komm morgen wieder.« Der Mann folgte Mohammeds Rat, legte in der Stadt vor jedes Haus eine Feder und kehrte am nächsten Tag zu Mohammed zurück. »Recht so«, sagte dieser, »geh jetzt hin, sammle die Federn und bringe sie mir!« Einige Stunden später kommt der Mann zurück: »Keine Federn mehr, Herr Prophet! Ich habe keine einzige Feder wiedergefunden.« Da sagte Mohammed: »So ist es mit den Worten: Sind sie ausgesprochen, kannst du sie nicht mehr einholen, sie sind weggeflogen.« Der Mann ging unglücklich von dannen.

Dieses Gespräch möchte ich jetzt weiterführen. Nehmen wir an, es kommt jemand zu mir und fragt, wie er Beschuldigungen, üble Nachreden und Beschimpfungen wieder gutmachen könnte. Ich würde ihm dieselbe Geschichte erzählen, aber noch etwas sehr Wichtiges hinzufügen. Ich würde ihm nämlich sagen: »Gehe hin und sprich erneut von diesem Menschen, aber im umgekehrten Sinn, das heißt, indem du von seinen guten Eigenschaften, Tugenden und lobenswerten Absichten sprichst. Da in jedem Geschöpf etwas Gutes ist, wirst du danach suchen und es finden.« »Ist auf diese Weise das Vergehen wieder gutgemacht?« »Nein, das nicht, es ist nicht möglich, weil die ausgesprochenen Worte im Unsichtbaren, ja selbst im Sichtbaren bereits Schaden angerichtet haben: Aber du schaffst dadurch etwas Neues, das deine früheren Worte ein bisschen ausgleicht. Und wenn die Zeit kommt, da das Karma dich zahlen heißt, werden kurz danach auch die Folgen der guten Worte, die du gesprochen hast, eintreffen und dir Trost bringen.«

Was ist ein Wort? Es ist eine die Welten durcheilende Kräfte und Wesenheiten weckende Rakete, deren Wirkungen unauslöschlich sind.[1] Ja, das Bewirkte ist tatsächlich unauslöschbar. Könnte man sie sofort einholen, so würden sie keinen Schaden anrichten, aber je mehr Zeit vergeht, desto verheerender wirken sie sich aus. »Nun ist ja doch alles wieder gut, da ich das Gegenteil gesagt habe!« – »Für deine guten Worte wirst du belohnt, aber für die bösen Worte musst du bezahlen, wirst du bestraft.« Das ist es, was ihr noch nicht wisst, ihr glaubt, man könne alles wieder gutmachen. Nein, meine lieben Brüder und Schwestern, das Gute und das Böse, das man tut, dringen in zwei übereinander lagernde, getrennte Schichten ein. Die Worte lassen sich nicht wieder einfangen, weil sie bereits in fernen irdischen oder überirdischen Schichten haften. Der Zeitfaktor ist demnach sehr wichtig. Angenommen, ihr hättet den Befehl erteilt, einen Menschen köpfen zu lassen und die dazu Beauftragten sind schon unterwegs. Was könnt ihr noch dagegen tun, wenn der Kopf ab ist? Lässt er sich wieder ankleben? Was ist noch zu tun, wenn ein Befehl erteilt ist? – Man kann einen Gegenbefehl erlassen, aufs Neue Boten und Diener aussenden, damit sie die Enthauptung verhindern. Aber wenn schon zu viel Zeit verstrichen ist, vermag man nichts mehr. Deshalb sagte Jesus: »Geh hin und versöhne dich mit deinem Bruder bevor die Sonne untergeht.« Das heißt, das Böse, das man den andern angetan hat, muss unverzüglich wieder gutgemacht werden. Der Sonnenuntergang symbolisiert auch das Lebensende, den Tod. Man darf also nicht warten, bis man im Jenseits ist, um die begangenen Missetaten oder Vergehen zu begleichen: Denn die Gerechtigkeit, das Karma, kommt in Gang und fordert Bezahlung bis auf den letzten Heller. Die meisten Menschen wissen nicht, wie das Karmagesetz wirkt: Sie lassen ihre Gefühle kochen, sagen das erste Beste: Doch das Karma klopft eines Tages an die Tür und ruft: »So, jetzt wird bezahlt!« Darum heißt es, ohne Aufschub unverzüglich wieder gutmachen, weil das Wort weithin entflieht: Es ist eine mächtig wirkende, den Raum durcheilende Kraft.

Ihr dürft aber nicht vergessen, dass es eine wirksamere Kraft gibt als das Wort: den Gedanken! Wenn ihr euch unverzüglich aufs Denken verlegt, vermögt ihr eure Worte einzuholen. Gewiss ist es nicht leicht, weil Gedanke und Wort zweierlei Bereichen angehören. Das Wort wirkt in der physischen Ebene, ist luftbewegende Schwingung: Der Gedanke gehört dem Ätherischen an. Wollt ihr eure Worte unschädlich machen, könnt ihr euch auf die Diener des Unsichtbaren konzentrieren und sie bitten, die üblen Folgen aufzuhalten. Damit wird zwar nicht alles wieder gut, aber doch das Schlimmste verhütet. Ihr müsst sehr schnell handeln oder der Gedanke muss spannungsgeladen sein, sonst wird die Enthauptung (symbolisch gesprochen) ausgeführt, und ihr müsst später für das an dem Opfer begangene Verbrechen büßen.

Manche bilden sich ein, es genüge, sich für begangene Vergehen zu entschuldigen. Nein, der angerichtete Schaden muss wieder gutgemacht werden: Nur auf diese Weise macht man sich frei. Es genügt nicht zu sagen: »Es tut mir Leid, verzeihen Sie mir!« Bekommt ihr ein Geschenk, so sagt ihr »danke«, doch entspricht dieses Wort dem Wert des Erhaltenen nicht. In gleicher Weise vermag das »Verzeihen Sie« das Übel nicht ungeschehen zu machen. Habt ihr jemandem das Haus in Brand gesteckt, genügt es nicht, euch zu entschuldigen, sondern ihr müsst ihm ein neues Haus bauen: Erst dann wird euch verziehen. Ihr sagt: »Wenn aber der andere, den ich geschädigt habe, mir verzeiht?« Nun, so einfach ist die Sache nicht abgetan, weil Gesetz und Person zweierlei Dinge sind: Das Gesetz verzeiht nicht, sondern verfolgt euch – bis zum Ausgleich!

Zugegeben, der Vergebende beweist Edel- und Großmut, macht sich frei, entledigt sich der Qual, die ihn in den niederen Bereichen festhielt. Verzeiht er nicht, so quält ihn das Bild desjenigen, der ihm Böses zufügte: Der fortwährende Gedanke daran bindet ihn, und er kommt nicht weiter. Jesus gab den Rat, man solle seinen Feinden vergeben, damit man von den negativen Gedanken und zermürbenden Rachegefühlen frei werde.[2] Ja, das ist ein wichtiges Gesetz. Aber dadurch, dass man einem Menschen verzeiht, ist das Geschehene noch nicht vollkommen beseitigt. Das Verzeihen befreit den Misshandelten, Geschädigten, Verleumdeten, aber nicht den, der den Fehler beging! Will der Schuldige sich befreien, muss er den Schaden ersetzen.

Sprecht ihr Verleumdungen gegen einen Menschen aus, so beraubt ihr ihn seines Ansehens, seiner Ehre, und es folgen Unannehmlichkeiten für ihn, für seine geistige Entfaltung. Geht ihr nun zu ihm hin und bittet um Verzeihung, wird er euch entschuldigen und sich damit befreien: Aber da noch nichts gutgemacht ist, fahren die ausgestreuten Verleumdungen fort, Schlangen, Tiger und Wölfe zu gebären, die seine Lämmchen zerreißen, das heißt: Eure Worte wirken sich auch auf des Opfers Freundeskreis schädigend aus. Es ist somit nichts beigelegt. Ihr müsst jetzt die negativen Worte, die ihr anderen Leuten in den Kopf gesetzt, durch neue Worte und Gedankenkräfte ausgleichen. Dann wird euch sowohl von dem Menschen, dem ihr geschadet, als auch von dem Gesetz, das den Schaden registrierte, verziehen. Bildet euch also nicht ein, ihr hättet durch Entschuldigungen alles in Ordnung gebracht! Nein, die Sache ist nur für den Betroffenen bereinigt, der sich durch sein Verzeihen frei machen will, nicht aber von der Gerechtigkeit her.

In dieser Unterweisung werden euch Gesetze erläutert, damit ihr bestimmte, immer wieder vordrängende Neigungen in euch (wie Zorn, Verbitterung, Bosheit oder Kritik) sucht und diese bewusst vermeiden könnt. Natürlich sind in jedem Menschen solche Neigungen vorhanden, doch das Wissen soll eben dazu dienen, Abhilfe zu schaffen. Nun gibt es aber viele, die nicht nur keine Lust haben, diese Fehler zu beseitigen, sondern auch noch sehr stolz auf ihre Kühnheit, Dreistigkeit und Rohheit sind. Das ist schlimm; denn auf diese Weise werden sie das Böse, das sie begangen haben, nie begleichen, und an dem Tag, da das Karma sich auslöst, wird ihnen kein Mensch, aber auch keiner mehr helfen können. Selbst Jesus konnte Johannes den Täufer nicht retten, so schwer lastete das Karma auf ihm. Ihr wisst ja, dass Johannes der Täufer vormals der Prophet Elias gewesen war und 450 Anbetern des Baal den Kopf abschlagen ließ. Dazu hatte er kein Recht: Diesen Frevel musste er büßen, und so wurde er seinerseits enthauptet.[3] Im Garten von Gethsemane sprach Jesus die Worte: »Stecke dein Schwert an seinen Ort: Denn wer das Schwert nimmt, der soll durch das Schwert umkommen.« Selbst er konnte Johannes den Täufer nicht retten!

Wenn der Mensch in sich das Verlangen spürt, die anderen zu zermalmen, zu demütigen, zu vernichten, weil er im Leben Schweres durchmacht, darben muss usw. so ist es besser, er begibt sich irgendwohin, um seinen Schmerz auszuweinen und lässt die anderen in Ruhe, da sonst das Karma eines Tages Rechenschaft von ihm fordert. Die Menschen sind trotz allem, was sie besitzen, unzufrieden, hadern, weil ihnen immer etwas fehlt und möchten die ganze Welt zermalmen. Die Worte, die sie in solchen Augenblicken ausrufen, richten schrecklichen Schaden an, da sie von einer vielleicht noch nicht bekannten, zerstörenden Gewalt sind, welche andere Menschen herabwürdigt und beschmutzt. So etwas darf man nicht tun. Darum muss sich der Mensch unbedingt beherrschen, die Gefahr solcher Neigungen einsehen und begreifen, dass sie keine Kraft sind, auf die er stolz sein darf, sondern Schwäche. Trifft er Vorsichtsmaßnahmen und versucht, sich diesen Zerstörungskräften zu entziehen, wird er ihrer früher oder später Herr werden. Nie wird er sie jedoch überwinden, solange er auf dem Glauben beharrt, sein Tun sei das löblichste! Nehmen wir an, ein anderer, ihm Ähnlicher richtet sich vor ihm auf, bietet ihm die Stirn und zertritt ihn mit der gleichen Unverschämtheit: Er wird dies keineswegs gut und richtig finden! Ja, so ist es nämlich: Der Starke muss wissen, dass er stets einen Stärkeren antreffen wird, der Grobe einen noch Derberen. Darum heißt es Vorsichtsmaßnahmen treffen, bevor es so weit kommt! Denn es waltet ein Gesetz der gegenseitigen Anziehung.

Jeder Gedanke und jedes Gefühl sind von einer bestimmten Beschaffenheit und wecken im Weltraum Kräfte gleicher Art, die aufgrund des Anziehungsgesetzes auf Einen zukommen. Werden schlechte Gefühle und Gedanken ausgesandt, ist das Ergebnis schlecht. Sind sie gut, widerfährt einem Gutes. Deshalb sagen die Eingeweihten: »Schenkt Liebe, dann werdet ihr geliebt!« Wenn ihr liebt, werden liebende Kräfte im ganzen Weltall rege und fluten auf euch ein, sodass ihr ausruft: »Was habe ich dem lieben Gott getan, dass mich alle mögen? – Nun ja, du hast viel Liebe verströmt und jetzt kommt sie zurück.«

Wer dagegen bitteren Hass aussendet, wird sich denselben Hass zuziehen und davon vernichtet werden. Weil die Menschen diese Tatsache nicht kennen, stecken sie so tief im Unglück.

Ihr müsst wissen, dass es kaum möglich ist, ein gegen einen Menschen ausgesprochenes Wort zurückzunehmen, es sei denn, ihr fangt unverzüglich an zu beten, sendet viel Liebe und Licht aus. Aber selbst dann ist viel Zeit erforderlich, bis die Segnungen ihn erreichen, und der Schaden ist womöglich schon angerichtet. Demnach sind Mohammeds Worte sehr tiefgründig: Die Federn sind fortgeflogen, nicht mehr einzuholen. Sendet ihr Wohltuendes, Positives aus, so sind die Folgen dem entsprechend erfreulich. Sendet ihr Negatives aus, wird der Rückstoß nicht auf sich warten lassen. Gut und Böse bestehen nebeneinander, doch in zwei verschiedenen Schichten. Das Schlechte erzeugt Schlechtes, das Gute Gutes. Denkt euch einen Acker, in den ihr gleichzeitig Unkraut und guten Samen sät: Beide werden aufgehen, denn die Erde nährt jeden Samen, lässt sowohl Gutes wie Schlechtes wachsen. Ihr dürft ihr nicht vorhalten, sie sei dumm gewesen, die schlechten Samen nicht zu ersticken, um nur die guten gedeihen zu lassen. Sie wird antworten: »Ich verstehe nicht, was ihr meint; ich ernähre und behüte jeden Samen. Für mich ist alles gut, selbst das Schlechte.« Wie die Erde, spricht die ganze Natur. Wenn ihr Gutes wünscht, ist die Ernte gut. Sendet ihr Unheil bringende Wünsche aus, werden auch sie von der Natur gefördert und verstärkt. Ihr seht, auch das Schlechte darf sich frei entfalten. Bis wann? Bis zur Zeit der Ernte. Da wird der Besitzer des Feldes den Auftrag erteilen, das Unkraut in das Feuer zu werfen und die Scheunen mit dem guten Korn zu füllen. Dasselbe hat auch Jesus gesagt.[4] Er wusste, dass beides, das Schlechte und das Gute, das Recht haben zu wachsen, dass der Mensch indessen einsichtig genug sein sollte, nichts Übles zu pflanzen. – Ist es jetzt klar?

Wer in früheren Leben Tugenden, Fähigkeiten, künstlerische oder wissenschaftliche Gaben entwickelt hat, tritt sein jetziges Dasein mit Früchten und Anlagen an. Er hat gesät und gepflanzt und ist jetzt begabt. Einst kam ein junger Mann zu Mozart und bat um Rat, wie er es anstellen solle, um Symphonien zu komponieren. Mozart sah ihn an und antwortete: »Sie sind noch sehr jung: Sie sollten zunächst Menuette schreiben. – Wie? Sehr jung? Sie selber waren doch auch erst zwölf Jahre alt, als Sie schon Symphonien komponierten! Ja, aber ich habe bei niemandem Rat gesucht.« Das ist der Unterschied zwischen einem Menschen, der sich in einem früheren Leben geübt und einem, der sich vorher nicht geübt hat.

Ihr werdet fragen: »Aber welches ist die Beziehung zwischen Wort und Reinheit?« Muss ich es wirklich noch erklären? Die Worte, die aus der Seele und dem Geist gesprochen werden, sind von uneigennützigen und schönen Gefühlen erfüllt. Sie sind rein, da sie im Menschen göttliche Regungen wecken und nie verletzen, nichts zerstören. Man kann durch das Wort die Leute säubern, reinwaschen und läutern. Gleich einem Gießbach, einem Strom vermag das gesprochene Wort alles reinzuwaschen. Doch wenn sich des Wortes Inhalt ändert, beschmutzt es alles. Darüber muss man öfters nachdenken und Worte wählen, denen die Kraft innewohnt, das Menschenherz zu säubern und zu reinigen. Ja, wie gelingt es, Leute reinzuwaschen, die begehrliche und niedere Wünsche hegen? Das Wort ist dazu fähig, aber es muss von hoch oben kommen. Die Leute haben noch nie daran gedacht, dass ein Wort beschmutzen oder läutern kann; sagt man es ihnen, wollen sie es nicht wahr haben.

Merkt euch nur, was ich heute über das Wort gesagt habe; wenn Gott will, greifen wir in den nächsten Tagen das Thema der Reinheit wieder auf – die Reinheit ist nämlich ein weltweites Wissen. Alles gründet auf ihr. Der reine Blick, das reine Wort, die reine Gebärde, die reinen Gedanken. Gefühle und Absichten machen aus dem Menschen beinahe eine Gottheit.

Nur melden sich nicht viele Bewerber für diese ungeheure Arbeit, weil die Bedeutung davon nicht erkannt wird. Nur die Eingeweihten streben wahrhaft nach der Reinheit, weil ihnen wohl bewusst ist, dass sie es zu nichts bringen, wenn sie sich nicht die Reinheit zum Lebensziel setzen und mit Leib und Seele darin leben. Sie scheren sich nicht um die öffentliche Meinung. Ein Eingeweihter will rein sein vor dem Himmel – deshalb arbeitet er Tag und Nacht an sich und kümmert sich nicht um die Meinung der Leute. Was bedeutet schon die öffentliche Meinung? Sie vermag einen unreinen Menschen, selbst wenn sie ihn für rein hält, nicht rein zu machen: Und ist er rein, so gelingt es ihr nicht, ihn zu beschmutzen, selbst wenn sie ihn verleumdet.

Also, meine lieben Brüder und Schwestern, entschließt auch ihr euch für die Reinheit zu arbeiten, damit wir eines Tages in der ganzen Welt eine neue, strahlende Macht, einen wahrhaftigen Lichtherd bilden, der die Atmosphäre der ganzen Erde säubert und reinigt! Es gibt keine schönere und ruhmvollere Arbeit als diese! Wer die wahre Herrlichkeit, die Herrlichkeit Gottes ersehnt, soll an diese Arbeit herangehen, und was immer die anderen über ihn denken und sagen, dank seiner Lebensweise eine allreinigende, lebendige Quelle werden. Welchen Wert hat die Stellung eines Ministers, Generals oder Präsidenten im Vergleich zu dieser großartigen Arbeit? Keinen! Ich bin gezwungen es zu sagen: Denn häufig seid ihr nicht in der Lage zu unterscheiden, welches in der Welt die wertvollsten und edelsten Tätigkeiten und Beschäftigungen sind.

Die Menschen wählen immer nur das, was ihnen am meisten Geld und Ansehen einbringt, verlangen immer bedient zu werden, nie aber zu dienen! Jesus sagte: »Wer unter euch groß sein will, der sei euer Diener« (Mt 20,26). Dienen heißt die anderen läutern, sie vor dem, was sich in ihren Gedanken und Herzen angesammelt hat, reinzuwaschen. Schaut her, dieser Letzte von allen bin ich, weil ich euer Diener bin: Ich tue nichts anderes als euch zu dienen, und werde deshalb vielleicht einst der Erste sein. Das hat mir längst eingeleuchtet! Es gilt die anderen aufzuklären, zu reinigen, zu beleben und zu beseelen, sie unablässig zu beschenken: Das nennt sich dienen. Wer groß anfing, wird gezwungen sein, wieder klein zu werden: Je länger es geht, desto kleiner wird er, bis er von keinem mehr bemerkt wird und verschwindet. Er ist ein Opfer seiner Unwissenheit geworden; er hätte nämlich ganz klein, das heißt, als Dienender beginnen sollen. Nach langer Zeit des Dienens werden die Menschen schließlich gewahr, was ihr für sie getan habt: Dann kommen sie und dienen euch ihrerseits, und ihr werdet Gebieter, ihr weigert euch, aber sie flehen euch an, sie zu regieren, ihr weigert euch wieder, da setzen sie euch mit Gewalt auf den Thron, setzen euch eine Krone auf das Haupt, und ihr müsst wohl oder übel regieren. Damit sich so etwas ereignet, müsst ihr lange, sehr lange Zeit der Letzte, ein Diener gewesen sein.

Bonfin, den l. September 1966

Weiterführende Literatur

1. Siehe Band 32 der Reihe Gesamtwerke »Die Früchte des Lebensbaums«, Kapitel 11: »Das lebendige WORT«.
2. Siehe Band 9 der Reihe Gesamtwerke »Im Anfang war das Wort – Kommentare zu den Evangelien«, Kapitel 9: »Vater, vergib ihnen, denn sie wissen nicht, was sie tun«.
3. Siehe Band 202 der Reihe Izvor »Der Mensch erobert sein Schicksal«, Kapitel 8: »Die Reinkarnation«.
4. Siehe Band 2 der Reihe Gesamtwerke »Die spirituelle Alchimie«, Kapitel 8: »Das Gleichnis vom Weizen und vom Unkraut«.

Kapitel 9

MAN MUSS SICH ERHEBEN, UM DIE REINHEIT ZU FINDEN

Freier Vortrag

Die Reinheit beseitigt die Hindernisse auf dem Lebenswege. Solange der Mensch nicht rein ist, ist er allen Widerwärtigkeiten ausgesetzt, muss immer wieder anhalten und die Steine, die ihn zu Sturz bringen, die Dornen, die ihn stechen, die Glasscherben, die ihm den Fuß verletzen, wegräumen. Aber die Leute wollen die Bedeutung der Reinheit nicht einsehen und sagen: »Oh! Ich lebe in den Tag hinein und komme zurecht!« Ja, vielleicht, aber wie lange?

Wenn einem im Ideenbereich für das Denken, die Philosophie, das Verständnis abgeht, wenn die Vernunft verdunkelt ist, dann deshalb, weil man Unreinheiten angehäuft hat, die die Sicht trüben. Auf stark befahrenen Straßen wird Staub aufgewirbelt und dieser Staub hindert daran, weit zu sehen. Über den Mooren und stehenden Gewässern steigen Dämpfe und Nebel auf, die ebenfalls die Sicht behindern. Steigt man indessen empor, weit über die Zone des Staubs und der Dämpfe hinaus, sieht man ungehindert, klar. Wenn man diesen Vorgang auszulegen versteht, so begreift man, dass man besser daran tut, nicht nahe bei den Mooren oder zu stark befahrenen Straßen zu verweilen, das heißt in den niederen, nüchternen Bereichen.

Der Staub versinnbildlicht die gewöhnlichen Gedanken, den gewöhnlichen Intellekt, dort, wo die Menge sich tummelt, wo sich die anrüchigen Händel und Geschäfte abwickeln. Was den Nebel betrifft, stellt er die Gefilde des Astralbereiches, der düsteren, undurchsichtigen, unklaren, trüben Gefühle dar, denn von den Gefühlen geht ein Dunst aus, der die Sicht behindert. Wie ihr seht, bringt die niedere Mentalebene den Staub und die niedere Astralebene, mit ihren Leidenschaften und Ausbrüchen, die Wolken und Nebel hervor. In beiden Fällen ist keine klare Sicht vorhanden. Deshalb sind die Eingeweihten unaufhörlich bemüht, sich durch die Meditation, das Beten und die Kontemplation zu erheben, um sich aus diesen dichten Staub- und Dunstschichten herauszuwinden. Ist es ihnen gelungen, so werden sie sehend, prophezeien, stehen in der Klarheit.

All denen, die zu sehr in den Alltagsbeschäftigungen, in Lärm, Zänkereien, Geschäftemachen verstrickt sind, bleibt nicht eine Minute, sich in jenen höheren Bereichen umzusehen, um festzustellen, wie es dort aussieht, wie von dort oben die Welt erscheint. Man wundert sich, wie klar und licht alles da oben ist: Man sieht den Anfang der Dinge, ihr Ende, man sieht wie das Universum gefügt ist und wie Gott es erschuf. Bleibt man aber zu weit unten, zu tief, so... Erinnert ihr euch, wie oft ich sagte: »Wollt ihr frei werden, unabhängig, über allem stehen? Nun, so gilt es, sich unaufhörlich zu erheben, sich über die Wolken hinaufzuschwingen: Denn solange man unterhalb bleibt, ist man abhängig.« Abhängig wovon? Nun, von dem Wohlwollen der Wolken! Wenn sie sich weigern, die Sonnenstrahlen durchzulassen, damit sie euch erleuchten, bleibt ihr geduckt und vor Kälte zitternd im Schatten und wartet, bis sie sich verziehen. Sobald sie weg sind, ist euch leichter zumute: Aber ist das Unabhängigkeit und Freiheit?

Die Eingeweihten warten nicht auf den Abzug der Wolken, sie erheben sich darüber, entdecken, dass dort oben die Sonne nie untergeht und leben ständig in Wärme und Licht. Das ist richtiges Denken: Nicht das gütige Wohlwollen der Umstände abwarten, sonst kann es sein, dass man Jahre, ja das ganze Leben warten muss, und selbst ins Jenseits eingeht, ohne einen einzigen lichten Tag erlebt zu haben. Kurz vor dem Ableben wird man sagen: »Ich habe nichts vom Leben verstanden!« In Bulgarien sagen wir: »Er ist als ein Kalb gekommen und als Ochse zurückgekehrt.« Natürlich ist ein Unterschied zu sehen: Er ist gewachsen, gehört aber immer noch der Rinderrasse an, seine Denkweise ist dieselbe geblieben.

Die Eingeweihten gehen folgendermaßen vor: Was in der Welt auch geschieht, sie warten nicht, bis die Verhältnisse sich bessern: In ihrer Vorstellung steigen sie hinauf und dort oben, zutiefst innen, suchen sie die Sonne, das Licht, das heißt Aufschlüsse. Anhand dieser Methode finden sie die Lösung zu ihren Problemen, schöpfen Mut und Eingebung: Selbst ihre Gesundheit verbessert sich und sie blühen auf. Und da sich inzwischen die Lage gebessert hat, haben sie auf beiden Ebenen gewonnen. Andere aber, die müßig warten, dass die Dinge sich ändern, verlieren ihre Zeit: Sie altern, verbittern, werden schwach, krank, während sie in solchen Augenblicken gerade die Gelegenheit gehabt hätten, innerlich zu wachsen. Man muss im Warten arbeiten. Das ist die wahre Lösung!

Begnügt man sich damit zu warten, ohne zu handeln, geht einem alles verloren: Denn ein Krieg zum Beispiel lässt sich nicht verhindern, bei einem Eisenbahnstreik können die Züge nicht in Bewegung gesetzt werden, man macht sich dabei nur krank. So wisst denn von nun an, dass es Besseres zu tun gibt, als zu warten und euch zu grämen. Oh! Ich weiß wohl, die Menschen bleiben in solchen Fällen nicht untätig: Sie rennen nach rechts und links, beschweren sich, sprengen eine Bank, bringen jemanden um. Ja, eine emsige Geschäftigkeit! Nur wird dadurch in den höheren Ebenen wenig in Bewegung gesetzt und ihre Geschäftigkeit ist nutzlos. Hier wird euch wahrhaftige Tätigkeit gelehrt: Man lehrt euch arbeiten, was auch immer geschieht und vor allem, wie man sich erhebt, um die wirksamen Kräfte oben in Gang zu bringen.

Ihr seid sicher schon mit dem Flugzeug geflogen, nicht wahr? Und habt das unbeschreibliche Gefühl festgestellt, das man über den Wolken empfindet: Unten ist alles bedeckt, man erblickt nicht einmal die Städte, sieht nur den reinen Himmel und die strahlende Sonne. In solchen Augenblicken versteht man, dass Mittel und Wege gefunden werden müssen, um über den Wolken zu leben: Denn die Wolken sind es, die die Sonne verdecken. Wenn die Sonne nicht sichtbar ist, leuchtet der Himmel nicht mehr, es wird kalt und die Lebenskraft nimmt ab. Vergleicht zum Beispiel die Jahreszeiten untereinander: Bei Winteranbruch, wenn Wärme, Licht und Lebenskraft abnehmen, suchen die Tiere einen Unterschlupf, um sich schlafen zu legen, die Bäume verlieren ihr Laub, in den Flüssen fließt wenig Wasser und selbst die Bauern stellen ihre Arbeit ein. In der Stadt aber, ob Winter oder Sommer, herrscht das gleiche hektische Treiben, doch ist dies nicht der naturgemäße Rhythmus.

Man muss sich immerfort bemühen, im Buch der lebendigen Natur zu lesen, seine Bilder zu entziffern und zu verstehen. Auf den hohen Berggipfeln liegt kein Staub, sondern Schnee: Das zum Beispiel ist eine Seite aus diesem Buch; nur versteht es nicht jeder, die Entsprechung zu erkennen, um das Gesehene in den Bereich des Psychischen oder Intellektuellen zu übertragen.[1]

Nehmen wir an, die ganze Welt werde durch Aufstände, Schlägereien, Kriege erschüttert, in Leiden gestürzt. In dem Augenblick könnt ihr den Versuch machen: emporsteigen, so hoch hinauf, dass ihr auf einmal in der Freude, im Licht steht und die unendliche Liebe, die euch erfüllt, auf alle Unglücklichen um euch ausgießt. Ja, ihr seid hoch über die Wolken gestiegen, während die anderen drunten blieben und weiterhin die Widerwärtigkeiten erleiden. Das Wichtigste und Wertvollste ist, sich daran zu gewöhnen, jeden Tag und zwar mehrmals, sehr hoch zu steigen und sich so sehr an diese Tätigkeit zu gewöhnen, dass man nicht mehr ohne sie leben kann. Durch diese Anstrengung, in Gedanken bis zur Gipfelhöhe zu steigen, werdet ihr die Lösung derart vieler Probleme finden, derartige Gefühle der Macht, der Schönheit, des Reichtums empfinden, dass euch die Worte fehlen, es auszudrücken.

Gewöhnt euch daran, die Übung alle Tage regelmäßig durchzuführen, bis ihr nicht mehr darauf verzichten könnt. Wo immer ihr seid, auf der Straße, in Versammlungen, im Wartezimmer des Zahnarztes, beim Lesen, Singen, Essen, verbindet euch mit dem Zentrum, der Quelle, der inneren Sonne! Und setzt dann eure Arbeit fort. Ja, haltet eine Sekunde inne, sammelt euch und kehrt zu eurer Arbeit zurück. Nichts ist wertvoller als diese Gewohnheit. Ihr sagt: »Ich mache es, aber es stellt sich nichts ein.« Verlangt noch keine äußeren Ergebnisse, verlangt nur danach, diese Übung durchführen zu dürfen, denn dies allein schon verschafft euch Befriedigung, Beglückung und ein derartiges Wohlbefinden, dass ihr das Übrige ohne weiteres entbehren könnt. In solchen Momenten fühlt ihr euch reich, stark, mächtig, unverwundbar. Führt diese Übung durch, um Freude, Beglückung, Genugtuung, Erfülltsein zu fühlen. Ersehnt weiter nichts! Und danach werdet ihr erhalten, was ihr wünscht, es ist nur eine Frage der Zeit. Leider üben sich nur wenige Leute in der Welt, diese Verbindung mit der Quelle, der Weltseele herzustellen, damit der Lebensstrom sie durchfließt. Deshalb bleiben die meisten Menschen abhängig, Sklaven: ungeachtet ihres Reichtums, ihrer Kenntnisse und ihres Ansehens gebunden, gequält und mit Füßen getreten. Mein größtes, wertvollstes Geheimnis ist dieses: Ich strebe weder nach Geld noch nach Ehre, sondern nur danach, dieses hohen Bewusstseins teilhaftig zu werden, damit ich ein wahrhaftiger Diener des Himmels werde. Gelingt mir das dereinst, werde ich alles Ersehnte erlangen, denn die gesamte Erde leistet dem Folge, der die Verbindung mit dem Himmel hergestellt hat.

Ohne Zweifel ist diese Übung überaus schwierig durchzuführen: Denn selbst, wenn man sich ihr alle Tage unterzieht, fühlt man, dass man die Vollkommenheit nicht erreicht, weil nur wenige Zellen im Gehirn bewusst und gewillt sind, diese Verbindung einzugehen: Die anderen Zellen sind noch sehr weit davon entfernt. Es dreht sich aber darum, sie allesamt zur Mitarbeit anzuregen, bis hinunter zu den Fußzellen. Genügte es, diese Verbindung mit dem Himmel intellektuell einzugehen, wäre sie jedem zugänglich. Die intellektuelle Verbindung mit dem Himmel ist zu einfach und unzureichend. Es handelt sich darum, das ganze widerspenstige Volk in uns mitzureißen! Denn in uns ist alles vertreten, selbst Höhlenbewohner und Menschenfresser, die sich auflehnen wie jene afrikanischen Menschenfresser, die eine Abordnung zu den Vereinten Nationen gesandt hatten, mit der Forderung, man solle ihnen etwas mehr Missionare schicken, sie seien hungrig. – Um diese inneren Stämme zu überreden, heißt es während Jahren unablässig auf sie einsprechen, damit diese Einwohner, unsere eigenen Zellen, nach und nach zu gehorchen beginnen, selbst die Magen-, Darm-, Milz- und Leberzellen! Wenn sämtliche Zellen unseres Körpers einstimmig zusammen schwingen, vermögen wir im Ätherischen Wirbel von unerhörter Wirkkraft zu erzeugen.

Einer Zellenminderheit verständlich zu machen, dass sie sich mit dem Himmel verbinden soll, ist jedem zugänglich. Auch die Christen beten ja, aber bei den meisten erhebt sich das Gebet nicht höher als über ihren Kopf und fällt sogleich zurück. Um es sehr weit in den Raum zu schleudern, ist viel Treibstoff, viel Pulver erforderlich. Man verwendet jedoch nur zwei oder drei Gramm davon, das heißt stammelt ein paar Sätze und ist schon müde, gähnt und aus ist das Gebet, man legt sich schlafen. Man macht es wie jener Mönch. In einem

Kloster lebte einst ein gutmütiger Mönch, der trank! Dies war seine Schwäche und er stahl auch hie und da. Jeden Abend bat er in seinem Gebet Gott um Verzeihung und schlief danach beruhigt und reinen Gewissens ein, denn es war ihm ja verziehen worden, bis zum anderen Morgen, wo er wieder zu trinken und zu stehlen begann. Auf diese Weise fuhr er Jahre fort. Aber eines Tages vergaß er sein Gebet. Da fühlte er, dass jemand ihn während der Nacht aufweckte und sagte: »Du hast dein Gebet heute Abend nicht gesprochen. Geh, steh auf, eile dich. Du musst dein Gebet sprechen!« Es war der Teufel, der ihn geweckt hatte. Da begriff er, dass der Teufel es war, der ihn jeden Abend zum Beten drängte, um zu verhindern, dass er sich besserte: Denn indem er jeden Abend betete, hatte er ein ruhiges Gewissen und begann am folgenden Tag seine Dummheiten wieder. Als der Mönch verstand, dass der Teufel es war, der ihn zum Beten drängte, erschrak er und gab das Trinken sofort auf. Er soll ein anständiger Bursche geworden sein und der Weinspiegel in den Fässern soll von da an viel weniger rasch gesunken sein.

Das sind einige Worte, um euch nahe zu legen, dass ihr ohne Unterlass darauf bedacht sein sollt, mit dem Himmel in Verbindung zu treten: Diese Übung sollt ihr so innig und gesammelt vornehmen, dass ihr sie nicht mehr missen möchtet. Was auch geschehen mag, wie immer die Bedingungen und Orte, in denen ihr lebt, beschaffen sind. Ihr habt das wirksamste Mittel in der Hand, euch aus den Schwierigkeiten herauszuwinden. Ja, selbst aus der Hölle fändet ihr hinaus, denn wenn die Teufel sehen, dass ihr betet, sagen sie: »Der da wird uns das ganze Personal anstecken. Raus mit ihm!« und sie jagen euch fort. So gewöhnt euch denn an das Beten, damit ihr, wenn ihr einst in die Hölle geraten solltet, euch davonmachen könnt.[2] Man erzählt auch eine Geschichte von Salomon. Salomon befand sich eines Tages in der Hölle. Ja, er war höchstwahrscheinlich wegen einer Frauengeschichte dorthin geschickt worden. Ich weiß nicht, wie er einen faltbaren Meterstab gefunden und in seine Tasche gesteckt hatte. In der Hölle angekommen, begann er rechts und links zu messen und zu rechnen. Da suchten die Teufel ihren Chef auf: »Man weiß nicht, was der da macht!« sagten sie, »aber er scheint etwas Wunderliches auszuhecken.« Der Oberteufel rief Salomon zu sich und fragte ihn, was er da tue. »Oh! Nichts Besonderes«, antwortete dieser, »ich nehme nur Maß, um einen Tempel zu bauen.« »Einen Tempel!« rief der Teufel aus, »Oh weh! Raus mit Dir!« Er jagte ihn fort, da ein Tempel in der Hölle grundsätzlich untersagt ist, und auf diese Weise kam er davon. Nun denn, so rate ich euch ebenfalls einen Meterstab in eure Westentasche zu stecken, (sofern man euch mit einer Weste in die Hölle einlässt!) und es wie Salomon zu machen. Wenn es gelingt, umso besser. Nur wenn sie merken, dass ihr ihn nachahmt, werden sie sagen: »Einer hat uns reingelegt, das genügt. Marsch, in den Kessel!« Und sie werden euch einen noch tieferen Kessel bereiten. Aber seid ohne Sorge, ihr werdet herausgeholt!

Wollt ihr die Reinheit finden, meine lieben Brüder und Schwestern, müsst ihr euch erheben, mit dem Himmel verbinden. Die Reinheit hält sich nicht in den Niederungen auf. Unten häufen sich immer nur Unrat und Schmutz, die schwersten, trübsten Partikel, der Moder, der Schlamm. Das Durchsichtige, Kristallklare, Ätherische ist immer oben. Darum muss oben nach der Reinheit gesucht werden. Wer sich darin übt, hoch hinaufzusteigen, immer höher, bis zum Himmlischen Vater, wird die Reinheit erhalten, selbst ohne darum gebeten zu haben. Denn allein schon in diesem Bemühen, sich zu erheben, sich zu übertreffen, läutert man sich. Ohne überhaupt an die Reinheit zu denken, vollzieht sich bereits in sämtlichen Leibern eine große Säuberung und Reinigung.

Zur Aufhellung, Entfärbung oder Reinigung taucht man die Stoffe in Dämpfe oder Bäder. Beim Menschen verhält es sich ebenso: Wenn er sich mit der Gottheit verbindet, ist er durch seine höheren Leiber bereits in eine andere Atmosphäre, andere Schwingungen, andere Wirbel getaucht, die auf ihn einwirken, und sämtliche Flecken und Fehler auslöschen, säubern, reinwaschen. Ja, oben gibt es allerlei Maschinen, denen wunderliche Dämpfe entströmen: Bleibt man diesen Strömen nur wenige Minuten ausgesetzt, kehrt man vollkommen geläutert zurück. Legt ihr ein Taschentuch in eine Dose, die vorher Parfüm enthielt, so ist es nach einiger Zeit, wenn ihr es herausnehmt, von dem darin vorhandenen Duft durchdrungen. Auch ihr kommt, wenn ihr licht- und dufterfüllte Orte betretet, strahlend von dort zurück: Man sieht es, es geht ein Leuchten von euch aus, ihr seid einige Augenblicke, Stunden an einem sehr erhöhten Ort gewesen, wo Herrliches gedacht und gewünscht wurde, und nun ist euer ganzer Körper von den Quintessenzen dieser Bereiche durchdrungen, er ist davon durchduftet, strömt etwas überaus Zartes aus. Glaubt mir, das ist absolute Wirklichkeit.

Meine lieben Brüder und Schwestern, ihr dürft das Eine nie vergessen, dass es, wenn man rein werden, klar sehen, begreifen und strahlen möchte, nur eines zu tun gibt: Man muss es sich zur Gewohnheit machen, so hoch wie möglich aufzusteigen, dahin, wo die erhabensten Ideen, die lichtesten Gedanken, die selbstlosesten Wünsche, das Höchste und Beste wartet, denn oben ist nur Wohlgeruch und Schönheit. Ist der Mensch aber beschränkt und unwissend, so gleitet er ab, nähert sich dem Mist, fällt in Gärung und Fäulnis und verbreitet den entsprechenden Geruch.

Wer die Verbindung mit dem Himmel herstellt, ist derart rein, dass er alles um sich herum durchduftet. Die anderen nehmen wahr, dass etwas Göttliches von ihm ausgeht, wie klares Quellwasser. Doch die Säufer, Diebe, Verbrecher und alle, die sich verkommen ließen, ehrlich, wie lange haltet ihr es in ihrer Gesellschaft aus? Man hat nur den Wunsch, sich die Nase zu verstopfen und das Weite zu suchen. Ihr wendet ein: »Sie riechen doch nur so widerlich, weil sie einen schlechten Tabak rauchen oder sich nicht gewaschen haben, sich beim Altwarenhändler einkleiden.« Ganz und gar nicht, selbst gewaschen, wie Könige gekleidet und am Trinken gehindert, verbreiten sie – es ist nichts zu wollen – trotzdem Gestank und Seuchen, weil in ihnen etwas vergärt.

Wenn die Menschen erst begreifen, wie wichtig die Reinheit ist, werden sie ausrufen: »Es gibt nichts anderes zu tun, als sich zu reinigen! Mein Gott!, und davon hatte ich keine Ahnung – ich habe mein Leben verpfuscht! Ich habe mich in niedere Bereiche abgleiten lassen und bin jetzt entehrt, beschmutzt, hässlich, widerwärtig und unansehnlich.« Es wird sie nur noch der eine Wunsch beseelen, sich in ein Loch zu verstecken. Wie kommt es, dass es bestimmte Leute vorziehen, immer allein zu sein? Sie wagen es nicht, vor den anderen zu erscheinen. Sie geben vor, nur in der Einsamkeit schreiben, zeichnen, komponieren, schnitzen, meditieren zu können. Was glaubt ihr! Seht die Tiere, die Vögel, die Insekten an: Wenn sie schön sind, wollen sie sich zeigen, ihr Instinkt treibt sie dazu. Verliert der Pfau seine Federn, so läuft er in ein Versteck, weil er weiß, dass er seine Schönheit eingebüßt hat, und er verbirgt sich, bis seine Federn nachgewachsen sind. So wissen denn selbst die Tiere, wann sie schön und wann sie es nicht sind, und je nachdem zeigen oder verbergen sie sich. Trägt ein Kind schöne Kleider, so will es sich unverzüglich bewundern lassen. Wenn ein junges Mädchen einen Riss an seinen Strümpfen oder seinem Rock hat, geht es dann auf die Promenade? Nein, es benutzt die am wenigsten belebten und schlecht erleuchteten Straßen. Demnach wollen sich die schönen Wesen zeigen und die hässlichen verbergen. Selbst die hübscheste Frau zeigt sich nicht, wenn sie sich nicht ganz in Ordnung fühlt. Der sie erwartende Geliebte sagt sich: »Ah! Sicher ist sie dabei prächtige Dinge zu tun!« Aber nein, sie wartet nur darauf, dass ihre Federn nachwachsen!

Jetzt versteht ihr, weshalb alle die, deren Herz von Liebe, Güte, Großmut, Reichtum überfließt, die Geselligkeit mögen. Es kann sein, dass sie äußerlich hässlich sind, aber ihrer Liebe, ihrer Güte wegen, sind sie sehr schön. Selbst in Lumpen gehüllt, fühlen sie diese Schönheit in sich. In Gesellschaft, in einer Gemeinschaft leben zu wollen, ist schon das Anzeichen prächtiger Eigenschaften. Ein schlechtes Zeichen ist es, wenn man das nicht mag, sich in einem Loch verkriecht, es sei denn, es handle sich um Genies, große Künstler, bedeutende Denker und Eingeweihte, die in der Einsamkeit für die Menschheit Großes schaffen wollen.

Nun, meine lieben Brüder und Schwestern, denkt auch darüber nach!

Bonfin, den 2. September 1966

Weiterführende Literatur

1. Siehe Band 235 der Reihe Izvor »Im Geist und in der Wahrheit – Wie finde ich zu Gott?«, Kapitel 4: »Die Eroberung des Gipfels«.
2. Siehe Band 305 der Reihe Broschüren » Das Gebet « und Band 228 der Reihe Izvor »Einblick in die unsichtbare Welt«, Kapitel 7: »Die Botschaften des Himmels«.

Kapitel 10

»SELIG, DIE REINEN HERZENS SIND...«

Freier Vortrag

Als Jesus sagte: »Selig, die reinen Herzens sind, denn sie werden Gott schauen«, betonte er die Tatsache, dass der Mensch, um Gott zu sehen, sich zunächst in seinem Wünschen läutern muss. »Schauen« heißt natürlich nicht, dass er von Angesicht zu Angesicht vor Ihm stehen und Ihn mit eigenen Augen schauen wird. Gott schauen bedeutet hier: Gott fühlen, Offenbarungen erhalten. Ihr fragt: »Hat Jesus Gott geschaut?« Als Christus, ja, hat Jesus Gott geschaut, weil Christus, der Sohn, mit dem Vater eins ist. Christus ist der Einzige, der seinen Vater schaut, weil er eins, wesensgleich mit Ihm ist. Christus aber ist ein kosmischer Geist und wenn gesagt werden kann, Jesus habe Gott geschaut, dann nur dank dem Christusgeist, in den er eingegangen war: Mit eigenen Augen hat er Ihn nie gesehen.[1]

Es wäre noch einiges über den Satz: »Selig, die reinen Herzens sind, denn sie werden Gott schauen«, zu sagen. Denn um Gott wirklich mit den Augen der Seele zu sehen, gehört noch etwas mehr dazu als Herz und Seele: Es bedarf noch des Intellekts und des Geistes. Diejenigen, die ihr Herz von Begehrlichkeit und niederen Gefühlen gereinigt haben, werden Gott schauen, das heißt, ihn als Schönheit, Pracht, Unermesslichkeit entdecken, aber Gott ist viel mehr als das, und die Reinheit des Herzens allein genügt nicht, um Ihn zu erfahren, es bedarf noch der Heiligkeit des Geistes. Ihr werdet sagen: »So was! Sie verbessern sogar die Worte Jesu!« Aber nein, ganz und gar nicht, ich verbessere nicht, ich ergänze und erweitere lediglich den Gedanken Jesu.

Wie viele Heilige, Propheten, Apostel, Märtyrer, Jungfrauen und Patriarchen waren reinen Herzens! Doch, wie viele von ihnen haben Gott geschaut? Selbst Moses hat Gott nicht gesehen, obwohl er mit Ihm gesprochen hat. Aber auch das natürlich muss man richtig verstehen. Gott selber sprach weder zu Moses noch zu Buddha, Zarathustra oder Orpheus. Er sprach durch die Vermittlung seiner Boten, der hohen Erzengel zu ihnen. Andernfalls hätten sie die Stimme oder die Gegenwart Gottes nicht ertragen können, sie wären vernichtet worden. Übrigens müsst ihr wissen, ist es nur Kartenlegerinnen und sonstigen angeblich medial veranlagten, hellsichtigen Frauen vergönnt, Gott zu schauen und mit Ihm zu sprechen! Als ich in der Prinzenstraße in Boulogne wohnte, traf ich bisweilen im Haus eine Frau an: ... es ist mir unmöglich sie euch zu beschreiben, da ich dazu viel zu viele Farben und Pinsel aufwenden müsste. Wenn sie mir begegnete, erzählte sie jedes Mal die unwahrscheinlichsten Geschichten: wie sie Jesus gesehen, zu Ihm gesprochen habe usw. Und ich, um sie nicht zu betrüben, hörte ihr zu. Nun erzählte sie mir eines Tages, dass sie am Morgen mit Jesus habe sprechen wollen, dass dieser aber beschäftigt gewesen und dass an seiner Stelle Gott Vater gekommen sei. Stellt euch so etwas vor! Ich dachte mir: »Die Frau hat aber Glück, eine solche Gnade wurde mir noch nicht zuteil, ich habe Gott noch nie gesehen...« Neugierig fragte ich, worüber Er mit ihr gesprochen: »Ach«, antwortete sie, »da ich zum Markt wollte, hat Er mich über das beraten, was ich kaufen sollte.« Mit solchen Dingen also beschäftigt sich der Herr! In der Tat, Er muss wohl viel Zeit zu verlieren haben, um an den Einkauf auf dem Markt einer guten Alten zu denken.

Wahrlich, man macht sich von Gott eine wunderliche Vorstellung und nicht diese Frau allein; man schreibt Ihm alle möglichen Beschäftigungen zu. Wie man weiß, hat Er Tausende von Engeln und Erzengeln erschaffen, doch wozu hat Er sie geschaffen, da Er ihnen überhaupt keine Arbeit zugewiesen hat? Man bildet sich ein, er habe alles selber getan, habe die Welt ganz allein geschaffen und in 6 Tagen noch dazu! Nun, was machten denn die anderen? Sie schauten wahrscheinlich zu, wie der Herr Hand anlegte, während sie untätig blieben. Wenn sie aber untätig sind, sind sie überflüssig, müssen entlassen werden. Aber nein! Laut der Kabbala hat Gott lediglich den Schöpfungsplan gegeben und die siebte Engelordnung (die siebente, von oben an gerechnet, diejenige der Elohim) hat denselben ausgeführt. Gott hat eine Dienerschar, und diese treuen Helfer sind die Mittler zwischen Ihm und den Menschen. Wenn ihr glaubt, der Herr kümmere sich darum, die Bitten der Menschen anzuhören und darauf zu antworten!

Keiner hat Gott je gesehen, denn Gott ist das Unendliche, Unermessliche, Unbegrenzte. Man kann Seine Anwesenheit fühlen, sogar Sein Wirken in aufblitzenden Lichtstrahlen sehen, doch nicht den Urheber dieser Kundgebungen. Es ist einfach nicht möglich, Gott zu sehen. Das Unbegrenzte, Unendliche kann nicht gesehen werden. Will man einen Gegenstand oder ein Wesen sehen, so muss es eine Form, feststehende Ausmaße und Grenzen besitzen, muss irgendwo innerhalb von Raum und Zeit stehen, sonst sieht man nur einen winzigen Teil, einen Ausschnitt davon. Beim Anblick der Sonne, kann man sagen: »Ich habe in ihrem Licht Gott geschaut, in ihrer Wärme Ihn gefühlt und nun erfreue ich mich Seiner Lebenskraft!« Aber erzählen, man habe Gott gesehen und mit Ihm gesprochen, ist eine Gotteslästerung. Ich weiß, in der Bibel steht, dass die Patriarchen und Propheten mit Gott sprachen – nun, um den Menschen bestimmte Wahrheiten nahe zu bringen, muss man sie ihnen bildlich darstellen, da sie diese andernfalls mit ihrem beschränkten Verstand nicht zu erfassen vermöchten.[2] Das Begrenzte kann das Unbegrenzte noch nicht erfassen: Das Kleine kann Unermessliches noch nicht verstehen. Wann wird es einen Begriff davon haben? Wenn es ins Unendliche eingeht, sich mit ihm verschmelzend darin aufgegangen ist. In dem Augenblick erst wird ihm das Unermessliche, das Unendliche begreiflich. Solange ein Wassertropfen vom Ozean getrennt ist, kennt er den Ozean nicht: Geht er aber wiederum in den Ozean ein, vermag ihn nichts mehr davon zu trennen, er ist selber Ozean geworden und erfährt ihn. Demnach ist auch der Mensch, solange er von Gott getrennt lebt, außerstande die Unermesslichkeit und Unendlichkeit Gottes zu erfassen. Er muss sich mit Ihm verschmelzen, in Ihm aufgehen, sich in Ihm verlieren, dann erst kennt er Ihn, da er, in Gott weilend, eines Wesens mit Ihm wird. Bleibt er von Gott getrennt, kann er Ihn nicht kennen.

Solange ein Wassertropfen vom Weltmeer getrennt ist, und wäre er von der gleichen Art und Beschaffenheit, ist es ihm unmöglich ihn zu kennen, er ist winzig klein, außerstande, das Unendliche zu erfassen.[3] Auch der Mensch ist endlich und begrenzt: Bringt er es aber durch die Reinigung so weit, höhere Sinnesorgane zu erwecken, die imstande sind, das Unendliche zu erfühlen, das heißt, wenn er Buddhi- und Atmanleib entfaltet, deren Möglichkeiten beinahe unbegrenzt sind, geht er in das Unermessliche ein und erkennt das Unermessliche und die Unendlichkeit Gottes.

Dank der Reinheit von Jesod wird es möglich Gott zu schauen.

Das dritte Auge berät den Menschen: Es zeigt ihm an, welchen Weg er einschlagen, mit wem er sich verbinden, wie er handeln, wovon er sich ernähren soll; dank dieser Schau hütet sich der Mensch davor, sein Blut, seine Seele, seine Gedanken mit unreinen, schädlichen, niederen Elementen zu vermischen. Sein drittes Auge bewahrt ihn im Zustand der Reinheit. In dem Fall kann man sagen, dass das Auge auf den Körper einwirkt. Ist das Auge rein, beginnt der Mensch zu sehen, zu fühlen und zu begreifen. Darum ist es unsagbar nützlich, die Reinheit gründlich zu verstehen, sie anzustreben, zu lieben, herbeizuwünschen und sie im Denken, Fühlen und Handeln zu verwirklichen... in der festen Überzeugung, dass nur in der Reinheit, wie die Eingeweihten sie verstehen, unser Heil und unsere Macht liegen.

Ihr seht, meine lieben Brüder und Schwestern, man ist noch sehr weit davon entfernt zu begreifen, dass alles auf der Reinheit gründet. Ja, ich füge noch hinzu: Wer ungeläutert in die unsichtbare göttliche Welt einzudringen versucht, wird von den geistigen Wesen, die außerstande sind, solche mit Schmutz und Dunst der Erde beladenen Eindringlinge zu ertragen, zurückgedrängt und fortgemacht oder es werden ihm seine gewaltsam mittels Pflanzen und chemischen Substanzen geweckten Fähigkeiten verdunkelt. Deshalb riskieren die Lehrlinge, die ihre Hellsichtigkeit erzwingen, ohne vorher die Reinheit, die Tugenden, die Selbstbeherrschung erarbeitet zu haben, von den unsichtbaren Wesen angefeindet zu werden und einem schlimmen Ende zuzusteuern.

Man muss sich zuerst vorbereiten und sich dem Himmel in einer heiligen Haltung nahen, denn diese hohen Mächte, diese reinen Lichtwesen, lassen nicht mit sich spaßen. Es heißt, sich ehrfurchtsvoll vorbereiten, sie ihrer Schönheit, ihrer Reinheit wegen mit Bewunderung und Liebe verehren, und sie um Erlaubnis bitten, ihre Sphäre betreten zu dürfen, um Gott zu preisen. Damit gewinnt man ihre Freundschaft und wird weder zurückgewiesen noch bekämpft. Unglücklicherweise werden heutzutage schon die Kinder zu Dreistigkeit, Respektlosigkeit und grobem, gewalttätigem Auftreten angehalten. Man behauptet, ein solches Benehmen verhelfe dem Menschen zum Erfolg, während Güte und Ehrlichkeit ihn im Elend belassen. Darum wird den Kindern gesagt: »Hilf dir selbst, sei etwas schlau, nicht so einfältig!« Natürlich gibt es böswillige, ungeschliffene Menschen, die einige Lektionen verdienen, ich verstehe das, doch wozu eine solche Haltung den uns überlegenen Wesen gegenüber beibehalten? Warum nicht durch ehrerbietiges Verhalten ihre Freundschaft, ihr Vertrauen gewinnen, anstatt durch heftiges Auftreten sich um jeden Preis aufzudrängen und selbst die ganze Welt unterjochen zu wollen?

Sagt zum Beispiel manchen Wissenschaftlern, ihre Haltung den Tieren gegenüber sei ein Verbrechen, sie werden euch einen Dummkopf heißen, denn sie sind überzeugt, ihnen sei alles erlaubt und sie dürften unter dem Deckmantel der Wissenschaft die Tiere morden und quälen. Da sie außer dem Intellekt kein übersinnliches Wahrnehmungsvermögen entwickelt haben, führen sie ihre blutigen Versuche an Millionen Tieren aus. Sie hätten ihre Forschungen anders durchführen können. Wären sie geistig höher entwickelt, so hätten sie zahlreiche andere und bessere Mittel als die bisher entdeckten gefunden, um die Menschheit zu heilen. Überdies wird die Strafe nicht auf sich warten lassen! Die Natur selber wird sie zur Besinnung bringen.

In Bezug auf Intelligenz und Kenntnisse übertrifft unser Jahrhundert alle vorherigen, das ist nicht abzuleugnen, nur geht es in anderer Beziehung immer mehr bergab, weil den Menschen nichts mehr heilig ist, man trifft bei ihnen nur noch Grobheit und Gewalttätigkeit an. Ich aber halte euch Wahrheiten vor Augen, mit denen sich niemand befasst. Ja, ich zeige, dass sich im Menschen durch Reinheit und Achtung höhere Sinne entfalten, durch die er die Dinge in ihrer wahren Gestalt sieht. Zunächst wird er sie mit dem in den höheren Ebenen seines Wesens tätigen Auge erfühlen und sie dann allmählich in ihrer wahren Gestalt ebenso gegenständlich erblicken, wie wir uns hier im Saal oder Menschen und Gegenstände der physischen Welt wahrnehmen. Die Reinheit allein erlaubt diese geistige Schau. So lege ich die Worte Jesu »Wenn dein Auge rein ist, wird dein ganzer Leib licht sein« aus. Es handelt sich, wie gesagt, nicht um die beiden physischen Augen, sondern um das dritte Auge. Denn es stimmt nicht, dass die Reinheit des Körpers von den Augen abhängt und schon gar nicht von einem einzigen Auge. Der Zustand der beiden Augen hängt von der Reinheit des Blutes ab. Ist das Blut verdorben, verschlechtert sich der Zustand der Augen, weil sie zum Körper gehören. Das dritte Auge hingegen hängt nicht direkt vom physischen Körper ab, es liegt auf einer höheren Ebene. Fehlt das esoterische Wissen, ist der ganze Ausspruch wirklich unsinnig.

Die Reinheit also... ihr seht, ich komme immer wieder auf die Reinheit zurück. Sie ist eine Tugend, die der Schüler nicht umgehen darf noch kann: Sein ganzes Leben lang soll er sich mit ihr befassen, sich in sie vertiefen und danach trachten, sie in seinem Handeln sichtbar werden zu lassen: Ohne sie kommt er nicht voran, und will er dennoch psychische Kräfte gewaltsam erobern, rächen sich die Geister des Jenseits.

Nehmen wir an, es sei euch gelungen, euer drittes Auge zu öffnen, ohne gleichzeitig Liebe, Nachsicht, Güte, Duldsamkeit, Großmut und Selbstbeherrschung zu üben, so wisst ihr nicht, was euch erwartet! Wenn ihr erst die verborgenen Laster und Verbrechen seht und die schauerlichen Wesenheiten, die eure Freunde begleiten... werdet ihr bittere Tränen weinen und Gott anflehen, euch die Hellsichtigkeit wegzunehmen. Ihr werdet finden, vorher sei es viel erträglicher gewesen und es sei tausendmal besser, sich in Illusionen zu wiegen! Habt ihr hingegen zahlreiche Schwächen überwunden, seid rein und lauter geworden, vermögt euch zu beherrschen und fühlt in euch eine überströmende Liebe für die Menschheit, dann seht ihr diese Gräuel nicht mehr, sondern nur das, was euch entspricht: die

Zukunft der Menschheit, die Glückseligkeit, der sie entgegenschreitet. Und solltet ihr auch Ungutes wahrnehmen, so werdet ihr dank eurer Liebe, eurer Unerschrockenheit, eurer Standhaftigkeit nicht aus der Fassung geraten, weder von Schrecken noch Verzweiflung gepackt werden, sondern im Stillen hilfreich beistehen.

Ihr seht, meine lieben Brüder und Schwestern, das Hellsehen wird jedem seiner geistigen Reife gemäß geschenkt: Solange der Mensch noch auf den niederen Stufen weilt, sieht er nur das Schlechte und muss leiden. Steht er geistig sehr hoch, ist rein und erleuchtet, sieht er nur das Wundervolle; und wenn er von Zeit zu Zeit hinunterzusteigen begehrt, um zu erkunden, was in der Hölle, der Hölle der anderen vorgeht, steht es ihm frei. Ein Hellsehender sieht nicht alles: In der Hellsichtigkeit gibt es verschiedene Stufen, die dem Grad der Reinheit entsprechen, in dem einer sich befindet: Je reiner, desto mehr sieht er von den himmlischen Bereichen. Wer aber ohne vorherige Läuterung hellsichtig wird, sieht nur ein Gewimmel von Tieren, sich verschlingenden Ungetümen und sich gegenseitig zerfleischenden Raubtieren.

Deshalb ist es nicht wünschenswert, hellsichtig zu werden, solange man nicht rein ist und fähig, sich zu meistern. Seid nicht in Eile, hellzusehen, weil ihr sonst tiefer Traurigkeit oder unüberwindlichem Abscheu vor dem Leben mit den Menschen entgegengeht. Es ist demnach gar nicht so wünschenswert; ähnlich wie auch ein allzu sensibler Geruchsinn nicht besonders wünschenswert ist; glücklicherweise ist dieser Sinn am wenigsten entwickelt. Untersucht man den Feinheitsgrad der Schleimhäute, die Verteilung der Nervenbahnen, Anzahl und Beschaffenheit der Nervenzellen, nimmt man wahr, dass der Geruchsinn bei weitem nicht so sehr entwickelt ist – Gott sei Dank – sonst könnten sich die Leute gegenseitig nicht mehr ausstehen, derart widerliche Gerüche verströmen sie, infolge der Art wie sie essen, trinken, leben und denken. Beobachtet euch, wenn Zorn, Eifersucht oder Hass aufsteigen: Es wird euch nicht entgehen, dass von eurem Körper ein abscheulicher Geruch ausgeht: Wenn ihr hingegen in einem wirklich seligen Zustand seid, strömt ihr einen angenehmen Duft aus. Ein Beweis dafür, dass Gedanken, Gefühle, Absichten auf alle Betriebe, Verarbeitungsstätten und säftebildenden Drüsen wirken, die unverzüglich im menschlichen Körper je nach dem angenehme oder widerliche, wohlriechende oder abstoßende Gerüche erzeugen.

Allgemein riechen Leute, die viel Fleisch verzehren, hochprozentige Alkohole und Liköre zu sich nehmen, abscheulich. Wie können sie einander ausstehen und gar jahrelang das gleiche Bett teilen? Was sie verschlungen haben, kommt durch alle Poren wieder heraus! Es genügt an den Badestrand zu gehen, wo eine Menge Leute sich aufhält: Von weitem schon werdet ihr, wenn ihr empfindsam seid, die stinkenden Ausdünstungen um sie wahrnehmen. Glücklicherweise sind die Leute nicht allzu feinfühlig, sonst wäre es ihnen ständig übel, und sie wüssten nicht mehr, wie sie einander ertragen noch wohin sie gehen sollen. Ähnlich verhält es sich mit dem inneren Auge. Solange man Abscheu und Furcht nicht zu überwinden vermag, darf man es nicht wecken. Deshalb muss sich der Schüler festigen, seiner Gefühlsregungen, Ängste, Abneigungen Herr werden, damit er den schrecklichen Geschöpfen der höllischen Unterwelt entgegentreten, ja ihnen sogar befehlen kann abzuziehen oder zu gehorchen.

Ihr erinnert euch noch, wie es Glyndon im Bulwer-Lyttons Roman »Zanoni« erging. Dem Verbot seines Meisters Mejnour zum Trotz, atmet Glyndon das Elixier des unsterblichen Lebens ein, der Hüter der Schwelle erscheint, und Glyndon fällt besinnungslos zu Boden. Weil er noch nicht bereit und rein genug ist, fühlt sich Glyndon von da an ununterbrochen durch das Ungeheuer verfolgt, bis zu dem Tag, da Zanoni ihn befreit. Er hat derart gelitten, dass er oft am liebsten gestorben wäre. Ich habe euch in anderen Vorträgen schon erklärt, was der Hüter der Schwelle darstellt. Jeder muss eines Tages seinem Hüter der Schwelle gegenüberstehen. Aber wie wird diese Begegnung sein, wenn man Beherrschung, Furchtlosigkeit, Kraft und Reinheit nie geübt hat? Der Hüter der Schwelle vermag nichts gegen die Reinen und Wagemutigen: ein Blick, ein Befehl: »Scher dich von hinnen!« genügen, er hat Angst und verschwindet. Er hat Angst. Aber Feiglingen und Kleinmütigen gegenüber ist er kühn. Wie die Gassenhunde: Wenn man davonläuft, rennen sie alle hinterher: Steht man still und blickt sie fest an, ergreifen sie die Flucht. Genauso verhält es sich mit dem Hüter der Schwelle, aber nur, wenn man rein ist, kühn und ohne Furcht.

Nur die Reinheit verleiht Wagemut. Empfindet ein Mensch, dass er im Sinne der Reinheit gelebt und gewirkt hat, wird er von dieser Reinheit getragen und kennt keine Furcht. Sowie er aber ein Verbrechen begeht, ein Gesetz übertritt, wird er furchtsam. Als Adam und Eva den Apfel gegessen hatten, wurde ihnen bang, und sie versteckten sich. Beobachtet irgendein Geschöpf: Sowie es ein Gesetz übertritt, auch wenn kein Mensch es gesehen hat, wird es furchtsam, fühlt sich schuldig und wird zaghaft: Sein Gang, seine Gebärden werden unsicher, seine Gedanken wirr, es stottert usw.

Aber kehren wir zur Hellsichtigkeit zurück, ich möchte noch einiges dazu erwähnen.

Wie bereits gesagt, ist der niedere Bereich des Mondes eine nebelige Zone voller Illusionen und Täuschungen. Ausgerechnet mit dieser niederen Sphäre Jesods steht eine Großzahl der Leute in Verbindung, die sich als Medien, Geistheiler, Radiästhesisten, Hellseher usw. ausgeben. Ich will ihre Fähigkeiten nicht in Frage stellen, was ich lediglich an manchen auszusetzen habe, ist ihre Anmaßung. Nehmen wir jemanden, der eine heilerische oder mediale Veranlagung verspürt. Alsbald wähnt er sich berufen, allen Meistern und Eingeweihten aufklärende Botschaften zu senden. Und was für welche! Er würde besser daran tun, erst selber zu lernen, bevor er andere belehrt: Solange man keine soliden Erfahrungen gesammelt hat, ist es sehr leicht, Irrtümern und Illusionen zu erliegen. Auch das Studium der Schulwissenschaft ist unbedingt erforderlich.

Unglaublich, was manche vorbringen! Wie viele Medien haben mir Ratschläge und Botschaften gesandt, einen ganzen Stoß! Das Unerhörteste dabei ist, dass diese stets vom lieben Gott stammten, ja, geradewegs von Ihm! Ich habe nie daran gezweifelt (man darf den lieben Gott doch nicht beleidigen!). Nur da Er die Vernunft, das folgerichtige Denken verleiht, so urteile ich mit der von Ihm erhaltenen Vernunft und stelle fest, dass diese, angeblich von Ihm stammenden Botschaften, sich widersprechen. Ich frage mich, warum Er nicht besser über seine mir früher zugesandten Botschaften unterrichtet ist? Ihr seht, da stimmt etwas nicht. Ich höre euch sagen: »Wie, Sie wagen es, Botschaften und Anweisungen des lieben Gottes zu bemängeln?« Nein, keineswegs, ich will euch nur zeigen, wie unlogisch und widersprüchlich diese Botschaften sind. Ich will gern annehmen, dass sie vom lieben Gott kommen... oder sagen wir eher, von mehreren Göttern: Im Astralen gibt es Unzählige, die diese Rolle spielen wollen! Fehlt das Unterscheidungsvermögen, lässt man sich täuschen und geht in die Fallen. Viele fühlen sich berufen, die anderen zu belehren, ihnen die Zukunft vorauszusagen! Natürlich immer im Namen Gott Vaters persönlich. Aber wenn dies derselbe Gott wäre, der durch den Mund dieser Leute spricht, müssten die Botschaften wenigstens denselben Inhalt, denselben Stil, dieselbe Weisheit aufweisen und gleichartige Ratschläge erteilen. In manchen dieser Botschaften hingegen teilt der Herr einem großartige, erhabene Dinge mit, während Er einem in anderen albernes, unsinniges Zeug anrät.

Einmal hat der Herr (laut dieser Hellseher!) mich wissen lassen, dass ich mich nie an Ihn gewandt, nie zu Ihm gebetet habe. Ich, der ich mein ganzes Leben lang nur dies getan habe, ich war bestürzt! Mein ganzes Leben hindurch habe ich zu Gott gebetet und Er hätte mich nicht gehört? Er ist nicht gut unterrichtet, dieser Gott, wie ihr seht. Welch unerhörte Überraschung für mich! Und außerdem soll Er mir noch angeraten haben, die Verbindung mit allen früheren Meistern und Eingeweihten abzubrechen: Unterlasse ich das, so wird meine ganze Arbeit vernichtet! Nun rät mir also der Herr, das Wissen der Vergangenheit nicht zu berücksichtigen, all den überragenden Wesen, die für Ihn gearbeitet und beispielhaft gelebt haben, den Rücken zu kehren: Buddha, Zarathustra, Moses, Jesus. Stellt euch nur vor, meine lieben Brüder und Schwestern, was für Ratschläge man vonseiten des Herrn übermitteln kann, wenn man unwissend ist! Wie folgenschwer, ja gefährlich ist das! Deshalb rate ich diesen Propheten, Medien und Himmelsboten an, zuerst ein bisschen Wissen zu erwerben, um zuverlässigere Botschaften zu empfangen und schärfer zu unterscheiden. Mögen sie doch, bevor sie ihre Botschaften an mich richten, nachprüfen, woher sie kommen und nicht blindlings alles hinnehmen. Im Übersinnlichen gibt es Wesen, die die Menschen zum Besten halten und ihre Freude daran haben. Wie vielen haben sie mitgespielt! Diese Geister sind sehr schlau, sehr listig, und ist man ihnen nicht überlegen, ist man verloren.[4] Wie oft hatte ich mit Frauen zu tun, die nachts angeblich meine Stimme hörten! Sie waren derart überzeugt, dass es meine Stimme war, dass es mir nie gelang, sie vom Gegenteil zu überzeugen. Diese Stimme (die meinige, wie sie sagten) hieß sie, mich mitten in der Nacht aufzusuchen, um sich mir hinzugeben, und dieser Stimme blind gehorchend, klopften sie an meine Tür, indem sie mich respektlos, rücksichtslos aufweckten. Obschon ich sie mit der Erklärung zurückwies, auch ich habe eine Stimme gehört, die genau das Gegenteil der ihrigen forderte, dass die von ihnen gehörte eine Täuschung sei, dass sie ihren eigenen Einbildungen folgten, war nichts zu wollen: Sie glaubten, ungeachtet der angeführten Beweise und Begründungen, felsenfest an ihre Stimme. Ihr seht, wie schwer es ist, den Leuten das Sinnvolle und Vernünftige nahe zu bringen. Manches Mal denke ich, ich sei wirklich zu bedauern.

Auch in der Bruderschaft haben wir Brüder und Schwestern, die euch eure Vorleben in allen Einzelheiten beschreiben werden. Ich frage mich, was aus euch wird, wenn ihr sie anhört. Sie sagen nichts Schlechtes, im Gegenteil, lauter Erfreuliches: Immer wart ihr ein König, eine Königin, der heilige Antonius, der heilige Franziskus von Assisi, und diese oder jene war in vergangener Zeit eure Frau gewesen. Mir haben sie auch Offenbarungen gemacht: haben gefunden, wer in einem Vorleben meine Frau und meine Tochter gewesen. Doch wie kommt es, dass ich jetzt keine Verwandtschaft mehr mit ihnen fühle, alles vergessen habe? Oft stelle ich mir die Frage: Warum kann ich die meinen nicht wiedererkennen? Ich fühle mich zu manchen hingezogen, von denen mir nie gesagt wurde, dass sie meine Eltern oder meine Kinder gewesen sind, und jetzt werden mir auf einmal andere vorgestellt, mit der Erklärung, sie seien meine Söhne, meine Töchter, meine Mutter gewesen. Das Gedächtnis so sehr eingebüßt zu haben, ist beunruhigend, findet ihr nicht?

Ich will damit nicht sagen, dass man diesen Dingen überhaupt keinen Glauben schenken soll: Denn es ist immer etwas Wahres daran. Wenn ein Wesen empfindsam und psychisch entwickelt ist, nimmt es bestimmte Botschaften der unsichtbaren Welt wahr, da aber selten jemand vollkommen ausgerichtet ist, muss man wissen, dass sich in das, was der Hellfühlende wahrnimmt, Ungenauigkeiten einschleichen, versteht was ich meine: Manche Leute sind medial veranlagt, nehmen Dinge wahr, nur ist das, was sie euch erzählen, nicht immer sehr genau, weil sie ein unentwirrbares Gemisch von Wahrem und Falschem aufgenommen haben, das erst überprüft werden müsste. Dies alles ist überhaupt nicht notwendig. Wozu ist es dienlich, den Brüdern und Schwestern ihre Vergangenheit zu enthüllen? Wäre es tatsächlich wünschenswert, so würde ich es als Erster tun. Und das ausgerechnet tue ich nicht! Es steht euch frei zu denken, dass ich es nicht kann, mir die erforderliche Fähigkeit abgeht. Denkt was ihr wollt!

Auf jeden Fall ist es weder erzieherisch noch psychologisch richtig, den Menschen von ihren Vorleben zu erzählen. Gewiss, es wird eine Zeit kommen, wo wir uns damit befassen, aber bis dahin müsst ihr noch Fortschritte machen und euch beherrschen lernen. Stellt euch vor, es wird euch offenbart, der oder jener sei einst euer bitterster Feind gewesen und habe euch umgebracht... seid ihr beeinflussbar und könnt eure Regungen nicht meistern, was wird das geben? Solche Offenbarungen sind gefährlich, denn sie können euch verwirren und Rachsucht erwecken und eure geistige Entwicklung hemmen. Wenn es so unentbehrlich wäre, seine früheren Inkarnationen zu kennen, warum werden sie den Menschen von der Vorsehung jetzt vorenthalten? Wenn sie das Vergessen zuließ, so wohl deshalb, weil sie ihre guten Gründe dafür hat, meint ihr nicht auch? Sicherlich, um neue Vergehen zu verhüten. Wisst ihr nicht was für Schmerzen der oder jener euch zufügte, so ertragt ihr die Menschen und steht ihnen bei. Wie würdet ihr euch verhalten, wenn ihr darum wüsstet? Ein Vater und eine Mutter zum Beispiel ahnen nicht, dass ihre Kinder, ihre schlimmsten Feinde gewesen und sich nun bei ihnen inkarniert haben: Sie ziehen sie liebevoll auf und begleichen damit ihre Schuld, ihr Karma. Erführen sie die Wahrheit, welche Tragik! Sie ließen ihre Kinder im Stich. Die göttliche Vorsehung hat es absichtlich so eingerichtet, die Menschen in dieser Unwissenheit zu belassen, damit sie sich ungehindert frei machen können. Steht ein Mensch geistig sehr hoch und kann sich meistern, darf ihm ohne Gefahr alles offenbart werden, aber solche Menschen trifft man selten an.

Was gibt es noch alles zu diesem Thema zu sagen! Manche dichten den Leuten, um sich deren Beistand oder Geld zu sichern, glorreiche Inkarnationen an, sodass sie nicht umhin können, geblendet und eingenommen zu sein! Auf solche Weise werden die Leute irregeführt! Nicht um ihnen weiterzuhelfen, werden ihnen derartige Märchen erzählt, sondern um des eigenen Vorteils willen. Wollten sie den Menschen wahrhaftig Gutes erweisen, täten sie besser daran, deren Mängel und Schwächen aufzuzeigen, anstatt ihnen weiszumachen, sie seien Prinzen, Prinzessinnen, Könige und Genies gewesen. Die Leute mögen es nicht, wenn man ihre Schwächen enthüllt: Doch bringt ihr den Mut auf, es dennoch zu tun, beweist ihr eure Uneigennützigkeit. Wenn ihr, um eine Katastrophe zu verhindern, jemandem, selbst auf die Gefahr hin, seine Freundschaft zu verlieren, Unangenehmes sagt, seid ihr sein wirklicher Freund. Ärgert er sich und verlässt euch, um so besser: Was könnt ihr mit einem Dummkopf anfangen, der nur auf Komplimente und Lobsprüche aus ist? Um zu beweisen, wie uneigennützig ihr seid, versucht den Leuten zuerst unerfreuliche Dinge aufzuzeigen und wenn ihr seht, wie sie euch verstehen und reagieren, mögt ihr entscheiden, ob ihr ihnen Wunderdinge über ihre Vergangenheit, ihre Gegenwart oder ihre Zukunft offenbaren sollt.[5]

Von nun an wisst, meine lieben Brüder und Schwestern, dass viele Hellseher noch mit Jesods Dämmerbereichen in Verbindung stehen, ihnen ist es nicht gelungen höher zu steigen. Deshalb erfassen sie nur einige Schimmer der unsichtbaren Welt und können euch irreführen. In Jesods höheren Bereichen herrscht lauterste Klarheit, dort weilen die Engel, die Träger des reinen Lebens, das da heilt und die Augen öffnet. Diejenigen, die sich bis zu diesem Bereich zu erheben vermögen, wo alles licht, hell und kristallklar ist, sind es, von denen geschrieben steht, sie würden Gott schauen.

Bonfin, den 5. September 1966

Weiterführende Literatur

1. Siehe Band 240 der Reihe Izvor »Söhne und Töchter Gottes«, Kapitel 7: »Der Mensch Jesus und das kosmische Prinzip des Christus«.
2. Siehe Band 241 der Reihe Izvor »Der Stein der Weisen – Von den Evangelien zur Alchimie«, Kapitel 1, Teil 2: »Über die Deutung der Schriften«.
3. Siehe Band 238 der Reihe Izvor »Der Glaube versetzt Berge«, Kapitel 10: »Die Identifikation mit Gott«.
4. Siehe Band 228 der Reihe Izvor »Einblick in die unsichtbare Welt«, Kapitel 5: »Sollte man sich von Hellsehern beraten lassen?« und Kapitel 19: »Die Empfindung sollte höher geschätzt werden als die Vision«.
5. Siehe Band 207 der Reihe Izvor »Was ist ein geistiger Meister?«, Kapitel 6: »Der Meister, ein Spiegel der Wahrheit«.

Kapitel 11

DIE TORE DES HIMMLISCHEN JERUSALEM

Freier Vortrag

Nun, meine lieben Brüder und Schwestern, wird es euch nicht zu viel, alle Tage etwas über die Reinheit zu hören? Die Reinheit hat aber so viele Aspekte! Die Geistlichen haben sie einzig und allein als Jungfräulichkeit und Keuschheit dargestellt: Die Keuschheit gehört zur Reinheit, dies ist gewiss richtig, aber sie vermittelt nur einen sehr unvollständigen Begriff davon.

Wenn ihr wollt, füge ich heute noch einiges hinzu: Wir werden uns mit den zwölf Toren des himmlischen Jerusalem befassen.

In der Apokalypse steht geschrieben: »Und ich sah die heilige Stadt, das neue Jerusalem, von Gott aus dem Himmel herabfahren. Und sie hatte eine große und hohe Mauer und hatte zwölf Tore und auf den Toren zwölf Engel, und Namen darauf geschrieben, nämlich der zwölf Geschlechter der Kinder Israel. Vom Morgen drei Tore, von Mitternacht drei Tore, vom Mittag drei Tore, vom Abend drei Tore. Und die zwölf Tore waren zwölf Perlen, und ein jegliches Tor war von einer einzigen Perle.« Ihr fragt: »Jedes Tor bestand aus einer einzigen Perle? Aber wie riesengroß müssen die Austern gewesen sein, die für jedes dieser Tore die Perlen bildeten! Wo sind sie? Gibt es dort oben auch Austern?« Selbstverständlich sind diese Perlen ein

Sinnbild. In der esoterischen Wissenschaft symbolisiert die Perle die Reinheit, und sie ist wegen ihrer Verwandtschaft mit der Reinheit des Mondes diesem zugeordnet.

Warum ist in der Apokalypse von zwölf Toren die Rede? Ein Tor gestattet das Ein- und Ausgehen, wenn nicht den Menschen, so doch Strömen, Kräften oder Wesenheiten. Das Thema der Tore ist sehr wichtig. Die Apokalypse spricht von den zwölf Toren des himmlischen Jerusalem. Die Kabbala erwähnt die fünfzig Pforten von Binah. Und das Kind, kommt es nicht auch durch eine Pforte auf die Erde? Demnach besitzt der Mensch ebenfalls Pforten, von denen manche oftmals verschlossen, verschüttet, verstopft sind. Die Reinheit besteht darin, diese Pforten sauber zu halten, damit nur himmlische Wesenheiten Einlass finden. Das ist euch im Augenblick vielleicht nicht sehr klar: Doch geduldet euch.

Ich habe schon mehrmals vom neuen Jerusalem gesprochen und sagte, man dürfe sich nicht vorstellen, es werde als eine ganze festgefügte Stadt vom Himmel herabschweben.[1] Seit zweitausend Jahren wird sie in dieser Form erwartet, und es dürften noch mehrere Millionen Jahre vergehen, ohne dass dies geschieht. Das neue Jerusalem muss sinnbildlich aufgefasst werden. In einer Stadt stellt man sich stets eine große Menge Einwohner vor. Demnach besteht Jerusalem, die himmlische Stadt, aus einer großen Schar überaus reiner und hoher Geschöpfe, deren zwölf Tore vollkommen frei sind, um den himmlischen Strömen Einlass zu gewähren. Was sind unsere beiden Augen anderes als zwei Tore![2] Und unsere Ohren? Ebenfalls zwei Tore. Die Nasenlöcher? Zwei Tore, durch welche die beiden Ströme Ida und Pingala fließen. Das sind zusammen sechs. Mit dem Mund sind es sieben. Zwei weitere Tore liegen auf der Frauenbrust. Sie sehen nicht wie die anderen aus, sind aber trotzdem Pforten. Beim Mann sind sie geschlossen, haben keine Funktion mehr. Das zehnte Tor ist der

Nabel, an dem die Nabelschnur befestigt ist, wodurch das Kind ernährt wird, indem ihm durch das Blut der Mutter die erforderlichen Aufbaustoffe zugeführt werden. Die beiden letzten Tore mögt ihr selber finden. Im Ganzen sind es folglich zwölf. Ist es nicht wunderbar, dass die Natur beim Bau des menschlichen Körpers zwölf Öffnungen vorsah? Bisweilen erfüllen diese Pforten jedoch ihre Aufgabe nur mangelhaft, weil sie behindert sind: Die Augen sehen, aber nur schlecht, weil sie zu lange auf Unwürdigem und Hässlichem verweilten: Die Ohren hören, aber falsch oder nehmen bloß das niedere Ich, rührende Schmeicheleien oder Schimpfworte auf: Der Mund spricht, aber nur unwürdige, verletzende oder sinnlose Worte usw.

Wenn der Apostel Johannes das himmlische Jerusalem als eine goldene, auf Edelsteinen gegründete Stadt beschreibt, in der das Licht nie erlöscht, meint er damit, dass vom Himmel geläuterte, lichtstrahlende Wesen herabsteigen werden: Söhne und Töchter Gottes, welche die neue Lebenslehre bringen.

Über die Türen gibt es viel zu sagen. Ihr habt euch oft gewundert, dass ich so sehr auf das rechte Öffnen und Schließen der Türen bestand. Ja, ihr stauntet, dass ich mich bei so unbedeutenden Einzelheiten aufhalte. Wie viel Unheil und Schaden rühren daher, dass man weder wusste, wann man eine Tür schließen oder öffnen, noch welche Tür man öffnen oder schließen sollte! Wenn es sich nur um die physischen Türen handelte, wäre dies nur halb so schlimm und schwierig, allein es gibt noch andere Türen als die physischen, und von diesen will ich sprechen. Hinter der physischen Welt sehe ich eine andere, und wenn ich feststelle, dass manche Brüder und Schwestern unbewusst die Türen offen lassen (ich meine ihre Haustür), weiß ich im Voraus, dass auch alle ihre inneren Türen für jeden Besucher, selbst die unerwünschten Eindringlinge, weit offen stehen oder aber, dass sie die geistigen Reichtümer, die sie empfangen, nicht zu bewahren wissen. Da alles offen ist, können sie mühelos beraubt werden.[3]

Viele klagen bei mir, dass sie, wenn sie nach einem Aufenthalt in Izgrev oder Bonfin wieder nach Hause zurückgekehrt sind, nicht mehr dieselbe Begeisterung und denselben Elan verspüren, worauf ich antwortete: »Ihr habt hier viel Wärme, viel Licht und Wissen erhalten, ihr sollt diese so lange wie möglich in euch bewahren und behüten, denn wenn sie sich verflüchtigen, verfallt ihr wieder in Zweifel und Verzagtheit.« Ja, aber wie lassen sie sich länger halten? Indem ihr die Türen schließt! Wenn man seine Eingebung derart schnell verliert, so deshalb, weil man in seinem Unverstand die Türen nicht schloss; als sie offen standen, schlichen sich Diebe ein und plünderten alles. Wie viele Dinge, an die man nicht denkt! Wenn in einem Nebenzimmer Lärm geschlagen wird, geht man die Tür schließen, und der Lärm ist gedämpft. Auf der irdischen Ebene weiß man, was man tun soll, aber im Astralen lässt man die Tür weit offen und wundert sich danach, warum man verwirrt und krank ist. Die Frage der Türen führt einen sehr weit. Euer Herz z. B. ist eine Pforte; da ihr aber nicht wisst, wem ihr es öffnen und vor wem ihr es verschließen sollt, lasst ihr Gecken und Strolche eintreten und weist den Herrn ab. Auch der Intellekt ist eine Tür.

Versteht mich recht, meine lieben Brüder und Schwestern, das ganze Dasein gründet auf den beiden Vorgängen: Schließen, Öffnen. Ja, das ganze Leben ist nichts anderes als ein abwechselndes Auf- und Zumachen. Das lehren uns die Schalentiere, die Austern, aber man versteht sie nicht. Die sich öffnenden und schließenden Muscheln lehren, dass das Leben nichts anderes ist, als ein Öffnen und Schließen, und für den Menschen ist es wesentlich zu wissen, wann er sich öffnen und wann verschließen soll, da er sonst nie und nimmer rein sein kann. Darin liegt die Bedeutung der Türen.

Über die Perle wäre noch viel zu sagen. Wie stellt es die Auster an, um eine Perle zu bilden? – Es fiel ein Sandkorn in ihre Muschel, und dieses Sandkorn behindert und drückt sie, »Ach!« sagt sie, »wie mich das aufregt. Wie werde ich es nur los? Es kratzt und juckt mich, aber ich habe weder Arme noch Beine, um es hinauszubefördern!« Was tun? Da beginnt sie nachzudenken, sammelt sich, überlegt, bittet um Rat und erfährt, dass es einen chemischen Prozess der Umwandlung gibt: dass man diese oder jene Elemente aufnehmen, sie in dieser und jener Weise unter dem Einfluss des Mondes zusammenfügen muss. Die Auster macht sich nämlich an die Arbeit, indem sie auf die Mondphasen achtet! Das wisst ihr nicht: Die Austernzüchter haben niemals beobachtet, bei welcher Mondphase sie ihre Perlen herstellt! Natürlich dauert es lange, aber es gibt bestimmte Zeitabschnitte, während denen die Austern tätig sind und andere, in denen sie ihre Tätigkeit einstellen. Wie ich das weiß? Ich habe sie beobachtet.

Die Austern sondern etwas ab, womit sie das raue, störende Sandkorn einhüllen, bis es glatt-poliert und angenehm anzufühlen ist. Ist ihnen das gelungen, rufen sie froh: »Ich habe eine Schwierigkeit überwunden!« Die Perlenauster wollte der Menschheit eine Lehre erteilen, aber die begrenzten Menschen begriffen sie nicht. Und wie lautet diese Lehre? Dass ihr es ebenso machen sollt! Warum hüllt ihr eure Schwierigkeiten und Ärgernisse nicht in einen lichten, regenbogenfarbenen Stoff ein? Ihr würdet in eurer Seele unschätzbare Reichtümer ansammeln! Das müssen die Schüler lernen: wie man Widerwärtiges in kostbare Perlen verwandelt. Das kommt euch vielleicht wie ein Märchen vor, ist aber die Wahrheit. Ein wahrhaftiger Schüler ist bemüht, seine Schwierigkeiten und auch seine Feinde einzuhüllen und zu nutzen, um steinreich zu werden. Solange man aber nur klagt und unzufrieden ist, gelingt es einem nicht, diesen speziellen Stoff abzusondern, der das Lästige einhüllt.

Wenn ich euch die Perlen aufzählen wollte, die ich dank der mir begegneten Unannehmlichkeiten besitze! Ja, wenn ein unerträglicher Mensch kommt, freue ich mich direkt und sage: »Mein Gott, welch ein Glück! Noch eine Perle in Aussicht!« Ich halte einen glänzenden Vortrag, und ihr wisst gar nicht, dass das kleine Sandkorn, das mich störte, hier im Saal zugegen war und zu diesem Vortrag Anlass gab. Ich erhebe keinerlei Anspruch, sämtliche Schwierigkeiten in Edelsteine verwandelt zu haben, will keine großen Worte machen, um die unsichtbare Welt nicht herauszufordern, aber es ist mir immerhin gelungen, eine ganze Reihe von Sandkörnern einzuhüllen. Und was tut ihr, wenn ihr auf etwas Unangenehmes stoßt? Benutzt ihr die Gelegenheit, um euch zu erheben und zu kräftigen!? Ich zweifle daran. Nun, worauf wartet ihr? Wie lange werde ich noch mit euch sein, um euch von diesen Dingen zu erzählen? – Versteht ihr das Wirken der Perlenauster, so habt ihr für euer ganzes Leben zu tun.

Sicher ist euch das Gleichnis von dem Mann bekannt, der auserlesene Perlen suchte: Als er eine kostbare gefunden hatte, verkaufte er alles, was er besaß, um sie zu erwerben. Es ist wichtig zu wissen, was für eine Perle das war und warum dieser Mensch seine ganze Habe verkaufte. Sie ist ein Symbol.

Die Perle ist von einem milchigen Weiß und ihr Schimmer gleicht dem des Mondscheins. Auf dem Sephirothbaum entspricht die Perlenauster Jesod, der Grundlage, wo sich die Fortpflanzungsorgane befinden. An dieser Stelle muss sich die Perle bilden. Diese Perle versinnbildlicht die reine, uneigennützige Liebe. Die Perlenauster ist das weibliche Prinzip, die Frau, die eine Perle, das Kind, auf die Welt bringt: Nicht selten schenken Frauen, ähnlich wie manche Austern, denen es nicht gelingt eine wirklich reine und leuchtende Perle zu bilden (ich habe aus Japan schwärzliche Perlen mitgebracht!) kränklichen oder charakterlosen Kindern, zukünftigen Strolchen und Bösewichtern das Leben. Die Perle also ist das Kind. Wollte ich euch alle symbolischen Bedeutungen der Perle darlegen, wären mehrere Stunden erforderlich: Daraus würdet ihr ersehen, wie reichhaltig die Symbolsprache ist. Das Symbol der Perle führt sehr weit. Die Perlenauster, das Weibliche, muss Jesus, das Kind, d. h. den Lichtleib in uns formen. Demnach sind wir selber die Perlenauster, und uns obliegt es, mittels unserer reinsten Wesenskraft die kostbare Perle zu bilden. Der Leib der Herrlichkeit, der Unsterblichkeit, der Lichtleib oder Christusleib ist die Perle.

Wenn ihr wüsstet, was der heilige Johannes schaute, als er das herrliche Bild des neuen, mit seinen zwölf Perlentoren herabkommenden Jerusalem beschrieb! Dereinst werde ich euch den Namen dieser Tore und ihre Entsprechungen nennen. – Aber kehren wir zur Reinheit zurück; denn ich habe sie noch nicht in ihrer Tiefe und Reichhaltigkeit erschöpft.

Greifen wir die Frage der Jungfräulichkeit und Keuschheit auf, die ich eingangs erwähnte. Viele Geistliche meinen noch, die Reinheit sei lediglich die Enthaltsamkeit: In ihren Augen ist die physische Annäherung unrein. Wie viele Weise und Propheten waren aber verheiratet! Selbst wenn sie nicht verheiratet waren, stammten sie doch von einem Vater und einer Mutter ab! Und was haben dieser Vater und diese Mutter getan, um sie ins Leben zu rufen? Sie haben sich gepaart. Und wie kommt es, dass sie Eingeweihte, Meister, Propheten, Gottessöhne zur Welt brachten? Weil sie rein waren. Wenn die physische Annäherung zwischen den Menschen grobsinnlich ist, ja, dann ist sie unrein. Ist aber diese Annäherung überaus lichtvoll, durch eine erhabene Idee, einen hohen Gedanken, ein Ideal geläutert, durch dienende Liebe und erlesenes Verhalten geprägt, können sie göttliche Wesen auf die Erde rufen. Selbst wenn hohe Meister sich wiederverkörpern, müssen sie einen Vater und eine Mutter haben. In deren Begegnung stehen Leidenschaft und Sinnlichkeit nicht an erster Stelle, der physische Körper dient nur als Mittler: Sie bedienen sich seiner, weil es nicht anders geht. Hinter physischen Annäherungen dieser Art stehen himmlische, göttliche Impulse, und es verkörpern sich in dem Augenblick Genies und himmlische Wesen. Krishna, ja selbst Jesus – ungeachtet der Tatsache, dass die Christen nichts über die Geburt Jesu wissen, wurden nicht anders geboren. Kein

Mensch wird den Beweis erbringen können, dass ein Geschöpf ohne die Paarung eines Mannes und einer Frau auf die irdische Ebene kam. Die künstliche Befruchtung ziehe ich dabei nicht in Betracht – vielleicht wird es in einer fernen Zukunft möglich: Ich habe über dieses Thema schon gesprochen und dargelegt, dass die Kinder eines Tages nicht mehr in der gleichen Weise geboren werden. Aber bis dahin wird sich die Menschheit mit Freude – oder Abscheu, ich weiß es nicht, weiterhin durch körperlichen Kontakt fortpflanzen! Es werden sich stets Wohltäter finden, um diese unverbesserliche Menschheit nicht untergehen zu lassen. Vereinzelte Mystiker oder Sittenrichter mit ihren wunderlichen Theorien werden sie nicht davon abhalten!

Es tut mir Leid, wenn ich damit einige unter euch schockiere: Aber ich habe nachgeforscht, Vergleiche angestellt und gesehen, dass die Geschichten, die man über die jungfräulichen Geburten durch das Wirken des Heiligen Geistes erzählt, in offenkundigem Widerspruch zu dem steht, was sich in der Natur vollzieht. Ob ihr es annehmt oder nicht, ist mir gleichgültig: Ich bin gezwungen die Wahrheit zu offenbaren – wenn nicht euch, falls ihr sie ablehnt, so doch vielen anderen, die eines Tages fortschreiten und verstehen wollen.

Mann und Frau können ein Kind in vollkommener Reinheit zeugen, wenn weder Leidenschaft noch Sinnlichkeit den Antrieb bilden. Aber zu erzählen, der Heilige Geist selbst sei der Vater des Kindes ist Unsinn. Befasste sich tatsächlich der Heilige Geist mit der Zeugung eines Kindes, so vermöchte er ihm unmittelbar sichtbare Gestalt zu geben, und es brauchte keine neun Monate im Leib einer Mutter zu warten. Gewiss, eine Empfängnis durch den Heiligen Geist ist möglich, aber nicht wie man sie sich gewöhnlich vorstellt. Der Heilige Geist bedeutet, dass sämtliche Kräfte, Impulse und Gefühle vollkommen rein sind, dass ihnen nichts Menschliches, nichts Irdisches mehr anhaftet. In jeden Menschen kann der Heilige Geist einziehen, ein jeder kann das Göttliche Kind zur Welt bringen.

Auf diese Weise sind beinahe alle großen Religionsgründer zur Welt gekommen, auch Jesus. Aber diese Tatsache werden die Christen nicht annehmen wollen. Man hat ihnen die Geburt Jesu dargestellt wie den Kindern, denen man den wahren Tatbestand nicht sagen will, und jetzt glauben sie felsenfest daran. Ich will sie keineswegs überreden. Mögen sie an ihrer Überzeugung festhalten, wenn sie ihnen helfen kann![4]

Nun bitte ich euch: Behaltet vor Augen das Bild des neuen Jerusalem, das vom Himmel herabkommt. Stellt euch vor, ihr wärt eines Tages diese himmlische Stadt mit den zwölf Perlentoren, das heißt, mit sehenden Augen, hörenden Ohren, mit Lebensprana einatmender Nase, mit magische Worte sprechendem Mund usw. Die fünf übrigen Tätigkeiten jeder Pforte offenbare ich euch noch nicht: Die Menschen kennen deren nur zwei, allein es sind ihrer sieben! Ihr habt keine Ahnung, was man mit diesen Pforten zu bewirken vermag. Aber lassen wir das: Diese Dinge sind zu heilig, zu tiefgründig. Das sind die Geheimnisse, die Perlen, die das Unsichtbare nicht jedem geben will! Dazu kann es einmal kommen, aber für diese Offenbarungen müsst ihr euch noch vorbereiten.

Geduldet euch, ich werde euch noch mehr über Jesod erklären: Denn Jesods Geheimnisse sind gewaltig.

Bonfin, den 7. September 1966

Weiterführende Literatur

1. Siehe Band 26 der Reihe Gesamtwerke »Der Wassermann und das Goldene Zeitalter«, Kapitel 6: »Das neue Jerusalem«.
2. Siehe Band 212 der Reihe Izvor »Das Licht, lebendiger Geist«, Kapitel 9: »Der Laserstrahl im geistigen Leben«.
3. Siehe Band 210 der Reihe Izvor »Die Antwort auf das Böse«, Kapitel 7: »Die Frage der Unerwünschten«.
4. Siehe Band 321 der Reihe Broschüren »Weihnachten und das Mysterium der Geburt Christi«.

TEIL 3

LIEBE UND SEXUALITÄT

Kapitel 1

ALLES HÄNGT DAVON AB, WIE MAN LIEBT

Freier Vortrag

Frage: »Meister, würden Sie uns sagen, welchen Unterschied Sie zwischen Liebe und Sexualität machen und wie sich die Sexualkraft im geistigen Leben nützen lässt?«

Das ist eine überaus interessante Frage, weil sie das Wichtigste im Leben berührt und jeden Einzelnen betrifft. Es ist lehrreich, über Mathematik, Astronomie, Chemie, Physik zu sprechen, aber dafür interessieren sich nur wenige. Zeigt mir hingegen jemanden, den die Frage der Liebe nicht beschäftigt! Ja, die jungen Leute und selbst die alten. Ich will nicht behaupten, dass ich zur Beantwortung der durch dieses Problem aufgeworfenen Frage zuständig sei. Nur ist das Besondere bei mir immer, dass ich gern von einem mir wesentlichen Gesichtspunkt aus an die Dinge herangehe. Zur Eroberung dieses Gesichtspunktes habe ich in meinem Leben alles aufgewandt. So will ich also zuerst ein paar Worte über diesen Gesichtspunkt sagen, damit diejenigen, die mich zum ersten Mal hören, nicht gleich Kritik üben und sagen: »Oh, je! Ich habe ganze Bücher über Liebe und Sexualität gelesen, in denen weit mehr Dinge gesagt wurden. Wie unwissend ist dieser Lehrer!« Tatsächlich, ich bin es – warum nicht? Aber die Verfasser dieser Bücher besaßen bestimmt nicht meinen Gesichtspunkt und behandelten die Frage nicht in der Weise, wie ich sie verstehe. Es steht euch frei, aus den Büchern in Erfahrung zu bringen, was Mediziner, Psychiater usw. über Sexualität sagen. Aber ich führe euch zu einer Sicht, die noch fast unbekannt ist.

Was ist das für ein Gesichtspunkt? Ich habe mehrmals schon folgendes Beispiel angeführt: Ein hochgelehrter Professor arbeitet in seinem Labor an Experimenten und Berechnungen. Sein zwölfjähriger Sohn spielt währenddessen im Garten, hat einen Baum erstiegen und ruft von da oben: »Papa, ich sehe meinen Onkel und meine Tante kommen.« Der Vater, der nichts sieht, fragt das Kind: »Wie weit sind sie entfernt? Was tragen sie?« und das Kind gibt die gewünschten Auskünfte. Trotz seiner Gelehrtheit sieht der Vater nichts, während das Kind, so klein und unwissend es ist, sehr weit blickt, weil es einen höheren Standort eingenommen hat: Es ist hoch hinaufgeklettert, während sein Vater unten blieb.

Natürlich ist das nur ein Bild, das veranschaulichen soll, dass Fähigkeiten und Kenntnisse wertvoll, der Standpunkt jedoch ebenso wichtig sind. Ich habe schon immer nach dieser höheren Sicht gesucht. Ich sagte euch, ihr solltet ja nicht glauben, ich sei derart gescheit: Ganz und gar nicht, ich bin unwissend wie ein zwölfjähriges Kind geblieben, aber mir wurde vergönnt, einen Gipfel zu erklimmen, von wo ich Dinge sehe, die selbst die größten Gelehrten nicht wahrnehmen. Ich gebe meine Mittelmäßigkeit zu, muss aber hinzufügen, dass mir eine Sichtweise verliehen wurde, die mich alles anders sehen lässt.[1] Ob das Universum von der Erde oder von der Sonne aus betrachtet wird, ist ein Unterschied. Ihr sagt: »Die Sonne geht auf, die Sonne geht unter. Die Sterne gehen auf und gehen unter.« Ja, so sieht es aus, stimmt aber nicht. Von der geozentrischen Sicht, von der Erde aus, habt ihr richtig gesehen, doch in Wirklichkeit seid ihr im Irrtum, weil ihr den Vorgang nicht von der heliozentrischen Seite her beobachtet. Erhebt ihr euch bis zu diesem Punkt, stellt ihr das Gegenteil fest. Alle beurteilen die Dinge von der Erde aus und von da aus gesehen haben sie

Recht, wenn sie sagen: »Der Mensch muss essen, muss Geld verdienen, mit den Frauen schlafen...« Blickten sie von der Sonne auf das Leben, das heißt vom Göttlichen, vom Geistigen her, sähen sie die Dinge anders. Diesen Standpunkt nehme ich ein: Er erlaubt mir, euch das Wesen der Liebe und der Sexualität in ganz anderer Weise darzulegen.

Auf Anhieb ist es schwierig, Sexualtrieb und Liebe auseinander zu halten. Auf der physischen Ebene gehen sie beinahe ineinander über. Die Geschlechtlichkeit ist eine völlig natürliche Veranlagung. Der sexuelle Instinkt drängt Tiere und Menschen zur Paarung: Die Natur selber hat es so eingerichtet, damit die Gattungen nicht aussterben. Aber im Sexuellen ist von Liebe keine Rede. Die Liebe ist eine Kraft, die von hoch oben einströmt, während der Sexualtrieb... Selbstverständlich stammt die Sexualkraft auch von weit oben, ist eine göttliche Energie: Aber sobald sie in die menschlichen Organe einzieht, tut sie sich nicht mehr als solche kund. Alles kommt von Gott, und alle durch den Menschen strömenden Kräfte sind göttlichen Ursprungs[2]: Aber je nach dem Leiter, dem Organ, durch das diese Energien in Erscheinung treten, lösen sie unterschiedliche Wirkungen aus. Diese Urkraft ist der Elektrizität vergleichbar. Die Elektrizität ist eine noch unbekannte Energie: Wird sie in eine Glühbirne geführt, wandelt sie sich in Licht, und dennoch ist die Elektrizität kein Licht. In eine Heizplatte geführt, wandelt sie sich in Wärme, in einem Magneten wird sie Anziehungskraft, in einem Ventilator Bewegung. In gleicher Weise gibt es eine kosmische Urkraft, die je nach dem Bereich, durch den sie fließt, diesen oder jenen Ausdruck annimmt. Im Gehirn wirkend, wird sie zu Intelligenz und Urteilskraft. Wirkt sie im Solarplexus und Harazentrum, wird sie Empfindung und Gefühl. Im Muskelsystem wandelt sie sich in Bewegung, in den Fortpflanzungsorganen wirkt sie sich anziehend auf das andere Geschlecht aus. Es ist stets dieselbe Energie, aber sie wandelt sich entsprechend der Gegend, die sie durchfließt.

Die Sexualkraft stammt, wie gesagt, von hoch oben, aber in den Geschlechtsorganen löst sie Empfindungen aus, eine Erregung, ein Begehren nach Annäherung, und es ist durchaus möglich, dass überhaupt keine Liebe darin ist – wie bei den Tieren. Zu bestimmten Zeiten im Jahr paaren sie sich. Tun sie es aber aus Liebe? Häufig raufen sie sich und das Weibchen frisst das Männchen auf, wie es bei manchen Insekten, Spinnen oder dem Nonnenschleicher vorkommt. Soll das Liebe sein? Nein, es ist nichts anderes als Sexualität. Die Liebe keimt erst auf, wenn diese Kraft zugleich auch noch andere Zentren berührt: das Herz, das Gehirn, die Seele und den Geist. In dem Augenblick wird diese Anziehungskraft, dieses Sehnen nach einem Partner durch Gedanken, Ideen, einem ästhetischen Empfinden durchlichtet und verklärt. Es ist keine nur ichbezogene Befriedigung mehr, in der der Partner überhaupt nicht berücksichtigt wird.

Liebe ist Geschlechtlichkeit, wenn ihr wollt, aber erweitert, geläutert, verwandelt. Und darin gibt es mannigfaltige Stufen und Ausdrucksweisen, die sich kaum aufzählen und einordnen lassen. Es kann zum Beispiel vorkommen, dass ein Mann eine junge hübsche Frau lieb hat, ohne sich physisch besonders angezogen zu fühlen: Er möchte sie vor allen Dingen glücklich, gesund, gebildet, wohlhabend, gesellschaftlich gut gestellt wissen. Wie ist das zu erklären? Hier ist nicht so sehr von Geschlechtlichkeit als von Liebe die Rede, einem höheren Gefühl. Ein bisschen Geschlechtliches schwingt in dieser Liebe doch wohl mit, denn man kann sich fragen: Warum fühlt sich dieser Mann nicht zu einer anderen Frau hingezogen, einer alten oder hässlichen oder zu einem Mann? Geht man der Sache auf den Grund, entdeckt man dennoch eine Spur Sexualität. Es gibt also, wie ihr seht, verschiedene Grade: Wenn die kosmische Kraft aus höheren Sphären in euch einflutet, verschmelzt ihr mit himmlischen Bereichen, anstatt nur bei einigen grobsinnlichen Empfindungen zu verweilen, wie manche, die sich nach befriedigtem Liebesdrang gegenseitig abstoßen, verlassen oder gar verprügeln. Wichtig für sie ist nur, dass sie sich entladen, abregen, beruhigen, und wenn diese Kraft sich von neuem in ihnen ansammelt, lächeln sie wieder und werden zärtlich. Das sind lauter Berechnungen, Kniffe, die der Mensch gefunden hat, um dem Tierischen in ihm Befriedigung zu verschaffen.

Man darf demnach die Liebe nicht mit dem Sexualtrieb verwechseln. Man hat Bedürfnisse, Wünsche, und dies ist natürlich, vor allem wenn man jung ist, weil sich die Energie ansammelt. Die alles vorsehende Natur fand dies zur Vermehrung der Gattung notwendig. Wäre man kalt, von Impulsen und Instinkten befreit, würde es mit der Menschheit zu Ende sein. Die Natur drängt demnach die Geschöpfe dazu, sich physisch zu nähern, aber die Liebe ist etwas anderes.

Wie oft kommen Paare und fragen mich, ob ich denke, sie könnten heiraten! Aber dann stelle auch ich Fragen, damit sie sich in aller Bewusstheit über die Sache klar werden. Und ich frage: »Wie liebt ihr euch? Nur körperlich oder liebt ihr euch auch seelisch, in eurem Empfinden und Fühlen? Sprecht ihr euch außerdem auch intellektuell an? Schätzt ihr eure gegenseitigen Auffassungen und Anschauungen?« Nur unter der Voraussetzung, dass ihr in diesen drei Welten harmonisch übereinstimmt, verspricht eure Ehe ideal zu sein. Jeder dieser drei Bereiche hat seine eigene Beschaffenheit. Oft hält die körperliche Anziehung nicht lange an: Man ist nach einiger Zeit gesättigt, ja angeekelt. Die beiden anderen Bereiche sind weit beständiger. Stimmen eure Gefühle und Ideen nicht überein, werdet ihr euch nach einer bestimmten Zeit auseinander leben, selbst wenn ihr körperlich füreinander vergeht. Lässt die Sinnlichkeit nach und ist man gesättigt, hat man alles gesehen und gekostet, dann tauchen mehr und mehr die tieferen Gedanken und Neigungen auf, und in diesem Moment entfachen sich Widersprüche und Diskussionen bis zur gegenseitigen Vernichtung.

Darum Vorsicht! Die Jugend denkt nie genügend daran. Wenn ein Junge und ein Mädchen sich physisch anziehen, sich umarmen, dann denken sie, das sei ausreichend. Auf die beiden anderen Bereiche achten sie nicht, um festzustellen, ob sie sich auch dort verstehen. Diese Frage wird beiseite gelassen und danach tauchen abgrundtiefe Unannehmlichkeiten auf und die Idylle nimmt ein bitteres Ende. Wie oft habe ich es mit angesehen! Manchmal ist es umgekehrt. Leute, die sich körperlich in keiner Weise zueinander hingezogen fühlen, ja, sich sogar abstoßen, entdecken, dass sie dieselben Anschauungen, Neigungen, die gleiche Lebenseinstellung haben. Sie kommen ins Gespräch, finden Gefallen aneinander und schätzen sich gegenseitig so sehr, dass sie sich schließlich auch im Körperlichen bezaubernd finden. Das gleichartige Denken ist von großer Bedeutung: Das muss den Mädchen und Jungen gesagt werden, sonst ist eine rasche Trennung unvermeidlich. Liebe auf den ersten Blick genügt nicht, ein Verstehen in den drei Bereichen, im Physischen, Seelischen und Intellektuellen, ist unerlässlich.[3] Schaut, wie es früher bei den Türken oder anderen Völkern zuging. Die jungen Leute wurden oft, ohne sich vorher gesehen zu haben, verheiratet. Die Eltern oder der König schlossen die Ehen, und sie kannten sich nicht einmal vom Sehen. Da kam es häufig zu Überraschungen. Wenn sich die Frau zum Beispiel mit einem Buckligen, einem Einäugigen oder einem Kurzbeinigen verheiratet sah, waren die ersten Tage entsetzlich: Aber je länger es ging, desto wertvollere Eigenschaften entdeckten sie aneinander, es war fabelhaft! Heutzutage dagegen beharren die jungen Leute, der Warnung ihrer Eltern und der ganzen Welt zum Trotz, koste es was es wolle, auf ihrer Verbindung, die ungeachtet dessen, dass sie einander selber gewählt haben, nicht lange danach in die Brüche geht. Wie ist das zu erklären? Nicht nur durch das Sexuelle, die Erotik oder sonst was, wie die Sexologen es tun. Übrigens wissen sie nicht einmal, warum es gegenwärtig wieder so viele Homosexuelle gibt. Merkt euch abschließend, dass sorgfältig erwogen werden muss, bevor man heiratet, ob man sich ebenfalls im Ästhetischen, Seelischen und Gedanklichen gut versteht: Danach erst sollte man an das Körperliche denken, sonst setzt man sich großen Gefahren aus.

Nun, was sind Liebe und Sexualität? Die Sexualität ist eine rein eigensüchtige Begierde, die den Menschen antreibt, nur sein Vergnügen zu suchen. Und die Liebe? Die wirkliche Liebe denkt zuerst an das Glück des Partners, sie gründet auf dem Opferwillen: Aufopferung der Zeit, der Kräfte, des Geldes. Selbstverleugnung um des anderen willen, damit er aufblüht und all seine Anlagen entfaltet. Es gibt nichts Schöneres als die Liebe, eben wegen dieser Bereitschaft, etwas von seinem Eigenen zu verschenken. So liebt die Mutter ihr Kind: Es ist nicht Sinnlichkeit, die sie zum Lieben treibt. In Zeiten des Krieges, der Hungersnot darbt sie um des Kindes willen. Das ist Liebe! Das Geistige beginnt dort, wo die Liebe über dem Sexuellen steht, wenn der Mensch fähig ist, dem anderen zuliebe etwas von sich loszureißen.

Solange man nicht imstande ist, auch nur dem Geringsten zu entsagen, ist es nicht Liebe, was man fühlt, sondern sexuelles Verlangen. Wenn ein Mann sich auf ein Mädchen stürzt, um seine Triebe zu befriedigen, denkt er dann an des Mädchens Seelenfrieden, an seine Zukunft, seine Schönheit? Denkt er daran, dass er es entehrt? Nein, und er wäre selbst bereit es zu töten, um sich zu befriedigen. Das ist sexuelles Verlangen, ein tierischer Instinkt. Ihr werdet sagen: »Da ist nichts Göttliches dabei!« Doch, der Geschlechtstrieb ist göttlichen Ursprungs, nur wirkt er sich aber auf zu niedriger Stufe aus. Das Gute am Geschlechtstrieb ist, dass er die Erhaltung der Gattung sichert: Ist er aber lediglich aufs Genießen gerichtet, welch ein Jammer! Heutzutage wurden unvorstellbare Dinge auf diesem Gebiet erfunden. Die Pille natürlich, aber es werden noch viele andere Produkte und Gegenstände verkauft, die ich nicht nennen möchte. Nicht mehr um die Erhaltung der Menschheit geht es dabei, sondern ausschließlich um das Vergnügen.

Ich will die Frage nicht erörtern, ob diese Dinge sein sollen oder nicht. In Anbetracht der Stufe, auf der die Menschheit gegenwärtig steht, haben sogar Moralisten und Geistliche gefunden, dass sie zugelassen werden sollen, weil das Niedere, Tierische im Menschen noch so aktiv ist, dass es, falls zurückgedrängt, sich noch viel nachteiliger auswirken würde. Wie gesagt, ich will darüber nicht urteilen, ich meine nur, es ist schade, dass der Mensch noch so tief steht, noch nicht imstande ist, diese Kraft zu steuern und sie zu idealen Zwecken, geistigen Leistungen zu verwenden, sondern überdies noch zu künstlichen Mitteln greift, um sich in Sinneslust zu wälzen. Ich will zu diesem Thema nicht Stellung nehmen, denn es würde zu weit führen: Ich könnte es aber, um euch das Gute und das Verderbliche daran aufzuzeigen. Die Nachteile sind natürlich zahlreich, da der Mensch in den niederen Bereichen stecken bleibt, wo er verroht, erstarrt und viele psychische Fähigkeiten verliert. Andererseits freilich vermag er dadurch die Lage etwas zu lindern.

In Wirklichkeit ist die Sache nicht einfach, insbesondere für die Verheirateten. Verheiratet, ist man nicht mehr ganz frei, und will man dennoch unabhängig sein, ergeben sich daraus alle möglichen Schwierigkeiten. Ist euer Ehemann wie ein Stier gebaut, möchte er immerzu. Und ihr, die ihr geistiger veranlagt seid, müsst immer nachgeben. Da seht ihr, wie viele unvereinbare Zustände sich in der Ehe einstellen können, wenn die Partner nicht zusammenpassen. Ein Stier mit einer Taube, wie soll das gehen?

Aber ihr dürft es nicht so verstehen, dass ich gegen die Ehe bin. Ich sage nur, dass es ein sehr gewagtes Unternehmen ist, und dass man nie recht weiß, wie es ausgeht. Die Ehe ist die Begegnung zweier Unbekannter, und das Ergebnis ist ebenfalls eine Unbekannte. Am Anfang zeigt sich jeder der beiden Partner von seiner besten Seite, aber dann, in der Vertraulichkeit, kommen die Schwächen und Krankheiten sowie verborgene

Grausamkeiten zum Vorschein. Es ist ein Risiko. Ich habe euch einmal verraten, warum ich nicht geheiratet habe. Nicht aus demselben Grund wie jener Geistliche, der eines Tages einem Bekannten sagte (er hörte natürlich auch Frauen die Beichte ab): »Wenn du nur an meiner Stelle wärst und hören würdest, was Frauen beichten, frage ich mich, ob du noch heiraten möchtest.« Ich weiß nicht, was die Frauen erzählen, aber sie sollen ja Sachen vorbringen! Ich habe aus einem anderen Grund nicht geheiratet, nämlich deshalb, weil der Unterhalt einer Frau zu teuer ist. Und da ich ein Geizhals bin, habe ich nicht geheiratet. Ob es stimmt, sei dahingestellt.

Die Geschlechtlichkeit ist demnach Liebe, aber eine zu tief hinabgesunkene, die allein auf die Befriedigung der niederen Menschennatur gerichtet ist. Es ist Liebe, aber eine bis zur Unkenntlichkeit entstellte. Sicherlich sind Gebärden, Umarmungen, Küsse dieselben, darin besteht kein Unterschied. Der Unterschied liegt in der von den Energien eingeschlagenen Richtung. Werdet ihr nur durch Sinnlichkeit getrieben, kümmert ihr euch nicht um das Wohl des Partners: Werdet ihr aber von der Liebe getragen, seid ihr ausschließlich auf seine Beglückung bedacht. Sexualtrieb und Liebe sind im Physischen nicht sehr verschieden, ihr Unterschied tritt lediglich im psychischen, geistigen Bereich zutage. Und wie? Das eben will ich euch aufzeigen.

Keiner von den Physiologen, Psychiatern, Sexologen, die sich mit dem Sexualproblem befassten, haben je entdeckt, was während des Sexualaktes im feinstofflichen, ätherischen und fluidalen Bereich geschieht. Sie wissen, dass dabei Reizungen, Spannungen, Ausscheidungen auftreten und haben sie sogar eingestuft. Was sie aber nicht wissen, dass im ersten Fall, bei der rein physischen, biologischen, ichsüchtigen Geschlechtlichkeit, vulkanartige Ausbrüche stattfinden, die sich durch Formen, Farben, Ausströmungen kundtun, die ein Hellseher wahrnehmen kann. Diese Dünste sind sehr dicht, von düsteren Schmutzfarben, mit vorherrschendem trüben Rot: Und all diese Ausdünstungen werden von der Erde aufgesogen, wo zahlreiche Wesen auf diese belebenden Kräfte warten, um sich zu sättigen. Es sind Geschöpfe von niederer Entwicklungsstufe, die sich häufig bei den Liebespaaren gütlich tun. Jawohl, denn die Liebenden geben Festmahle. Früher war es Sitte, dass Könige und Fürsten anlässlich einer Hochzeit oder eines Sieges öffentliche Festgelage veranstalteten, die drei, vier, fünf Tage und bis zu einer Woche dauerten. Dann kamen auch die Bettler und Landstreicher, alle Armen des Landes herbei, weil stets auch für sie etwas abfiel. Unter einer, von der Wissenschaft noch nicht entdeckten Form, vollzieht sich bei den Liebenden das Gleiche. Bei ihrer Vereinigung geben sie ebenfalls ein Festgelage in aller Öffentlichkeit, vor einer Menge anderer Geschöpfe. Selbst wenn es im Verborgenen geschieht, kommen fremde Gäste, um zu schmausen, und oft sind sie es, die alles aufzehren, weil in diesen Ergüssen nur sehr Weniges für die Seele, den Geist, das Göttliche enthalten war. Das ist der Grund, weshalb diese Austausche den Verliebten nur wenig Gutes einbringen, ganz im Gegenteil, wenn sie lange Zeit so weitermachen, merken Außenstehende, dass sie abgleiten, dass in Blick und Gesichtsfarbe, in ihrem ganzen Verhalten, bis hinein in ihr Denken und Urteilen, sich etwas verdüstert hat. So weit ist es gekommen, weil ihre Liebe noch allzu grob und sinnlich war, so dass sie unheilvolle Geschöpfe einließen, statt ihnen den Eintritt zu verwehren und dafür Engel, Erzengel und lichtvolle Geister einzuladen, die doch auch gespeist werden möchten.

Wenn ein Magier eine Zeremonie vornimmt, zieht er zuallererst einen schützenden Kreis um sich, und die bedrohlichen Geister ringsum, die ihn zu zerstören und niederzuschmettern beabsichtigen, können nicht eindringen, weil er in diesem Kreis wie in einer Festung in Sicherheit ist.[4] Das ist's, was man die

Verliebten nie gelehrt hat! Sie haben nie gelernt, wie sie sich schützen sollen, und das veranlasste mich eines Tages, etwas sehr Gewagtes vorzubringen. Jawohl, ich sagte, dass die Verliebten der ganzen Welt es sind, die das Leiden der Menschheit nähren, und wenn die vielen Kriege, Krankheiten und Katastrophen noch weiterbestehen, dann ausgerechnet wegen all denen, die unbesonnen wie die Tiere auf eine stumpfsinnige, ekelhafte, teuflische Art lieben. Sie liefern den auf das Verderben der Menschheit sinnenden Geistern Material, das sie stärkt, nährt und anfeuert. Wenn die Liebespaare das wüssten, wären sie todunglücklich und angewidert von ihrem Tun, sie gäben alles daran zu erfahren, wie man lieben soll, damit das Reich Gottes und seine Gerechtigkeit sich auf Erden einstellt. Sie würden begreifen, dass die vergeistigte Liebe die Grundbedingung für die Verwirklichung des Reiches Gottes ist. Darum ist die Liebe von so großer Bedeutung.

Der derzeitige Zustand der Menschheit rührt daher, dass sie die Liebe nicht einem erhabenen Ziel zuwendet, sondern nur dem eigenen Genuss. Das Genießen hilft nicht weiter. Ihr werdet sagen: »Aber wenn man gar keinen Genuss haben darf.« Doch, wenn man weiß, wie man lieben soll, wird man zehn Mal mehr und größere Freude empfinden. Die Freude ist die Folge einer Handlung, die mit anderen Substanzen, anderen Schwingungen in Einklang steht: Gelingt die vollkommene Übereinstimmung mit der göttlichen Welt, dann ist diese Freude noch bis ins Unendliche erweitert und gesteigert. Die Natur will uns die Beglückung nicht vorenthalten. Gegenwärtig empfindet man wohl ein bestimmtes Vergnügen, doch ist es grob und sinnlich und muss so teuer bezahlt werden, dass es sich nicht lohnt. Freude muss der Mensch haben, doch sollte es ein derart erweitertes und verfeinertes Gefühl sein, dass es ihm das Universum in seiner ganzen Schönheit erschließt, ihn lichtvoll, schön, ausdrucksvoll, mächtig und wirkkräftig macht. Von einer solchen Freude getragen zu werden, lohnt sich, und die

Natur wird sie keinem streitig machen. Damit rücke ich das Thema in sein wahres Licht, glaubt mir, ich erfinde nichts. Die Liebe ist das größte Geheimnis, das es gibt: Man weiß nur sehr wenig davon und betreibt sie weiterhin gedankenlos und ohne sie zu begreifen. Deshalb tappt man blindlings umher, macht sich unglücklich und das noch bis in alle Ewigkeit. Wenn die Wissenschaft auch unerhörte Entdeckungen macht, wird die Menschheit, solange die Frage der Liebe nicht völlig geklärt ist, nicht aus ihren Leiden herausfinden. Die mir zuteil gewordene Sichtweise ist es, die mir erlaubt, diese Frage klar zu überschauen. Nun, wie soll man denn lieben? Das werdet ihr in unserer Lebensschule lernen. Man isst, aber nicht, wie es sich gehört. Man arbeitet, aber nicht im richtigen Rhythmus. Man atmet, aber nicht naturgemäß. Und man liebt nicht nach dem göttlichen Gesetz. Alle bilden sich ein, sie könnten essen, atmen, denken usw. Nein, auch zu arbeiten verstehen sie nicht. Ihr sagt: »Wie? Ich weiß nicht, wie man arbeitet?« Nein, ihr arbeitet in verkrampfter, mürrischer und empörter Verfassung, und davon seid ihr krank. Alle behaupten die Arbeit mache sie müde und krank, ich aber sage, ihre Arbeitsweise ist daran schuld. Die Arbeit schenkt Gesundheit, Glück und Freude. Ohne Arbeit seid ihr verloren.[5] Unlängst sprach ich von Übungen, die man beim Umstellen von Gegenständen ausführen soll, in welcher Weise man ein Glas berührt oder Wasser einschenkt, so als ob jede Körperzelle mitsänge und tanzte. Versucht es, stellt die Dinge liebevoll um, so werdet ihr merken, dass die Harmonie eurer Gesten den ganzen Tag über auf euch zurückwirkt. Ich habe mit angesehen, wie die Leute den Möbeln Fußtritte geben, die Türen zuschlagen, die Stühle herumstoßen. Es ist ihnen entgangen, dass sie sich durch diese Art und Weise, wie sie die Dinge tun, in diesen oder jenen Zustand versetzten. Versucht es doch, und wenn ihr an einem Tag erregt und aufgebracht seid, dann sagt: »Ach!

Das ist der richtige Augenblick, um mich zu üben.« Dann nehmt ihr einen Gegenstand, streichelt ihn liebevoll, und alsbald werdet ihr fühlen, dass sich etwas in euch wandelt, andere Ströme wirken. Das wissen die Menschen nicht: Ziellos und aufgeregt rennen sie in einem fort herum, anders geht es nicht. Anstatt zu sagen: »Ich fühle es, heute laufe ich Gefahr, alles in mir durcheinander zu bringen, ich muss meine Handlungen und Worte einem neuen Rhythmus unterwerfen«, bemerken sie nichts. Begegnet man ihnen, gebärden sie sich mit übertriebener Geschäftigkeit und sprechen wie Maschinenpistolen...! Kurz danach sind sie unvermeidlich krank.

In der Liebe verhält es sich ebenso: Die Menschen können nicht lieben, und dann kommen sie zu mir, um sich zu rechtfertigen: »Meister, Sie ahnen nicht, wie schrecklich die menschliche Natur ist!...« Nun ja, ich kenne die menschliche Natur nicht!... Und ich antworte ihnen dann, dass sie diese menschliche Natur, die durch eigene Schuld unbezähmbar geworden ist, auch bessern und veredeln können. Bis dahin haben sie keinerlei Anstrengungen in diesem Sinne gemacht, und so haben sie natürlich jetzt eine schwierige Natur. Das ist die Erklärung, es ist unnütz sich rechtfertigen zu wollen. Die Menschen sind nicht bereit, Anstrengungen zu machen, weil es, wie sie sagen, unmöglich ist, etwas zu ändern. Doch, es ist möglich. Wenn ihr euch darin übt, werdet ihr in einigen Jahren nicht mehr derselbe und mit eurer Liebe viel glücklicher sein: Das Glück wird ein Dauerzustand werden. Die echte Liebe verlässt euch nie. Ihr werdet sagen, dass ihr diese Liebe nicht kennt. An wem liegt es? Ihr habt nichts getan, um sie zu erfahren. In Zukunft sollt ihr, selbst wenn ihr es nicht so weit bringt, sagen: »Der Meister hat von dieser Liebe gesprochen und ich will sie kennen lernen.« Dennoch beklagt man sich immer, die Wirklichkeit sehe ganz anders aus. Die Wirklichkeit, als ob dieses Wort alles entschuldigt! Es gibt nämlich Wirklichkeiten und Wirklichkeiten, meine lieben Brüder und Schwestern!

Ich leugne nicht, dass das Sexuelle eine Wirklichkeit ist, aber eine zu niedere, zu tierische. Es gibt eine andere Wirklichkeit, die ebenso greifbar, aber feiner ist. Manchen Wesen ist es gelungen, diese Wirklichkeit zu leben und jetzt kann nichts in der Welt sie überreden, sich hinunterzubegeben, um es wie die anderen zu machen. Sie wollen nicht. Während sich die andern um nichts in der Welt überzeugen lassen, zumindest versuchsweise ihre Liebe zu erweitern, zu erhöhen. Sie lassen diese großen Wahrheiten beiseite, die ihnen Erlösung bringen könnten; sie gleiten weiterhin ins Animalische ab, und dann muss man sich nicht wundern, dass sie aus dem Gleichgewicht geworfen, verwirrt und zerrissen sind, es war nicht anders zu erwarten. Ihre Liebe vermochte nur wenige Minuten wunderbar zu sein: Zurück blieben Asche und Schlacken. Man sagt: »Es war göttlich schön«; ja, es hat aber nicht angedauert; das Gold ist zu Blei geworden. Die andere Liebe hingegen bleibt lauteres Gold, unoxydierbar. Ich weiß wohl, diese Liebe ist nicht leicht zu verwirklichen, weil auf dem Menschen ein Erbe lastet, gegen das er ankämpfen muss: Seit Jahrtausenden hat die Menschheit von der Liebe eine ganz bestimmte Vorstellung, die sich in alle Zellen eingeprägt hat, und es ist nicht leicht sie auszutreiben. Aber weil es euch nicht gelingt, von heute auf morgen eure Auffassung von der Liebe zu wandeln, liegt kein Grund vor, dass ihr dem, was die Eingeweihten sagen, keinen Glauben schenken sollt. Seid ihr außerstande euch zu ändern, so beweist das lediglich eure Charakter- und Willensschwäche, aber nicht, dass die Eingeweihten euch betrügen. In dem Maße, wie die niederen Neigungen vorherrschen, müsst ihr sie befriedigen. An dem Tag aber, da es euch gelingt, edle, erhabene, göttliche Neigungen zu entfalten, wird es wunderbar, ihr schwebt in der All-Liebe wie in einem Weltmeer, während ihr euch vorher nur von einigen, da und dort verteilten Tropfen nähren musstet. Und um ihrer habhaft zu werden: was für ein an Enttäuschungen und Leiden reiches

Leben! Habt ihr euch erst in diesem kosmischen Weltmeer eingefunden, schöpft ihr unablässig daraus und braucht nicht mehr bei den anderen um ein paar Tropfen Liebe zu betteln.

Ich weiß, was ich da sage, wird manchen unverständlich sein. Nun, mögen sie tun, was in ihrer Kraft steht, in der Hoffnung, dass es ihnen in einigen Inkarnationen gelingt, ihre Liebe zu veredeln. Sie dürfen sich nicht umbringen! Denen, die bereits in früheren Inkarnationen in diesem Sinne gearbeitet haben, fällt es leichter, sich auf der physischen Ebene mit Wenigem zufrieden zu geben und sich dann sogar völlig zu befreien, und die ganze Liebe oben, im Geistigen zu kosten. Die dazu Fähigen sind natürlich sehr selten. Wie viele Geistliche haben sich zum Zölibat bekannt und wussten nicht, was sie sich aufgebürdet haben! Sie waren noch jung, kannten sich und die menschliche Natur nicht und eines Tages, als die Triebe und Leidenschaften erwachten, erlagen sie. Welch ein Kampf! Ja, welch ein Jammer für die Männer und Frauen in den Klöstern! Dann ist es besser zu heiraten und Kinder zu haben, als sich dort in einem Kloster zu quälen und die Braut Jesu sein zu wollen, während man in seiner Einbildung unaufhörlich mit anderen Ehebruch begeht. In dem Fall ist es besser, die Klöster zu verlassen. Gott ist viel weitherziger. Er hat nie verlangt, dass man sich ausschließlich Ihm weihen solle, wenn das mit Qualen verbunden ist. Viel angenehmer ist es Ihm, man tut Gutes, indem man eine Familie gründet, anstatt ein aus dem Gleichgewicht geratenes und unordentliches Leben zu führen und die Umwelt jahrelang durch seine unbefriedigten Wünsche zu verpesten.

Es hat selbst Heilige gegeben, die ihr ganzes Leben hindurch solche Pein gelitten und erst ganz am Ende den Frieden fanden. Die heilige Theresa von Avila war sehr leidenschaftlich und selbst die heilige Theresa vom Kinde Jesu. Man weiß nicht, wie sie gelebt, wie vielen Versuchungen sie ausgesetzt war. Sie hat sie überwunden, aber ein so kleines, niedliches

Mädchen, mit sanftem und zartem Gesicht, wie man sie darstellt, war sie nicht! Nein, sie war stark und voll Lebenskraft. Ich bewundere und liebe die heilige Theresa sehr, nur gibt man ein ganz falsches Bild von ihr, im Glauben, den wahren Sachverhalt dadurch verbergen zu können! Auch noch andere Heilige waren bis zum letzten Atemzug sehr heißblütig. Ich habe euch übrigens schon in anderen Vorträgen erklärt, dass diejenigen, die ihre Sexualkraft zu nutzen wissen, über einen unschätzbaren Reichtum verfügen. Denn diese Kraft ist eine wundervolle Gnade. Viele wollen sich das Leben nehmen, weil sie diese Glut in sich fühlen und sich verdammt wähnen. Sie haben nichts begriffen, und die Kirche gab keinerlei Aufklärung. In der Einweihungswissenschaft werden die Dinge anders dargestellt. Die Sexualkraft ist ein Geschenk Gottes, mit dem man vernünftig umgehen muss. Diejenigen, die viel Kohle oder Heizöl in ihrem Untergeschoss haben, werden mehrfache Millionäre, wenn sie sie nutzen. Wer es nicht kann, verbrennt sich. Die Sexualkraft ist eine Energie, die der Mensch verwerten muss, um Licht zu verbreiten, Wärme zu spenden und innerlich alles in Gang zu setzen. Anstatt so befangen, betrübt und entmutigt herumzugehen, weil ein Feuer in ihm lodert, soll er den Kopf hoch tragen, im Bewusstsein: »Ja! Ich bin vom Glück begünstigt, ich will daran gehen, fabelhafte Leistungen mit dieser Energie zu vollbringen.«

Viele Brüder und Schwestern kamen zu mir und klagten über Unpässlichkeiten und Gleichgewichtsstörungen, und ich sagte ihnen: »Warum habt ihr zu lieben aufgehört? Eure Unpässlichkeiten und Nöte rühren daher, weil ihr die Liebe in euch unterdrückt habt, dann hat sie sich gestaut und alles verwüstet. Die Liebe ist ein reißender Strom, nur wusstet ihr es nicht, ihr wart euch darüber nicht im Klaren, und jetzt hat er alle Schranken mitgerissen. Wollt ihr euch von diesen Unruhen befreien, gilt nur eines: lieben, lieben, bedingungslos alle Wesen, die ganze Schöpfung lieben! Diese Energie muss sich ihren Weg nach oben bahnen, ihr habt sie unterdrückt, weil ihr Angst hattet; ihr hieltet eure Liebe zurück, um nicht zu Fall zu kommen, und jetzt ist es noch schlimmer; das heißt mit andern Worten: Wisst, wie ihr lieben sollt, so werdet ihr euch nicht genötigt fühlen, wie alle andern zu lieben, weil die Energie sich nicht ausschließlich an einer Stelle sammelt, um euch zu peinigen, sondern einen neuen Weg einschlägt. Solange ihr euch zu lieben weigert, quält euch diese Kraft, ihr müsst lieben, um Erlösung zu finden.«

Aber wer begreift das, was ich sage? Darum heißt das Einzige, was euch retten kann, unablässig alle Geschöpfe lieben! Es wird keine Zeit mehr bleiben zum Abquälen, so sehr seid ihr beansprucht! Die Energie hat sich anderswohin begeben. Während ihr jetzt umso entfesselter seid, je mehr Berechnungen ihr anstellt, euch zurückhaltet und mit der Liebe geizt. Lasst eurer Liebe freien Lauf, sofern ihr wirklich zu lieben angefangen habt. Etwas mehr Großzügigkeit, mein Gott, das ist die Rettung! Verschenkt sie ganz, eure Liebe! Ich tue das, ich habe das Geheimnis entdeckt. Natürlich gelte ich bei allen als ein wenig einfältig: Es heißt: »Der mit seinem weichen Herzen, er ist zu bedauern. Wir verschwenden unsere Kräfte nicht so ohne weiteres, wir sind klug und weise.« Dafür haben sie aber auch das Geheimnis nicht entdeckt, das ich gefunden habe: Liebe zu allen Geschöpfen, ohne Ausnahme.

Es mag sein, dass diese Theorie den Ehemännern und Ehefrauen nicht zusagt. Der Ehemann wird sagen: »Das ist für mich sehr nachteilig. Wenn meine Frau nun alle Männer liebt, was bleibt mir dann? Ich möchte ihre ganze Liebe!« Und die Frau sagt bezüglich des Ehemannes dasselbe. Wie viele junge Mädchen habe ich gesehen, die vor der Heirat charmant, ansprechend und lebensfroh waren und einige Zeit nach der Hochzeit, infolge des Egoismus ihres Ehemannes, sehr bald vollkommen gedrückt und verschlossen aussahen! Die Ehemänner und Ehefrauen sind nur zu oft egoistisch und aufs eigene Wohl bedacht, das ist die Ursache von vielem Unheil. Möchte doch der Ehemann verständnisvoller werden und sich freuen, wenn er sieht, wie seine Frau zu allen Leuten freundlich ist! Stattdessen ist er missmutig, weil seine Frau dem und dem zugelächelt hat. »Der werde ich's zeigen« denkt er. Und es folgen Streitigkeiten und Zerwürfnis. Aus Egoismus und Selbstsucht wurden Bräuche eingeführt, die dem Glück nicht besonders förderlich sind. Großmütigkeit allein kann euch retten. Das will nicht heißen, dass die Frau alle Männer umarmen und mit ihnen ins Bett soll. Nein, das meine ich ganz und gar nicht. Körperlich gehört die Frau nur ihrem Mann. Lediglich in ihrem Herzen muss sie sich weiter öffnen und alle Wesen lieben, bis zu den Engeln, zu den Erzengeln, Heiligen, Propheten, Dichtern und Musikern. Filmschauspieler nicht ausgenommen, die liebt sie ohnehin!, daran kann der Ehemann sie nicht hindern, die Frau liebt insgeheim stets irgendeinen Filmstar. Was wollt ihr? Der Ehemann übrigens auch. Es gibt immer irgendwo einen oder mehrere Sterne. Natürlich sagt er seiner Frau nichts davon, aber wenn er diese Schauspielerinnen auf dem Bildschirm sieht, dann oha! Und er denkt nicht selten: »Wenn meine Frau so wäre wie sie!« Doch muss er wohl oder übel die Frau ertragen, die er hat. Könnte man einen Blick in die Familien werfen, was würde man entdecken! Aber lassen wir das.

Vorhin habe ich euch offenbart, was sich im Feinstofflichen zuträgt, wenn die Verliebten sich nur ihrem sexuellen und tierischen Instinkt hingeben. Wenn sie jedoch aufgeklärt sind, von der Liebe eine hohe Vorstellung haben und wissen, dass sie dank dieser schöpferischen Kraft das Reich Gottes fördern und verwirklichen helfen – und wenn sie sich dann in dem Bewusstsein lieben und umarmen, dass diese Liebe einem erhabenen Ziel dient – dann gehen Schwingungen und Ströme anderer Art von ihnen aus. Sie sind von einem solchen Reichtum, einer solchen Schönheit, dass selbst die Engel sich wundern und ihnen entzückt Geschenke bringen. Die Liebe ist demnach nicht immer dieselbe. Es hängt von dem Ziel ab, auf das sie gerichtet ist. Die Gebärden sind dieselben: Welche Einstellung ihr auch habt, ihr müsst euch stets dem Wesen nähern, es an euch ziehen, umarmen, streicheln, daran ändert sich nichts. Der Unterschied besteht in dem, was ihr in eure Gebärde hineinlegt, und das allein zählt. Auch das wissen die Leute nicht. Für sie ist nur euer Verhalten wichtig, und dementsprechend urteilen sie. Sie sagen: »Ha! Ich habe gesehen, wie er diese oder jene umarmte.« Darauf schaut der Himmel nicht, sondern auf das, was ihr in euren Kuss gelegt habt, ihr habt euren Partner geheilt, der Himmel wird es euch lohnen. Hier werdet ihr verurteilt, oben belohnt man euch. Erklärt den Menschen, dass es nicht auf die Gebärde ankommt: Sie sehen nur eine Seite.

Die Liebe kann unbeschreiblich schön, bereichernd und verfeinert sein, dass einem die Worte fehlen, es zu beschreiben. Alles hängt davon ab, wie man liebt. Legt ihr in eure Liebe etwa Ewiges und Unsterbliches, Reinheit, belebende Lichtkraft, dass der geliebte Partner dank eurer Liebe wächst, aufblüht und sich entfaltet, dann bezeigt ihr ihm wahrhaftige Liebe; denn echte Liebe soll den Geliebten in jeder Beziehung fördern. Stellt ihr aber fest, dass der Mensch, dem ihr eure Liebe schenkt, seine Fröhlichkeit und Lebensfrische einbüßt, müsst ihr euch über euer Gefühl Rechenschaft geben und fragen: »So habe ich also diesen Mann, diese Frau zugrunde gerichtet? Vorher sah sie blendend aus, und jetzt ist sie eine Ruine.« In diesem Fall habt ihr keinen Grund stolz zu sein, sondern müsst danach suchen, wie sich der Fehler wieder gutmachen lässt. Kraft eurer Liebe sollte der andere Mensch wachsen; erst wenn ihr seht, dass er sich dank eurer Liebe entfaltet, dürft ihr glücklich und stolz sein und dem Himmel danken, dass es euch gelungen ist, ihm zu helfen und ihn zu schützen. Um diese Dinge kümmern sich die Leute gewöhnlich nicht: Sie kommen nur und sagen: »Ich bin ja so verliebt! Ja, antworte ich, ich weiß, dass ihr liebt, doch so wie man das Hähnchen liebt, das man in die Bratpfanne legt, um es zu verspeisen: Ihr liebt es, verzehrt es und aus ist's.« Nein, die Liebe darf niemals verzehren, das heißt zugrunde richten. Darum ist die Liebe, wie ich sie verstehe, so weit von dem entfernt, was die Menge oder die in dieser Hinsicht belehrte Jugend darunter versteht.

Überall ist von Liebe die Rede, in Schlagern, Filmen, Romanen, nur sie ist an der Tagesordnung. Sie wird besungen, verherrlicht, nur hat man sie zu tief herabgezogen. Ich weiß sogar einiges über das Bestehen der pornographischen Literatur. Nun, dort sagt man euch rundweg, wie man es macht, es dreht sich nur um das Tierische, den Sex. Ja, ich begreife wohl, dass bestimmte Dinge gesagt werden müssen, aber sich nur mit dieser niederen Stufe zu befassen, ist meines Erachtens keine Wissenschaft, kein Fortschritt. Dass es den Sex, die Triebe gibt, ist nicht zu leugnen, aber man sollte doch wenigstens versuchen, einiges zur Veredelung und Vergeistigung beizufügen! Ich bin nicht gegen die körperliche Vereinigung, aber wenn ich sehe, was vor sich geht, fühle ich, dass die Menschheit abstürzt, und das Licht schwindet. Und wenn das Licht der Vernunft verlöscht, der Mensch nur noch seinen Trieben frönt, wirkt sich das katastrophal im Gesellschaftsleben aus, es führt zu Gewalttätigkeit und Entartung. Wie viele Kulturen schon sind infolge ihres ausschweifenden Lebens untergegangen! Und wenn die Menschen nicht zur Vernunft kommen, wird auch unsere Zivilisation untergehen. Ich weiß, es ist sehr schwierig, die Menschen, insbesondere die Jugend, zur Besinnung zu bringen. Es wurde ihr lediglich das Physische der Liebe vorgestellt. Was soll sie dann tun? Künftig muss die Jugend unterrichtet werden, dass die Liebe in Wahrheit eine umfassende, unendlich reiche Welt ist, muss erfahren, bis zu welchen Höhen die kosmische Intelligenz, ihrem hohen Plan gemäß, die Menschen zu führen vorgesehen hat.

Für die Mädchen und Jungen, die heute zum ersten Mal hier sind, möchte ich noch einige Worte hinzufügen, um ihnen zu helfen. Ihr denkt vielleicht, ich bringe zu Anstößiges vor. Das ist aber nichts im Vergleich zu dem, was die Jugend gegenwärtig in Erfahrung bringt. Ihr wärt entsetzt, wenn ihr wüsstet, über was für Sachen die 12- und 13-Jährigen sich unterhalten! Was ich sage ist nichts dagegen. Einmal kam ein junges Mädchen zu mir, hübsch, sympathisch, und aus seinem Benehmen zu schließen, wohlerzogen. Nun aber gestand es mir, dass es todunglücklich sei, weil es von einem Bild verfolgt werde: Es sehe in jeder Blume, jeder Frucht, allen Gegenständen und selbst an der Zimmerdecke den Phallus. Und weil sie sehr gläubig und streng katholisch war, wähnte sie sich verdammt und in Sünde gefallen. Als sie ausgeredet hatte, fing ich an zu lachen. Sie blickte mich erstaunt an, worauf ich ihr zur Antwort gab: »Darf ich dir einen Rat geben, wie dem abzuhelfen ist?« »Oh ja, bitte«, sagte sie. Und ich erklärte ihr: »Es ist nichts Schlimmes, nichts Schlechtes in dem, was du mir sagst. Es ist durchaus normal und natürlich: Solche Dinge widerfahren mehr oder weniger allen Menschen, es ist kein Anlass zum Verzweifeln. Die um die Erhaltung des Menschengeschlechtes besorgte Natur selber ruft diese Bilder in der Fantasie des Menschen hervor. Bei den Männern verhält es sich genauso. Wenn du meinst, dass sie nie und nirgends etwas sehen! Es handelt sich nur darum zu wissen, was man mit diesen Bildern anfangen soll, sonst gerät man in solche Zustände, in denen du dich jetzt befindest. Du musst folgendermaßen vorgehen: Wenn du das Bild erneut auf einer Frucht oder einem Gegenstand erblickst, schaue es ruhig an – anstatt ängstlich wegzusehen, doch darfst du nicht lange darauf verweilen, sonst könnte Begehrlichkeit erwachen, die dich dann zu trostsuchendem Verhalten treibt. Damit es nicht so weit kommt, musst du Betrachtungen anstellen, zum Beispiel an die hohe Vernunft denken, die diese Organe geschaffen. Du überlegst, sinnst darüber nach und denkst mit Bewunderung, wie die kosmische Intelligenz solche wundersamen Dinge hat bilden können, und schon ist das Übrige vergessen. Verharrst du jedoch bei dem Bild, kannst du dich nicht mehr davon lösen. Nimm das Geschaute nur als Ausgangspunkt, um dich bis zum Ursprung aufzuschwingen. Fehlt dieser Ausgangspunkt, wie will man denn das hohe, vorbestimmte Ziel erreichen? So aber erhält man von Zeit zu Zeit einen Antrieb, findet einen Anlass, um sich aufzuschwingen. Man darf aber nur kurz dabei verweilen, sonst sinkt man ein und verliert sich. Das Bild soll geistig verwertet werden. Leider verstehen es die Menschen nicht, sich durch das Denken von der Sache zu lösen, Abstand zu gewinnen und diese Dinge mit Staunen zu betrachten: Sie ahnen nicht, dass sie sich durch das Bewundern aufrichten. Stattdessen sagen sie: »Was muss ich sehen? Das ist ja widerlich, ekelhaft und teuflisch«, und solches Denken richtet sie zugrunde. Ersetze diese alte Auffassung durch eine neue und sage: »Welche Schönheit! Welche Pracht! Wie klug hat es die Natur angestellt, so etwas Zweckmäßiges auszuarbeiten!« Dann ergreift dich bewunderndes Staunen, und du hast kein Verlangen mehr, dir das Leben zu nehmen.« Nach dieser Erklärung ging das junge Mädchen beglückt von dannen.

Hat der Herr die Dinge in solcher Weise eingerichtet, so hatte Er seine guten Gründe dafür. Wozu alles abwerten und Seine Schöpfungen verbessern wollen? Man bemängelt Gottes Plan, weil man sich einbildet, es besser zu können. Aber das ist schlimm und wird bestraft. Man muss das von Gott Geschaffene bewundern: Er wusste, warum Er es schuf. Wir haben nicht das Recht zu urteilen. Welch irrige Ansichten wurden den Menschen beigebracht! Ihr sagt, das sei gewesen, um sie in der Reinheit und Keuschheit zu halten. Aber es ist genau das, was sie drängt, alle Gesetze der Reinheit zu übertreten, denn alles, was man als teuflisch und niedrig darstellt, verleitet sie erst recht, es kennen lernen und ausprobieren zu wollen.

Meint ihr, wenn man alles als hässlich und ekelhaft verpönt, was den Sex betrifft, werde niemand mehr etwas davon wissen und damit zu tun haben wollen? Wie kommt es dann, dass die Mehrheit der Leute, die anscheinend an die Abscheulichkeit dieser Dinge glaubt, sich dennoch Tag und Nacht in der Gosse wälzt? Es wurde also nichts verhindert, ganz im Gegenteil. Auch Beaudelaire sagt ja, dass das Wissen, ein Verbrechen zu begehen, das Lustgefühl erhöht. Ja, wenn man weiß, dass etwas verboten und frevelhaft ist, steigert sich das Vergnügen. Ob es stimmt oder nicht, dazu möchte ich keine Stellung nehmen. Ich wollte nur sagen, dass es nicht die richtige Lösung war, den Sex zu verpönen: Denkt ihr aber anders über ihn, ist euch geholfen.

Ich habe bereits in Izgrev und Bonfin vorgetragen, dass es immer darauf ankommt, wie man die Dinge und Wesen einschätzt. Ich sagte den Brüdern: »Je mehr ihr denkt, dass die Frau ein göttliches Wesen ist, desto weniger habt ihr das Verlangen sie zu beschmutzen.« Die Ursache aller Ausschweifung und Zügellosigkeit ist darin zu suchen, dass die Männer niemals gelernt haben, wie sie die Frauen betrachten, noch die Frauen, wie sie die Männer betrachten sollen. Wenn der Mann in der Frau ein Weibchen, eine Dirne, ein Lustobjekt sieht, ist sein Verhalten schon vorbestimmt, er wird nicht umhin können, seinen Leidenschaften freien Lauf zu lassen. Sieht er in ihr aber eine Gottheit, wandeln sich seine Gefühle, sein Verhalten. Jesus sagte: »Euch geschehe nach eurem Glauben.«[6] Jawohl, die Dinge werden zu dem, wofür wir sie halten, es ist ein magisches Gesetz. Darauf wurde noch nicht genügend hingewiesen. – Man meint, man könne die Art zu lieben ändern, ohne zugleich seine Ansicht über die Frau zu ändern. Nein, es ist sehr schwer sein Lieben zu wandeln! Ändert eure Einstellung einem Wesen, einem Gegenstand gegenüber, so macht es sich in euren Gefühlen, Neigungen und Verhaltensweisen bemerkbar. Ich handle nach dieser Erkenntnis: Für mich ist die Frau eine Gottheit. Ihr sagt: »Mein Lieber, wie weit sind Sie von der

Wahrheit entfernt! Wüssten Sie nur, was Frauen sind!« Meint ihr, ich weiß es nicht? Aber ich weigere mich, daran zu denken, will nicht wissen, was sie sind noch was sie sein mögen, und dies hilft mir: Ich tue es für mich. Wenn ihr glaubt, ich wisse nicht, was Frauen sind! Ich hätte allen Grund sie für das niederträchtigste Wesen zu halten, das es gibt: Aber ich will, dass sie mir ein himmlisches Wesen sei. Ich betrachte die Frau als eine Gottheit, und es kommt mir zugute! Wenn ihr nur wüsstet, was ich dabei empfinde und entdecke! Eine derartige Betrachtungsweise enthält eine ganze Weltanschauung.

Vor einigen Jahren besuchte mich ein Arzt, ein alter beleibter Herr, und er begann von den Frauen zu sprechen. Wisst ihr, was er mir sagte? »Die Frau ist nur eine Vagina.« Ich war bestürzt: Warum so weit gehen, ich bitte euch! Zum Teil stimmt es ja, der Mensch besitzt Eingeweide und allerlei nicht besonders saubere Dinge. Aber diese Eingeweide, dieser Körper, sind noch lange nicht der ganze Mensch! Man verwechselt alles. Der Mensch braucht einen zu dieser oder jener Tätigkeit angepassten physischen Körper, aber Mann und Frau sind nicht auf ihre physische Erscheinung beschränkt. Sie sind denkende und fühlende Wesen. Was für eine Beglückung und Freude mögen die Männer empfinden, die in der Frau nur ein Organ sehen?... Ihr ganzes Seelenleben ist dadurch verunstaltet. Sie sind schlechte Seelenkenner, denn sie haben nicht beobachtet, in welchem Zustand sie sich, ihrem Denken entsprechend, befinden. Was mich interessiert ist gerade die Frage, inwiefern das von mir Gedachte auf mich einwirkt, und darum ziehe ich vor, mir die Frau als eine Gottheit vorzustellen. Ihr wendet ein: »Das entspricht aber nicht der Wahrheit!« Ja, ihr habt vielleicht Recht, aber die angeführten Begründungen interessieren mich nicht, sie richten nur Schaden an. Mit meinen Illusionen und frommen Lügen bin ich der glücklichste Mann von der Welt. Übrigens sind es keine Lügen. Ich sehe in allen Frauen das Göttliche, einen Aspekt der Himmlischen Mutter, und schon allein der Gedanke, dass es auf der Erde Frauen gibt, macht mich glücklich und froh! Meint ihr, ich käme noch hierher, um zu euch zu sprechen, wenn ich denken würde wie dieser Arzt? Es verginge mir alle Lust unter Menschen zu gehen und zu sprechen. Nun, die Sache führt weiter als man denkt! Ihr müsst eure Ansichten ändern. Die Männer müssen anders von den Frauen denken und auch die Frauen anders von den Männern, sonst bleiben die Pforten verriegelt: So sehr sie sich auch bemühen, sie werden nicht vom Fleck kommen. Die Frau soll im Mann ebenfalls eine Gottheit sehen.

Ihr seht, die Menschen haben keine Ahnung, in welcher Weise sie geistig wachsen können. Früher sah der Schüler in seinem Lehrer, seinem Meister eine Gottheit: Infolge der Verehrung, die er ihm entgegenbrachte, machte er große Fortschritte. Dass der Meister in Wirklichkeit vielleicht nicht überragend war, hatte keine Bedeutung: Tatsache war, dass der Schüler wuchs, reifte, auf dem geistigen Pfad voranschritt. Heutzutage sind die Leute nüchtern, unehrerbietig, gewöhnlich: Kein Wunder, dass sie nicht vorankommen. Sie haben gerade das vernachlässigt, was zu ihrer Erhebung und Veredelung beizutragen vermochte. Während ich in Indien war, wurde mir folgende Geschichte erzählt: Ein Meister hatte viele Schüler und darunter einen, der ihn unaussprechlich liebte und wie eine Gottheit verehrte. Eines Tages wurde dem Meister gemeldet, der Schüler vollbringe ungewöhnliche Dinge, er schreite auf dem See, erhebe sich in die Lüfte usw. Der Meister ließ ihn rufen und fragte ihn, wie er es anstelle, so große Wunder zu vollbringen. »Sehr einfach, mein Meister« antwortet der Schüler, »ich spreche nur ihren Namen aus.« »Gut«, sagte der Meister, »das werde ich auch tun.« Er begibt sich auf den See, indem er seinen eigenen Namen wiederholt... und ertrinkt! Seht, der Meister ertrank, sein Schüler wandelte auf dem Wasser. Nicht der Name war wichtig, sondern das, was der Schüler in den Namen hineinlegte. Es hängt alles davon ab, wie man die Dinge einschätzt. Vielleicht habt ihr auch eine hohe Meinung von mir und vollbringt Wunder, die mir vielleicht nicht gelingen. Doch solange ihr denkt, mit mir sei es nicht weit her, werdet nicht ihr, sondern ich die Wunder tun! Ich verfüge nämlich auch über einen Namen, den ich ausspreche. Mag sein, dass es nicht der meinige ist, aber das geht euch nichts an.

Was ich euch nahe bringe, ist die Wirklichkeit, das Magische. Die Magie, die weiße Magie ist die einzige Wissenschaft, die mich interessiert. Alles ist magisch: ein Gespräch, ein Blick, eine Gebärde, die Ernährung, die Liebe, das Schreiten. Die Leute sind entsetzt, wenn man das Wort »Magie« ausspricht, obwohl sie ununterbrochen Magie treiben: Bewusst oder unbewusst gehen sie fortwährend magische Handlungen ein.[7] Überdies ist die Magie die einzige Wissenschaft, die es gibt: Alle anderen leiten sich davon ab: die Alchimie, die Astrologie, die Kabbala sind zur Zweige der Magie. Alles ist magisch. Selbst bei einer Umarmung löst ihr gewaltige magische Kräfte aus, und des Öfteren spielt ihr mit diesen Kräften, ohne es zu merken: Es kann sein, dass ihr sogar eine ganze Feuersbrunst entfacht, indem ihr so mir nichts, dir nichts mit Streichhölzern um euch werft. Das Wort »Magie« hört man nicht gern, treibt indessen nur Magie! Wie Herr Jourdain, der ohne sein Wissen Prosa sprach.

Mein Gott, dass man euch so grundlegende, einfache Dinge erklären muss! Ihr solltet sie schon kennen und im Stillen damit umgehen. Aber ich bin immer zu sprechen gezwungen, weil ihr noch nicht wisst, wie man arbeitet: So muss ich es erst noch erklären. Ich versichere euch, ich warte auf den Augenblick, wo ich nichts mehr zu erklären brauche, sondern nur mit euch wirken kann. Mich interessiert nur die Tätigkeit, das Schaffen und Aussenden von lebendigen Gedankenbildern in den Raum. In den Vorträgen spreche und spreche ich, aber klarer werden euch die Dinge nicht, weil ihr, anstatt euch an die Arbeit zu machen, passiv bleibt und immer neue Erklärungen erwartet.

Als würdet ihr warten, dass man euch alles in den Mund lege. Das wird niemand tun, es sei denn, ihr liegt im Krankenhaus. Ein Kranker, ja, der wird gefüttert, doch ihr, die ihr wohlauf seid, müsst euch die Nahrung selber zuführen.

Es gibt noch vieles zu sagen. Ich zögere es zu tun, denn es wird euch so wunderlich vorkommen, dass ich mich frage, ob ihr mich recht verstehen werdet. Nun gut, ich sage es trotzdem. Angenommen ihr haltet euren Geliebten im Arm. Selbstverständlich sagt ihr ihm: »Mein lieber Andreas« oder... »Mein lieber Hans...« oder... »Mein heiß geliebter Till!« Er muss doch seinen Namen hören, damit sein niederes Ich erwacht und er sagen kann: »Ah! Wie sehr sie mich liebt!« Auf diese Weise sendet ihr eure ganze Liebeskraft in den Schlund seines niederen Ichs. Aber nehmen wir an, ihr seid beide über das unterschiedliche Wesen des niederen und höheren Ichs unterrichtet, seid in der Einweihungswissenschaft unterwiesen – dann sollt ihr bei der Umarmung sagen: »Oh Himmlischer Vater!« und er wird sich freuen, der Leiter eurer Lebenskraft zu werden, damit sie durch ihn bis zum Himmlischen Vater aufsteigt. Und wenn auch er in dem Augenblick der Umarmung sagt: »Oh Himmlische Mutter!« strömen seine Energien ihrerseits dem Himmel zu. Daran denkt man nie. Man dient immer nur dem niederen Ich und da seine Wurzeln tief hinabreichen, geht die ganze Kraft zu den Abgründen. Die Wurzeln des höheren Ichs hingegen befinden sich oben und sie senden alles zum Himmel.

Demnach, sofern ihr euch durch solche Worte nicht beleidigt fühlt, umarmt euch und sagt: »Oh Himmlischer Vater!« »Oh Himmlische Mutter!« Und eure Energien steigen zum Himmel auf. Das ist einfach auszuführen: Den Leuten fällt es schwer die Dinge so zu sehen, sie handeln nach ihren alten Gewohnheiten: Sie befriedigen stets das niedere Ich und tun nichts für das höhere Ich, das ausgehungert umsonst auf Nahrung wartet. Während das niedere Ich, von den Mengen, die ihm tagtäglich zugeführt werden, übersättigt, verächtlich ausspuckt, da ihm

Dankbarkeit unbekannt ist. Jahre hindurch habe ich beobachtet, wie sich das niedere Ich und das höhere Ich im Menschen kundtun, und ich weiß, dass das niedere Ich, was man auch tut, niemals dankt. Der Beweis, eine Frau hat dem geliebten Mann alles geopfert, und nun hat er sie vergessen, ist schon mit anderen Frauen zusammen. Weshalb? Weil sie ausschließlich seinen Sex befriedigte und nie darauf bedacht war, das Höhere in ihm, seine edlere Natur zu nähren, die das Gute, das man ihr getan, nie vergisst, sondern sich ewig dankbar zeigt. Sodann beschwert sich die arme Frau: »Ich gab ihm alles und schaut, wie er mich jetzt behandelt!« Aber ja, sie hat in ihm ein Wesen genährt, das stets undankbar ist.

Hinsichtlich des niederen Ichs und des höheren Ichs will ich noch einiges hinzufügen. Wenn jemand seiner sexuellen, rücksichtslosen, eigennützigen Liebe freien Lauf lässt, wird er gewahr, dass all seine Apparate unabhängig von seinem Willen funktionieren, ohne dass er ihnen Einhalt zu gebieten oder sie zu bremsen vermag. Er stellt den Vorgang nur fest, ohne eingreifen zu können. Denn fremde Kräfte haben sich seiner bemächtigt, die ihn berauben, und er kann nur zusehen. In der geistigen Liebe stellt man fest, dass die Seele, der Geist, das höhere Ich sich genährt haben und nicht fremde, äußere Gewalten, ihr habt nur Blicke erhalten, eine Anwesenheit gespürt, einen Duft geatmet, seid aber restlos glücklich und erfüllt, weil ihr fühlt, dass ihr selbst – euer höheres Ich – gegessen, getrunken, geatmet hat und keine fremden Kräfte durch euch. Wenn ihr in die Tiefen eintaucht, so habt nicht ihr gekostet, sondern wesensfremde Gewalten, die in euch gefahren sind, um an eurer statt zu schwelgen. Die Leute beobachten nicht, merken nichts. Sie begnügen sich mit den spärlichen Krümchen, die der physische Körper erhielt und weil der physische Körper satt ist, wähnen sie, selber satt zu sein. Sie nehmen nicht wahr, dass in ihrer Seele, ihrem Geist noch immer eine Leere ist. Sie haben sich mit dem physischen Körper, dem niederen Ich, identifiziert und sehen nichts. Wenn sie sich nicht vollständig in ihr niederes Ich eingelebt hätten, wäre ihnen bewusst geworden, dass der physische Körper überfüttert ist und schnarcht, dass aber ihr eigentliches höheres Selbst, das heißt ihre Seele und ihr Geist, geprellt sind. Ja, mit dem niederen und dem höheren Ich, da haben wir eine gewaltige Wissenschaft.

Dazu wäre noch viel zu sagen, doch lassen wir das für ein anderes Mal. Heute haltet nur fest, dass es die Liebe, das unaufhörliche Lieben ist, das euch erretten wird. Und sorgt dafür, dass ihr jedes Mal einen höheren Grad erreicht. Von einem Tag auf den andern wird es euch nicht gelingen, das triebhaft Sexuelle zu bezähmen: Doch seid ihr entschlossen, höhere Bereiche zu betreten, so werdet ihr bald darauf gewahr, dass die Wonne, die euch geschenkt wird, die Freuden weit übertrifft, die ihr bisher gekostet habt, aber sehr teuer, entweder mit eurer Kraft, eurer Gesundheit, eurer Schönheit oder eurem Geld, bezahlen musstet.

Alle Welt ist einzig auf die Liebe bedacht: Ist in einem Buch oder einem Film nicht von der Liebe die Rede, findet man sie uninteressant. Auch ich denke nur an die Liebe. Warum sollte ich eine Ausnahme machen? Die Scheinheiligen werden euch sagen: »Die Liebe sagt mir nichts.« Glaubt ihnen aber nicht. Ich finde nur die Liebe interessant, mit dem Unterschied, dass man sie anders verstehen muss. Im Evangelium heißt es, dass Gott die Liebe ist. Warum dann diese Liebe gering schätzen? Gott ist die Liebe und in dieser Liebe muss man leben, sie kennen. Aber um sie zu erfahren, muss man begrenzte Anschauungen und Irrtümer hinter sich lassen. Nur die Liebe wird uns heilen, stärken, Schönheit und Erleuchtung bringen. Darum heißt es lieben, Tag und Nacht, aber nach den Gesetzen und Anweisungen unserer Lehre.

Es ist bedauerlich, dass die Menschen, wenn man von der Liebe spricht, sogleich an die körperliche, an die sinnliche Liebe denken. Wenn ich von der Liebe spreche, denke ich an eine andere Liebe, an die geistige: Ich bin nicht auf physische Liebe aus, habe kein Interesse dafür: Denn ich fasse die Liebe anders auf, und diesbezüglich ist es wichtig, dass wir uns richtig verstehen, damit ja keine Missverständnisse aufkommen.

Die Liebe ist ein Schenken und Empfangen, und solche Wechselbeziehungen finden nicht nur auf der physischen Ebene statt. Ein Austausch zwischen zwei Menschen kann auch durch Blicke, Gedanken, Worte vollzogen werden, ohne Umarmung und Berührung. Außerdem ist es nicht notwendig, ausschließlich mit Menschen Bindungen einzugehen, mit hässlichen, wunderlichen, krankhaften und finsteren Leuten, ihr könnt euch mit himmlischen Geschöpfen, mit schönen, reinen, lichtvollen Wesen verbinden, dadurch blüht ihr auf. Fasst ihr die Liebe wie alle anderen Leute auf, ist es nicht weit her.

Wenn ich von der Liebe spreche, denke ich an die Liebe, die das Leben, das Licht, die Schönheit und ein Austausch mit himmlischen Geschöpfen ist. An diese Liebe denke ich Tag und Nacht, und ich empfange ihre Segnungen. Würde ich an die andere Liebe denken, wäre auch ich gezwungen, sie zu praktizieren. Denn der Gedanke führt zur Tat. Richtet euer Denken auf eine Sache, und schon kommt ihr nicht mehr davon los. So ergeht es zum Beispiel einem, der überlegt, wie er es anstellen könnte, seine Hand in die Tasche eines andern zu stecken. Nicht lange darauf fährt seine Hand ungewollt in eine Tasche, und er ist zum Taschendieb geworden. So ist's auch, wenn ihr die Vorstellung hegt, jemanden zu umarmen. Verwundert werdet ihr eines Tages feststellen, dass ihr es tatsächlich tut.

Ihr dürft also nicht an Dinge denken, die ihr, wenn sie sich verwirklichen, am liebsten ungeschehen machen möchtet: Was ihr gedacht habt, wird sich unfehlbar verwirklichen: Das wollte ich noch zum besseren Verständnis hinzufügen. Kein Mensch ist stärker als die Naturgesetze. Hegt ihr bestimmte Gedanken, so seid ihr früher oder später gezwungen, ihnen Gestalt zu geben. Dem entrinnt keiner.[8] Wählt andere Gedanken: Auch sie werden sich verwirklichen, aber in anderer Weise. Anstatt einen Mann oder eine Frau umarmen zu wollen, warum soll man nicht die Sonne umarmen? Damit ist man jeder Gefahr enthoben, denn die Sonne ist weit entfernt.

Wie ihr seht, gibt es Liebe und Liebe: Doch diese Anschauung liegt manchen Menschen noch sehr fern, und sie weisen sie als verrückt ab. »Was sagen Sie? Anstelle eines Mannes oder einer Frau die Sonne lieben? Das ist doch Unsinn!« Ganz und gar nicht, nur wissen sie nicht alles, vor allem nicht, dass die Liebe überall in der Atmosphäre, den Meeren, den Flüssen, auf den Bergen, den Felsen, den Kräutern, den Blumen, den Bäumen, der Erde und vor allem in der Sonne vorhanden ist. Die Liebe ist eine unglaublich reiche und vielgestaltige, kosmische Kraft. Das wissen die Menschen nicht: Dann suchen sie nur nach ein paar wenigen Tautropfen, die da irgendwo im physischen Körper ruhen. Das ist wirklich armselig und kläglich, und alles Unheil stammt daher. Die Eingeweihten machten die Entdeckung, dass die Liebe überall in reicher Fülle verbreitet ist, und dass sie vom Menschen eingesogen werden kann, wenn er bestimmte übersinnliche Zentren in sich zur Entfaltung bringt.

Ich habe euch schon mal von jener Pflanze erzählt, die ich in Nizza bei Freunden gesehen habe. Sie grünte aufgehängt in der Luft: Ja, da sie nicht im Erdboden verwurzelt war, entnahm sie Wasser und Nährstoffe aus der Luft. Die Pflanze war somit höher, feiner organisiert als die gewöhnlichen Bodengewächse. Wenn die Menschen wüssten, dass auch sie wie diese Pflanze beschaffen sind, dass sie die Liebe aus der Luft und der Sonne schöpfen können – sie hätten unverzüglich ihre höheren Sinne geschult. Den Yogis in Indien und in Tibet, die bestimmte Zentren, die Chakras, in sich zur Entfaltung brachten, gelingt es, diese überall in der Natur verbreitete Lebens- und Liebeskraft aufzunehmen. Ja, sie brauchen nicht bei den Frauen danach zu suchen und leben dennoch ein hochbeglücktes Leben der Fülle.

Ihr seht, es gibt über die Liebe viel zu sagen. Man ahnt noch nicht, was sie ist und erzählt unwahrscheinliche Geschichten. Die Liebe ist eine Kraft, eine Energie, ein Fluidum, eine Quintessenz, die sich überall vorfindet. Nie hat Gott in seiner Großmut beschlossen, die Menschen müssten sie ausschließlich an einer bestimmten Stelle des weiblichen oder männlichen Körpers finden. Wie engherzig wäre das von Ihm! Gott ist da viel großzügiger, viel freigebiger. Er hat die Liebe überallhin verteilt. Wer das nicht weiß, sucht ausschließlich bei den Menschen nach Liebe und geht oft leer aus: Die Eingeweihten suchen sie anderswo und leiden nie Mangel. Da aber seit Jahrtausenden die Menschen zu anderem Denken angehalten wurden, wagen sie nicht mehr zu glauben, dass man leben und lieben kann, ohne seine Wurzeln in die Erde einzulassen.

Ich bin nicht so einfältig, mir einzubilden, dass meine Worte bei allen Anklang finden werden. Nein, unter Millionen sind kaum zwei oder drei bereit, ihre Lebensweise zu ändern. Das ist die traurige Wirklichkeit. Nun ist das aber kein Grund dafür, diese zwei oder drei nicht aufzuklären, damit sie Mut und Zuversicht fassen, nicht zweifeln, zögern oder gar zurückkehren zu der Menge der Sinnlichen, Primitiven und Willensschwachen. Ich bin gezwungen, die Wahrheit zu sagen; wenn nicht für die ganze Welt, so doch für die wenigen, die neue Wege suchen.

Nein, so dumm bin ich nicht zu glauben, dass die ganze Welt sich jetzt auf diese neuen Erkenntnisse stürzen wird. Außerdem wäre dies sogar mit Gefahren verbunden, und die Ärzte könnten sagen: »Seht, wir hatten Recht.« Natürlich haben sie Recht, weil ihre Feststellungen auf Untersuchungen beruhen, die sie bei der Mehrheit durchgeführt haben und deshalb geben sie den Rat: »Wenn du dich dieser Kraft nicht entledigst, wirst du krank!« (womit gemeint ist, der junge Mann solle sich bei den Frauen erleichtern). Leider unterlassen sie es zu untersuchen, wie die Minderheit der Weisen und Eingeweihten lebt, welche neuen Wege sie geht und warum sie gedeiht. Stellten sie an ihnen Untersuchungen an, zögen sie zumindest den Schluss: »Manche können nicht umhin, sich so zu verhalten, aber anderen ist es vergönnt, anders vorzugehen.« Während sie gegenwärtig ohne Unterschied alle in den gleichen Topf stecken. Das dürfen sie nicht und ich bin gezwungen, euch Klarheit darüber zu verschaffen, damit ihr nicht in alle Ewigkeit unwahre Dinge vertretet. Selig, die diese kosmische All-Liebe bereits zu leben vermögen!

Am liebsten möchte ich noch weiter über die Liebe sprechen, denn es gibt kein wichtigeres Thema.[9] Es ist tatsächlich so, dass es keinen gibt, der dabei nicht mit weit geöffneten Augen und Ohren zuhört. Redet man aber über andere Dinge, nicken die Leute ein. Ja so ist es, »Liebe, Liebe, wenn du uns gefangen hältst...«, stimmt es?

Licht und Friede seien mit euch!

Toulouse, den 8. Februar 1971

Weiterführende Literatur

1. Siehe Band 235 der Reihe Izvor »Im Geist und in der Wahrheit – Wie finde ich zu Gott?«, Kapitel 1: »Das Gerüst des Universums«.
2. Siehe Band 214 der Reihe Izvor »Liebe, Zeugung und Schwangerschaft«, Kapitel 8: »Die Sexualkraft, Bestandteil der Sonnenenergie«.
3. Siehe Band 14 der Reihe Gesamtwerke »Liebe und Sexualität«, Kapitel 26: »Die Jugend und die Liebe«.
4. Siehe Band 226 der Reihe Izvor »Das Buch der göttlichen Magie«, Kapitel 2: »Der magische Kreis: die Aura«.
5. Siehe Band 225 der Reihe Izvor »Harmonie und Gesundheit«, Kapitel 8: »Wie man Müdigkeit vermeidet«.
6. Siehe Band 239 der Reihe Izvor »Die Liebe ist größer als der Glaube«, Kapitel 5: »Dir geschehe nach deiner Einstellung .
7. Siehe Band 226 der Reihe Izvor »Das Buch der göttlichen Magie«, Kapitel 10: »Wir alle üben Magie aus«.
8. Siehe Band 6 der Reihe Gesamtwerke »Die Harmonie«, Kapitel 6: »Wie sich Gedanken in der Materie verwirklichen«.
9. Siehe Band 14/15 der Reihe Gesamtwerke »Liebe und Sexualität .

Teil 4

ERGÄNZENDE ERLÄUTERUNGEN

Kapitel 1

DIE QUELLE

Freier Vortrag

In dem Text von Meister Peter Danov, den ich soeben vorgelesen habe, ist ein wesentlicher Gedanke enthalten, den ich aufgreifen möchte. Er lautet: »Bist Du eine Quelle, so wirst Du singen, dass man Dich von weitem hört. Du wirst sprudelnd lebendig sein: Bist Du aber eine Zisterne, so verhältst Du Dich ruhig und still. Schön ist das Leben der Zisterne, doch schöner das Leben der Quelle. Sie quillt unaufhörlich, wässert Gräser, Bäume und löscht den Durst des müden Reisenden.«

Ich habe öfter von der Quelle gesprochen, nicht nur von der kleinen Gebirgsquelle, sondern von der viel reicher fließenden, alles-speisenden Quelle: der Sonne. Ich wählte als Gegensatz zur Quelle nicht die Zisterne, sondern ein schlimmeres Bild: den Sumpf; denn in einer Zisterne gibt es immerhin sauberes, trinkbares Wasser, während das Sumpfwasser schmutzig und verseucht ist. Versteht ihr diese beiden Bilder: den Sumpf und die Quelle in ihrem magischen Gehalt, so werdet ihr wichtige Aufschlüsse über das Seelenleben gewinnen.

Ich bitte euch, mich recht zu verstehen, und sollte euch manches auch ungewöhnlich, übertrieben oder unangenehm erscheinen, geduldet euch! Vielleicht erfahrt ihr dennoch etwas Aufschlussreiches.

Wenn man sieht, wie die Menschen denken und sich verhalten, wird man gewahr, dass sie sich noch nie um die Quelle gekümmert haben, den schwingenden, sprudelnden, strahlenden Quellpunkt! Sie fragen: »Was mag es bringen, sich bei dem Bild der Quelle aufzuhalten?« – Sie sind sehr klug, besitzen reiche Kenntnisse, aber das Wesentliche ist ihnen entgangen: Sie haben nicht gesehen, dass die ganze Ausrichtung ihres Daseins, ihr Verhalten durch das Bild geprägt sind, das sie in Gedanken hegen. Ist das Bild tot wie der Sumpf – oder lebendig sprudelnd wie die Quelle, die Sonne? Das ist die Frage. Aus den Beobachtungen, die ich jeden Tag mache, ersehe ich, dass alles von dem symbolischen Wert der Dinge abhängt, die der Mensch wählt: Ob Quelle oder Sumpf, die Wahl verrät seine Lebensauffassung.

Oft sagen die Leute: »Um mich ist es schlecht bestellt!« Warum? Weil sie noch nicht begreifen, nicht einsehen, dass sie reine, lichte Bilder in ihrem Denken, ihrem Herzen an die erste Stelle setzen sollten: die Quelle, damit sie im Fließen ihre Seele reinwäscht und die guten Samen darin zum Keimen bringt, ihre Gedanken und Wünsche kreisen nicht um eine Mitte, eine Quelle, eine Sonne, ein geistiges Ziel, eine große Liebe. Sie kleben an unbedeutenden kleinlichen Dingen und weder wollen noch können sie ihr Blickfeld erweitern. Sie patschen andauernd im stehenden Schmutzwasser, das von Ungeziefer wimmelt, und belächeln die Lehre der Eingeweihten, die immer wieder auf die magische Seite verweisen und betonen, dass der Mensch alles dransetzen muss, sich mit der Quelle zu verbinden. Denn nur das Quellend-Lebendige kann ihm helfen. Wie könnt ihr hoffen, Faulendes, Schimmelndes, in Verwesung Begriffenes werde euch aufhelfen?

Manche fragen, warum wir die aufgehende Sonne betrachten. Aus einem symbolischen Grunde! Damit wir begreifen lernen, dass wir uns in jedem Bereich mit der Sonne verbinden sollen, das heißt mit der Quelle.[1] Versucht aber diese intellektuell Geschulten, diese »Intelligenten« dahin zu bringen, den Sonnenaufgang zu betrachten! Sie wenden sich immer dem zu, was abgestorben, faulig, verschmutzt ist, und wenn ihnen ein

Unheil zustößt, fragen sie verwundert woher es stammt. Nur daher, weil sie lebenshemmende Unreinheiten in sich bewahren, nicht die Quelle als Vorbild gewählt haben. Im allerersten Vortrag, den ich in Frankreich gehalten habe[2], sprach ich von der Quelle: Nur wenige sahen ein warum. Ich begann mit der Quelle, und sie hat seither nie zu fließen aufgehört.

Ich frage etwa den einen oder anderen: »Standen Sie schon einmal an einer Quelle? Können Sie mir sagen, was Sie dort gesehen haben?« »Natürlich!« – Und nun stellt sich heraus, dass er nicht gut beobachtete. Da frage ich: »Was gibt es um die Quelle herum?« »Gräser, Pflanzen.« »Und was noch?« »Insekten, Vögel, Tiere.« »Und außerdem noch?« »Menschen haben sich in der Nähe niedergelassen.« »Gut. Und nun haben Sie auch festgestellt, was geschieht, wenn die Quelle versiegt? Zuerst schwindet das Gras, dann die Tiere und schließlich die Menschen. Was stehen bleibt sind die Bäume. Haben Sie das alles richtig erfasst?« »Gewiss, es ist einfach zu verstehen.« »Und warum haben Sie dann ihre Quelle versiegen lassen?« »Welche Quelle? Ich verstehe Sie nicht...« ihr seht, man wähnt zu verstehen und begreift nicht.[3] Dann erkläre ich: »Ich meine die Quelle, die in Ihnen fließt. Warum haben Sie diese versiegen lassen?« »Welche Quelle? Ich weiß von keiner Quelle!« »Doch, Sie haben ihren Quell der Liebe versiegen lassen. Irgendeiner hat Sie ein bisschen beleidigt, hintergangen, bestohlen, betrogen und Sie haben sich gesagt: Nun ist's aus! Ich werde mich nicht mehr großzügig, gutherzig und wohlwollend bezeigen, es lohnt sich nicht: Die Menschen sind es nicht wert. – Und jetzt ist ihre Quelle versiegt! Es wird Sie keiner mehr betrügen oder schädigen, und Sie denken etwas erreicht zu haben. In Wirklichkeit aber ist Ihnen alles verloren gegangen. Lassen Sie sich weiterhin betrügen, wenn es sein muss, aber die Quelle darf nicht versiegen! Wenn einer Sie beleidigt, hintergeht, beraubt, ist das nichts im Vergleich zu der Quelle, die in Ihnen fließt, denn sie führt Unschätzbares zu, wäscht alles rein, macht alles wieder gut.«

Diese Lehre, die herrlichste, wahrhaftigste tut den Menschen Not: die Lehre von der Quelle! Weil einer sich verletzt fühlt, weigert er sich zu lieben und aus ist es mit ihm, er ist schon tot. Welchen Gewinn hat ein Toter? Eigenartig, was sich die Menschen einbilden! Und von ihnen sollte ich mich belehren lassen? Was würde ich lernen? Ich begebe mich lieber zu einer Quelle und verweile stundenlang lauschend neben ihr, sie betrachtend, mit ihr plaudernd, und werde dabei an jene höhere Quelle, die Sonne denken und an alle die Quellen im Weltall und schließlich an jenen alleinzigen, wahrhaftigen Quell – Gott selbst – und werde versuchen, mich mit ihm zu vereinen, um endlich das Wesen aller Dinge zu erfassen. Ihr fragt: »Aber was kann man denn bei einer Quelle erfahren?« Alles.

Vor Jahren las ich »Siddharta« von Hermann Hesse. Sicher kennt ihr diese Novelle: Es ist die Geschichte eines jungen Brahmanen, Siddharta, der, nachdem er mehrere Jahre bei einem Meister in Gebet, Studium, Meditation verbracht hatte, sich in Ausschweifung und Vergnügen stürzte. Doch eines Tages, verzweifelt, dieses Lebens überdrüssig geworden, gelangt er an einen Fluss. Und am Ufer dieses Flusses lebend, begreift er nach und nach, dem Wasser lauschend und es betrachtend, was er während seines Wanderlebens umsonst gesucht hatte. Das Geheimnis von Leben und Tod. Ja, der Fluss unterrichtete ihn.

Viele Menschen lernen bei den Quellen, Felsen, Seen, Bäumen und Bergen, beim Betrachten der Sterne, dem Erlauschen des Windes. Sie lernen die Weisheit des kosmischen Urwissens in der Natur.[4] Schade, dass ich mich bei diesem so inhaltsreichen Thema nicht aufhalten kann, um euch darzulegen, wie zum Beispiel die großen Eingeweihten unter den Druiden in so vollkommener Übereinstimmung mit den Naturkräften lebten, dass sie über die Kollektivseele wichtige Geheimnisse von dem Wesen und den besonderen Eigenschaften der Bäume, Steine, Vögel und Tiere erfuhren.

Ihr müsst wissen, welches die magische Wirkung ist, die von dem Bild der Quelle ausgeht, auf dass ihr euer ganzes Leben auf jenem höchsten Quell, Gott, aufbaut, dessen strahlendster Vertreter die Sonne ist. Arbeitet euer ganzes Leben mit dem Bild der Quelle, und macht es wie die Sonne, indem ihr alle Geschöpfe speist, ihnen Wärme spendet, ihnen Lebensmut und -kraft einflößt. »Das ist unmöglich, undurchführbar... ja albern!« sagt ihr. Durch solches Denken beweist ihr, dass ihr nichts verstanden habt. Es ist einerlei ob ihr euer Ideal verwirklicht. Hauptsache ist, dass ihr bei diesem inneren Bemühen herrliche Ergebnisse erzielt. Die Sonne ist riesengroß: Es ist unmöglich so leuchtend und mächtig zu werden wie sie: Aber in seiner Welt vermag der Mensch als eine Sonne zu wirken. Anstatt immer zu nehmen, gleich einem Loch, einem Schlund, einem Sumpf und alles herabzusetzen, kann er geben, reinigen, beleben. Dieses Ideal lässt sich verwirklichen, nur muss man mindestens lernen wollen, Erfahrungen sammeln, um einzusehen, dass es möglich ist.

Ich muss leider feststellen, dass sogar in der Bruderschaft manche Brüder und Schwestern die magische Bedeutung der Quelle, ihre Wirkkraft und Lehre nicht verstanden haben. Hätten sie ihr Leben nämlich seit der Zeit, da ich davon spreche, auf diese Quelle gegründet, würde man spüren, dass etwas Erfrischendes und Wohltuendes von ihnen ausgeht. Stattdessen blicken sie immer verschlossen, düster, finster, verkrampft, was anzeigt, dass sie von dieser Lehre noch nicht viel begriffen haben. Sie regeln ihre Angelegenheiten stets in der Weise des Sumpfes. Ein Sumpf bringt aber nichts ins Reine! Er ist nur den Molchen und anderem Getier dienlich. Sumpfwasser erneuert sich nicht, und seine armen Insassen sind gezwungen, die Abfälle voneinander zu schlucken und zu verzehren. So geht es in einem Sumpf zu! Eine Großstadt, ja die Welt ist nichts anderes als ein Sumpf. Die Menschen, die darin wimmeln, sind gezwungen, die Ausscheidungen voneinander anzunehmen. Diejenigen, die dem Schmutz zu entkommen verstehen, schöpfen von Zeit zu Zeit einen Schluck Reinheit, doch die anderen werden verpestet, vergiftet und ersticken. Die Atmosphäre einer Stadt ist nichts anderes als ein Sumpf. Wärt ihr hellsehend, würdet ihr beobachten, wie die Menschen sich gegenseitig beschmutzen, aneinander zehren und außerstande sind, selbst für einige Minuten da herauszukommen. Und dann machen sie sich über unsere Sonnenlehre lustig! Ich habe darüber klar und deutlich gesprochen, aber sie wollen nicht hören. Nun gut, mögen Sie in ihren Sümpfen bleiben! Was soll ich dazu sagen? Eines Tages wird ihnen der wahre Sachverhalt schon einleuchten.[5]

Meister Peter Danov wählte das Bild der Zisterne: Er war höflicher als ich. Ich habe den Sumpf gewählt, denn er ist ein so eindeutiges Beispiel, dass es jedem eingeht. Auch die Quelle, die Sonne... (in demselben Augenblick tritt die Sonne zwischen den Wolken hervor). Seht, man könnte meinen, sie habe es gehört und sich gesagt: »Ach wie nett! Es wird über mich gesprochen!« und darum hat sie uns zugelächelt!

Was lässt sich aus dem allem entnehmen? – Missverständnisse, Unheil und Schmerzen rühren nur daher, weil der Mensch nicht mit dem Himmel, mit der Quelle verbunden ist, und wenn, dann nur für zwei oder drei Minuten, und wieder ist das lebendige Strömen unterbrochen, der Mensch erneut an den Sumpf angeschlossen. Ich möchte euch nicht beleidigen, nehmt an ich spreche ganz allgemein. Anstatt aus dieser Quelle, die da reinigt, heilt und erleuchtet, trinken die meisten Menschen nicht einmal aus einer Zisterne, sondern aus einem Sumpf (wobei der Sumpf ein Mann, eine Frau oder eine Gesellschaft sein kann)! Sie ziehen diesen Sumpf der Quelle vor, weil sie sich vor der Meinung des Sumpfes fürchten. Was werden die darin wimmelnden Molche sagen? Was würde aus ihnen, wenn diese eine üble Meinung über sie äußerten?

Ich zeige euch den Weg, es steht euch frei, das Richtige zu wählen. Ich bin nicht da, um euch mit angenehmen Dingen abzuspeisen, sondern bin gezwungen, euch die Wahrheit zu sagen. Meine Worte mögen nicht angenehm sein, euch vielleicht betrüben, doch wenn ich nichts sage, erwartet euch noch ärgere Betrübnis! Wegen eurer Unwissenheit lauert überall Kummer auf euch. Seht ihr klar und wisst um die Zusammenhänge, so könnt ihr wenigstens durch die Hintertreppe entkommen und eure Feinde unverrichteter Dinge hinter euch lassen.

Nun meine lieben Brüder und Schwestern, haltet euch diese beiden Bilder vor Augen: die Quelle und den Sumpf. Wenn endlich das Verlangen in euch wach wird zu lieben, Opfer zu bringen, den anderen zu helfen und zu schenken, statt zu nehmen, dann hat die Quelle schon zu rieseln begonnen. Sowie sie fließt, sprießen Blumen und Bäume, singen die Vögel, mit anderen Worten: Es nehmen hohe Lichtwesen in euch Wohnung, in eurem Kopf, eurem Herzen, eurem Willen, weil sie köstliche Nahrung finden, von der Quelle gespeist werden. In diesem Moment werdet ihr reich und gleicht einer blühenden besiedelten Landschaft, weil in euch Quellwasser fließt. Das ist die symbolische Bedeutung der Quelle! Versiegt eine Quelle, wird sie von allem verlassen. Erstirbt im Menschen der Lebensquell, entsteht keine Schöpfung mehr, keine Dichtung, keine Musik, nichts Erfreuliches, gar nichts mehr, es sieht in ihm leer und wüst aus, weil kein Wasser (Leben), keine Liebe mehr quillt. Überall entstehen Wüsten. Die Quelle ist versiegt. So erklärt sich der jämmerliche Zustand der Menschen, ihre Verzweiflung, die Leere, die in ihnen gähnt. Trotz ihrer Intelligenz ließen sie ihre Quelle versiegen, weil ihnen nie einfiel zu geben, auszustrahlen, zu lieben. Ist euch der Sinn, die Macht des Wortes »Quelle« nun klar geworden? Er beinhaltet ein tiefes Wissen.

Wenn ich Menschen sehe, deren Quelle ausgetrocknet ist oder nie zu fließen begann, weiß ich, dass sie einem jämmerlichen Schicksal entgegengehen. Warum? Weil sich nichts Lebendiges in ihnen niederlassen wird, weder Engel noch Geist noch Schönheit noch strahlende Herrlichkeit, nichts!

Selig, die das einsehen und sich zu wandeln entschlossen sind! Ihnen wird heute alles klar, denn die Bilder von Sumpf und Quelle sind ausdruckskräftig genug, jede Lebensfrage zu erhellen. Wenn eure Lebensfreude schwindet, ihr die Dinge ohne Begeisterung tut, wisst, dass ihr die Quelle, die durch euch fließen wollte, gestaut habt. Nur seid ihr dessen nicht innegeworden und findet stets an den anderen etwas auszusetzen. Lasst sie in Ruhe und legt eure eigene Quelle frei, so wird das Wasser sprudeln, weil jedes Geschöpf dazu geboren ist als Quelle zu wirken. Ja, der Herr sandte den Menschen auf die Erde mit der Bestimmung, eine Quelle zu sein. Im Menschen hat sich so viel Schmutz angehäuft, dass seine Quelle verstopft ist: Deshalb ist es in ihm wüst und leer. Es gibt nichts Grauenvolleres als in der Öde zu darben – nichts Schlimmeres als eine Wüste zu sein.

Fangt ihr an zu begreifen, wird euch allmählich klar, was eine Quelle ist? Sie ist die lebendige Liebe und die Liebe ist allmächtig, aus ihr quellen die Ideen, die Freude. Nichts ist so wahr wie das, was ich euch heute nahe bringe. Ich weiß, dass viele unter euch, ungeachtet der Wahrheiten, die sie seit Jahren hörten, in einem bedauernswerten Zustand sind, weil sie nicht zu arbeiten verstehen. So nützlich das auch ist, was man ihnen sagt, das im Stande wäre, ihre Wüste wieder fruchtbar zu machen, schreiben sie es weder auf noch behalten sie es. Möchten sie doch wenigstens eine Wahrheit aufschreiben und sie täglich überlesen, bis sie in ihnen lebendig wird! Nur allzu rasch ist die Verbindung unterbrochen, kaum eine Stunde später ist alles wieder vergessen. Darum sind solche Leute dazu ausersehen, an derselben Stelle stehen zu bleiben, ewiglich in der Wüste zu darben. Und dies aus eigener Schuld, denn selbst wenn man ihnen erklärt, was sie zu ihrer Entfaltung tun sollen, verstehen sie es nicht, vergessen alles wieder.

Ihr wendet ein, ich habe schon einmal von der Quelle gesprochen. Ich weiß es, allein ihr habt es nötig, mehrmals das Gleiche zu hören! Gestern ging die Sonne auf, doch das war gestern und heute muss sie von neuem aufgehen! Das fließende Gewässer ist scheinbar immer dasselbe und dennoch immer neu. Deshalb wiederhole ich seit Jahren: »Denkt jeden Tag daran, eure Quelle sprudeln zu lassen!« Legt eure Quelle frei, reinigt sie, dann werdet ihr eine so fruchtbare Erde werden, dass selbst Fürsten die Früchte eures Gartens kosten kommen. Ich muss immer wieder das Gleiche wiederholen. Warum habt ihr seit so vielen Jahren noch nichts gepflanzt und geerntet, obwohl ihr über ein reiches Ackerland verfügt? Und was sonst ist denn euer Gehirn? Es ist der fruchtbarste Erdboden, den es gibt: diesen heißt es zu bestellen, einzusäen und zu begießen!

Verweilt bei der Quelle, der wirklichen Quelle, der Sonne! Obschon das gewählte Ideal allzu groß und fern erscheint... werdet ihr in einigen Jahren, wenn auch äußerlich unverändert, innerlich eine Quelle, eine Sonne geworden sein. In diese Richtung sollen sich alle Menschen begeben!

Die Forderung von Meister Peter Danov:

»Das Herz sei rein wie ein Kristall,
der Intellekt strahlend wie die Sonne,
die Seele weit wie das All,
der Geist mächtig wie Gott und eins mit Gott«

ist euch bekannt, doch auch sie steht nur auf dem Papier! Ihr denkt, es sei dem Menschen nicht möglich, im Universum aufzugehen: Was wisst ihr darüber? Ein Eingeweihter versteht es, so unendlich weit zu werden, dass Hellsehende ihn überall auf Erden, in den Bäumen, den Seen, den Bergen erblicken: Sie sehen ihn, denn er ist gegenwärtig, um eine Arbeit zu vollbringen. Ja, der Mensch kann überall sein, aber er muss wenigstens an diese Möglichkeit glauben. Die großen Eingeweihten kennen eine Formel, dank der sie sich bis ins Unermessliche weiten können, bis hinein in den Schoß der Erde, in die Weltmeere und Lüfte eindringen, um an der Arbeit der kosmischen Intelligenz teilzunehmen. Körperlich bleiben sie wie sie sind, aber mit ihrem Geist nehmen sie am Wirken und Weben des Universums teil.

Eines Tages, wenn die Menschen zu forschen beginnen, werden sie des Geistes unendliche, unbegrenzte Möglichkeiten erkennen. Gegenwärtig erfassen sie diese nicht, weil sie sich dafür nicht interessieren: Sie haben sich freiwillig eingeengt und wagen bestimmte Begrenzungen nicht zu überschreiten. Weil ihr Vater, Großvater, Urgroßvater bestimmte Ansichten hegten, wozu sollten sie Neues anstreben? Der Mensch schränkt sich selber ein, schwächt sich, will klein und erbärmlich bleiben: Niemand wird mich vom Gegenteil überzeugen. Wenn ihr auch einwendet: »Aber nein, er sehnt sich danach zu wachsen!« Ja, scheinbar wünscht er das, aber tief innerlich, in seinen Auffassungen und Anschauungen, wagt der Mensch nicht zu glauben, dass er groß werden kann: Er wünscht es, aber das genügt nicht.

Möchtet ihr, meine lieben Brüder und Schwestern, doch von jetzt an über dieses Bild der Quelle meditieren, die das ganze Universum nährt und tränkt!

Sèvres, den 10. April 1966

Weiterführende Literatur

1. Siehe Band 323 der Reihe Broschüren »Meditationen beim Sonnenaufgang«.
2. Siehe Band 1 der Reihe Gesamtwerke »Das geistige Erwachen«, Kapitel 1: »Geboren aus Wasser und Geist«.
3. Siehe Band 232 der Reihe Izvor »Feuer und Wasser, Wunderkräfte der Schöpfung«, Kapitel 4: »Wasser und Zivilisation«.
4. Siehe Band 232 der Reihe Izvor »Feuer und Wasser, Wunderkräfte der Schöpfung«, Kapitel 19: »Bilder als Begleiter auf unserem Lebensweg« und Band 229 »Der Weg der Stille«, Kapitel 13: »Die Offenbarungen des Sternenhimmels«.
5. Siehe Band 29 der Reihe Gesamtwerke »Die Pädagogik in der Einweihungslehre, Teil 2 und 3«, Kapitel 4, Teil 1: »Das lebendige Wissen« und Teil 2: »Die spirituelle Atmosphäre«.

Kapitel 2

DAS FASTEN

Freier Vortrag (stenografierte Notizen)

Wenn wir essen, nimmt unser Körper, wie ihr wisst, die Elemente auf, die ihm nützlich sind und entledigt sich der schädlichen Fremdstoffe. Aber der Körper ist nicht immer in der Lage, die Ausscheidung vorzunehmen, sei es, weil er überlastet ist oder aber weil die aufgenommene Nahrung zu viel Unreines enthält. Dann häufen sich die Abfälle in mehreren Organen, vor allem im Darm an.

Wie lässt sich reine Nahrung von unreiner unterscheiden? Das ist leicht zu erkennen: Die schnell verwesende oder viel Abfall im Organismus hinterlassende Nahrung ist unrein: Selbst wenn sie gut gewaschen und lecker zubereitet ist, genügt das nicht. Nur die sich lang haltenden Nahrungsmittel sind rein. Früchte zum Beispiel können lange aufbewahrt werden (manche sogar monatelang!), auch das Gemüse hält sich eine bestimmte Zeit frisch. Aber Fleisch verdirbt rasch.[1] Das Obst ist demnach die reinste Nahrung. Man kann auch sagen, dass die Nahrungsmittel rein sind, die viel Sonnenenergie empfangen: Auch von diesem Gesichtspunkt her sind die Früchte, die in Luft und Sonne reifen, die reinste Nahrung.

Die Nahrung hinterlässt manchmal viele Abfälle, deshalb haben die Eingeweihten immer zum Fasten geraten, damit der Körper sich von den abgelagerten Unreinheiten befreit. Außerdem ist das Fasten ein Verfahren, das uns von der Natur gelehrt wird. Beobachtet die Tiere. Wenn sie krank sind, beginnen sie instinktiv zu fasten: Sie verbergen sich irgendwo, finden ein Kraut, das abführt und werden gesund. In einem Haus zum Beispiel, zeigt der auf Möbeln und Gegenständen abgelegte Staub, dass man sie säubern muss. Aber wenn man verstehen soll, dass auch der eigene Körper wenigstens einmal pro Woche gesäubert werden muss, damit die Millionen Arbeiter (die Zellen) Urlaub erhalten, ist man nicht einverstanden. Ihr habt sicher schon festgestellt, dass man bei einer Erkrankung Fieber bekommt, die Augen tränen, die Nase läuft, die Haut sich mit Ausschlag bedeckt, sich eine Reinigung vollzieht. Aber der Mensch ist derart dickköpfig, dass er sich weigert, eine freiwillige Säuberung vorzunehmen und seine Organe sind gezwungen, die Arbeit an seiner Stelle zu tun.

Ich rate euch an, wöchentlich vierundzwanzig Stunden zu fasten. In dieser Zeit dürft ihr nichts trinken, außer abgekochtem, heißem Wasser. Gleichzeitig widmet ihr euch einer geistigen Arbeit: denkt an die hohen Lichtwesen, hört erlesene Musik, greift zu einem guten Buch, wodurch ihr eure Gedanken und Gefühle läutert. Wer sich dieser Fastenübung unterzieht, bemerkt nach einiger Zeit, dass die vom Körper über die natürlichen Wege ausgeschiedenen Stoffe ihren Geruch verlieren. Nehmt an meinen Worten keinen Anstoß und hört mir zu, als ob ich Arzt wäre. Wenn ihr feststellt, dass der Geruch der ausgeschiedenen Stoffe, ebenso wie der Schweißgeruch stark und unangenehm sind, so wisst, dass dies der Hinweis für eine physische oder psychische Erkrankung ist. Ihr wendet ein, diese Gerüche hingen einzig von der Beschaffenheit, der an jenem Tag genossenen Nahrungsmittel ab. Nein, ihr mögt nämlich noch Folgendes beobachten: Wenn ihr einige Tage sorgenvoll, bekümmert, zornig, hasserfüllt oder eifersüchtig gewesen seid, so hat sich euer Körpergeruch verändert. Alles spiegelt sich in unserem Geruch wider.

Ich habe mehrere Briefe erhalten (vor allem von Frauen), in denen stand: »Ich möchte gerne fasten, doch wenn ich faste, werde ich hässlich.« Ja, es mag sein, dass dies zu Beginn des Fastens der Fall ist und beweist, dass viele Schlacken zu beseitigen sind. Anfangs stellen sich manchmal auch Migräne, Herzklopfen, Schwindel ein, manche fallen sogar in Ohnmacht. Kein Wunder, dass einem Angst wird. Es ist jedoch noch niemand an zeitweisem Fasten gestorben, tausende aber daran, dass sie zu viel gegessen haben. Wenn man das erste Mal fastet, mögen die ersten Tage schwierig sein, denn der Organismus ist plötzlich aus seinen Gewohnheiten gebracht. Es wird überall gesäubert, gereinigt und Stoffe werden verlagert. Dieses Fegen ruft Störungen hervor. Derlei Unbehagen ist aber nicht schlimm, wird euch nicht umbringen, ganz im Gegenteil! Wenn ihr es ertragt und weiter fastet, stellt ihr nach mehreren Stunden oder aber nach ein bis zwei Tagen fest, dass der innere Aufruhr sich legt und eine ungeahnte Ruhe sich ausbreitet.

Man darf nicht nach den ersten Wirkungen des Fastens urteilen und sagen, das Fasten sei gefährlich. Im Gegenteil, diejenigen, die Unbehagen empfinden, haben eine Fastenkur dringend nötig, da diese Störungen von den plötzlich in das Blut geschwemmten Schlackenmengen herrühren. Viele Leute, die nur nach dem Anschein urteilen, denken, dass sie beim Fasten entkräften, gelb und mager werden. Ja, für die ersten Tage trifft dies zu, aber danach stellt man sich wieder her, sieht heller aus, fühlt sich leichter und ist angenehm anzuschauen. Wer die Sprache der Natur nicht kennt, ängstigt sich beim geringsten Unbehagen. Man sagt sich: »Ich habe Herzklopfen, fühle mich schwach, zum Sterben elend«, und macht sich schnell wieder ans Essen, belastet erneut seinen Organismus, der einen kleinen Augenblick lang sich endlich zu befreien hoffte. Da die Unpässlichkeiten bei den ersten Bissen schon aufhören, schließt man daraus, dass es sehr klug war, das Fasten zu unterbrechen. Ganz und gar nicht!

Wer fasten will, muss die Dinge richtig verstehen. Wenn ein Unbehagen empfunden wird, darf man nicht erschrecken, sondern muss weiterfasten, bis das Unbehagen aufhört, was ziemlich schnell erfolgt. Die Unpässlichkeit rührt daher, dass die Natur den Organismus von den Schlacken befreien will, und da heißt es abwarten. Wer die Geduld nicht aufbringt, macht es wie jene, die beim geringsten Fieber sofort Tabletten einnehmen, um es zu beheben. Gewiss fühlen sie sich auf der Stelle wohler, wissen aber nicht, dass sie sich durch die rasche Beseitigung des Fiebers eine viel schlimmere Krankheit für später bereiten. Lasst den Körper selber reagieren! Wenn der Organismus verschlackt ist, reagiert er mit Temperatur, um die Abfälle auszuscheiden und aufzulösen. Das Fieber muss ertragen werden, es ist das sichere Zeichen dafür, dass sich eine Reinigung vollzieht. Wie kann man das Unwohlsein durchstehen, den Organismus in seiner Arbeit unterstützen? Indem man abgekochtes heißes Wasser trinkt! Ihr könnt nacheinander mehrere große Schalen davon trinken, die Temperatur wird schnell fallen: Sämtliche Kanäle erweitern sich, und das Blut kreist ungehindert durch den Körper, indem es die Abfälle zu den natürlichen Ausscheidungswegen und Poren führt.

Auch beim Fasten ist es heilsam heißes Wasser zu trinken, ihr lasst es einige Minuten kochen, um die Bakterien zu töten und lasst dann den Kalk absetzen. Wenn ihr fettiges Geschirr in kaltem Wasser spült, werden die Teller nicht sauber. Um das Fett aufzulösen, ist heißes Wasser erforderlich. So verhält es sich auch im Organismus: Das heiße Wasser löst viele Stoffe, die das kalte Wasser nicht angreift: Das heiße Wasser schwemmt sie durch die Poren, Nieren usw. nach außen, und man fühlt sich gereinigt und verjüngt, ihr könnt auch alle Tage nüchtern heißes Wasser trinken. Weil das heiße Wasser die Durchgangswege reinigt, ist es ein ausgezeichnetes Heilmittel gegen Arterienverkalkung, Rheumatismus und anderes mehr.

Das heiße Wasser schmeckt zunächst vielleicht nicht angenehm, aber nach und nach empfindet man ein derartiges Wohlbehagen, dass es ein wahrhaftiger Genuss wird. Das heiße Wasser ist ein ausgezeichnetes Heilmittel, aber womöglich nimmt es niemand ernst, weil es zu einfach und billig ist! Einer unserer Brüder hat sich durch heißes Wasser von einer Krankheit befreit, die sein Arzt mit anderen Mitteln nicht zu heilen vermochte. Als er ihn wieder aufsuchte, erzählte er ihm, was ihn geheilt hatte und dieser Arzt, der einer seiner Freunde war, gestand ihm: »Ja, ich weiß welche Wunder das heiße Wasser in vielen Fällen wirkt, aber sie wollen doch nicht, dass ich mir von einem Mann eine Konsultation bezahlen lasse, dem ich ganz einfach heißes Wasser verordnet habe!«

Zu der Fastenfrage will ich euch noch Folgendes sagen: Wenn man fastet, ersetzt der Ätherleib die dem physischen Körper fehlenden Stoffe durch andere, viel reinere und feinere. Der Ätherleib ist beauftragt, über den physischen Körper zu wachen und die ihm fehlende Energie einzufangen. Das Fasten gibt demnach dem Ätherleib einen Impuls, sodass er zu arbeiten beginnt: Die Tätigkeit verlegt sich an eine andere Stelle und der physische Körper ruht sich unterdessen aus. Wenn man das Fasten natürlich zu lange ausdehnt, wird der Ätherleib mit Arbeit überlastet, weil der physische Körper nichts mehr tut. Der physische Körper und der Ätherleib sind zwei Verbündete, und wenn nur einer der beiden arbeitet, ist das Gleichgewicht schon gestört.

Der Ätherleib besitzt die Eigenschaft, das Leben des physischen Körpers zu sichern und vermag ihn sogar augenblicklich zu heilen. Dank des Ätherkörpers schließen die Fakire und Yogis die Wunden, die sie sich absichtlich zufügen.

Ich habe schon mehrmals auf jene Grundregel der Ernährung hingewiesen, die besagt, dass man mit Essen aufhören soll, bevor man völlig satt ist. Warum? Erhebt ihr euch nach einer Mahlzeit noch mit einem leichten Hungergefühl vom Tisch, so sucht euer Körper, der fühlt, dass die von euch aufgenommene Nahrungsmenge nicht ausreicht, und das Fehlende wird ihm durch den Ätherleib zugeführt. Deshalb stellt ihr wenige Minuten später fest, dass ihr, auch wenn euch noch etwas angeboten wird, keinen Hunger mehr verspürt und euch sogar viel wohler fühlt. Deshalb rate ich euch, erhebt euch mit einem leichten Hungergefühl vom Tisch! Manche bilden sich ein, sie würden durch größere Nahrungsmengen gesünder. Nein, der Magen darf nicht überladen werden, denn nichts lässt schneller altern als Überernährung! Natürlich meine ich auch hier mit dem zu bewahrenden Hungergefühl nach der Mahlzeit nur eine leichte Entsagung. Wenn ihr dauernd einer dem Organismus notwendigen Nahrung entsagt, kann der Ätherleib den Mangel nicht ausgleichen. Aber wenn ihr von einem Kilo zwanzig Gramm wegnehmt, fühlt ihr euch wegen des ätherischen Elementes, das zu der schon aufgenommenen Nahrung noch hinzukommt, viel leichter und in besserer Verfassung. Wer zu viel isst, ist schläfrig. Warum? Weil Schlaf nötig ist, damit der Ätherkörper den Organismus von der überflüssigen Nahrung befreit. Wozu diesen Überschuss aufnehmen, da er dann doch entfernt werden muss?

Ihr denkt, was ich heute gesagt habe sei belanglos, gehöre nicht zum gewichtigen Einweihungsthema. Nun, erhebt euch jeden Tag mit einem leichten Hungergefühl vom Tisch, fastet von Zeit zu Zeit, trinkt heißes Wasser und ihr werdet feststellen, wie wohltuend sich diese Gewohnheiten selbst auf euer Geistesleben auswirken!

Zum Schluss noch einige Worte bezüglich des Fastenbrechens nach mehrtägigem Fasten. Ihr müsst nämlich wissen, dass man sterben kann, wenn man gleich wieder normale Mengen zu sich nimmt. Am ersten Tag darf man nur einige Tassen leichte Gemüsebrühe trinken: Tags darauf Suppe mit Zwieback: Am dritten Tag kann man wieder normal essen, aber leicht und nicht zu reichhaltig. Auf diese Weise lauft ihr keine Gefahr. Nach einer Fastenkur empfindet ihr neue, feinere Gefühle, habt Offenbarungen, macht Entdeckungen, fühlt euch verjüngt, erleichtert, als ob die den Organismus belastenden Stoffe verschwunden, Abfälle und Unreinheiten weggefegt wären. Es lassen sich im Zusammenhang mit dieser Frage interessante Beobachtungen anstellen, allein Unwissenheit und Furcht hindern den Menschen daran, sich durch Fasten zu verjüngen und zu heilen, wie das zahlreiche Heilige, Asketen und Meister in der Vergangenheit getan haben.

Sèvres, den 30. Januar 1945

Weiterführende Literatur

1. Siehe Band 204 der Reihe Izvor »Yoga der Ernährung«, Kapitel 5: »Der Vegetarismus«.

Kapitel 3

WIE MAN SICH WASCHEN SOLL

Teil 1

Freier Vortrag (stenografierte Notizen)

Es ist vorgekommen, dass ich den einen oder anderen fragte: »Was tun Sie morgens beim Erwachen?« »Als Erstes schalte ich das Licht an, dann bete oder lese ich und meditiere«, lautete die Antwort. »Wie, das tun Sie alles im Bett?« – »Ja, ich lese, bete und meditiere im Bett.« Ich war bestürzt!

Davon ausgehend will ich euch sehr einfache aber wichtige Ratschläge erteilen. Wenn ihr morgens erwacht, müsst ihr die Lampe anzünden – wenn es noch dunkel ist und unverzüglich aufstehen. Als Zweites sollt ihr euch waschen. Bevor ihr betet, bevor ihr euer Frühstück und das eures Ehemannes, eurer Kinder bereitet, noch bevor ihr irgendetwas tut, müsst ihr Hände und Gesicht waschen, vor allen Dingen die Augen nicht berühren, bevor die Hände gewaschen sind.

In der Kabbala heißt es, dass sich beim Einschlafen ein unreiner Geist an des Menschen physischen Körper hängt und dass beim Erwachen dieser Geist noch an den Händen und am Gesicht haftet. Wenn wir erwachen, stehen unsere Hände und unser Gesicht noch unter der Herrschaft dieses unreinen Geistes, und deshalb dürfen wir nichts tun, bevor wir diese unsichtbar anklebende unreine Schicht entfernt haben.

Eine der ersten Pflichten, der sich der Suchende bei der Einweihung zu unterziehen hatte, war die Läuterung, und ein Verfahren bestand in der Reinigung durch das Wasser – in den Waschungen. Dem greifbaren Wasser entspricht ein anderes, im Weltenraum befindliches Wasser, der ätherische Mittler, in dem der Mensch seinen Astral- und Mentalleib läutern kann. Wenn man sich wäscht, muss man es bewusst und nicht gedankenlos tun. Das Waschen ist wie die Ernährung eine heilige Handlung. Zu rasche, hastige Bewegungen stören die Harmonie und bringen die Gesichtszellen in Unordnung: Im Ätherischen besteht eine überaus feine Ordnung der Partikel, die durch jähe Bewegungen zerstört wird. Beobachtet einmal, wenn ihr euch in aller Eile wascht, wie entmagnetisiert ihr euch fühlt.

Konzentriert euch beim Waschen auf die Frische des Wassers auf eurer Haut! Dieses Gefühl hellt die Gedanken auf, und es kommen euch die besten Einfälle. Fühlt, dass ihr mit euren Händen eine heilige Handlung vollbringt und sprecht: »Im Namen der unsterblichen und ewigen Liebe, im Namen der unsterblichen und ewigen Weisheit, in denen wir leben und unser Dasein haben, möge dieses Wasser mich von allen Unreinheiten befreien!« Und wenn ihr unruhig oder gequält wart, kommt Ruhe über euch.

Das Wasser hat die Eigenschaft alles aufzunehmen: wohin es fließt, absorbiert und nimmt es. Durchfließt es gelbliche oder grünliche Erdschichten, färbt es sich seinerseits gelb oder grün. Die Eingeweihten, die von diesen Aufnahme- und Bewahrungsvermögen des Wassers wissen, bedienen sich seiner, um sich von Unreinheiten zu säubern. Sie wissen, dass auch im Ätherischen das Wasser dieselbe Eigenschaft des Aufnehmens und Festhaltens besitzt und sie benutzen es, um sich von Sünden, Fehlern und psychischen Unreinheiten zu läutern. Sie sprechen Formeln aus, benutzen duftende Extrakte, um die Wirksamkeit des Wassers zu steigern.

Aber um durch das Wasser wirklich reingewaschen zu werden, muss man sich mit dem geistigen, dem kosmischen Wasser verbinden, das jenseits des physischen Wassers besteht. Solange die Verbindung mit diesem geistigen Wasser nicht hergestellt ist, sind die unsauberen Schichten nicht völlig entfernbar. In der Entstehungsgeschichte heißt es, Gott habe die oberen Wasser von den unteren Wassern geschieden.[1] Die oberen Wasser bedeuten die magische Kraft, das den Weltenraum erfüllende Astrallicht mittels dem die Welt erschaffen wurde. Sie ist das kosmische Urwasser, in dem alle Wesen leben und ihre Nahrung finden. Wir leben in diesem Lichtmeer wie die Fische im Wasser, aber oft verhindern die Unreinheiten, die unsere inneren Pforten verstopfen, das Einfließen dieses nährenden und belebenden Wassers in unsere Seele. Wir sind ringsum von Wasser umgeben. Schon das Kind im Mutterschoß lebt in einer flüssigen Umgebung. Warum? Darin liegt eine tiefe Bedeutung. Das untere, das physische Wasser, ist das Abbild des oberen Wassers und enthält dieselben Stoffe und Kräfte wie dieses – doch nur die großen Magier wissen, wie man dessen höhere Kräfte erwirbt!

Das Wasser ist der kosmische Mittler, der die Fluida von einem Bereich in den anderen trägt. Deshalb ist das vom Gebirge herabfließende Wasser mit Himmelskräften erfüllt. Wenn man Wasser trinkt, führt man die Einflüsse der Umgebung, wo es geschöpft wurde, in sich ein. Das ist der Grund, weshalb man niemals Wasser von Orten trinken darf, wo sich Waschhäuser, Schlachthäuser oder Friedhöfe befinden. Das Trinkwasser muss von einem reinen Ort herstammen!

Das Wasser ist der bedeutsamste Übermittler. Zahlreiche Pflanzen muss man erst in Wasser legen, damit ihre heilsamen Eigenschaften übertragbar werden. Will man diese Pflanzen zu Getränken oder Bädern benutzen, sind sie nur dank des Wassers wirksam, das ihre Eigenschaften weiterleitet. Das Wasser nimmt die Einflüsse der Umgebung auf, die es durcheilt; ob dem Sonnenlicht ausgesetzt oder aber dem Mondlicht, sind die Eigenschaften des Wassers verschieden, weil andersartige Einflüsse darauf einwirkten. Die Alten sagten, dass ein dem Mondlicht ausgesetztes Wasser der Gesundheit schadet. Deshalb deckten sie über Nacht alle Behälter ab und tranken kein Wasser, das nicht zugedeckt gewesen war, aus Furcht vor ungesunden Einflüssen, welche die Nacht hätte einführen können.

Das Wasser nimmt auf und überträgt. Darum erzählt es, wenn wir es trinken, den Zellen seine Geschichte und übermittelt uns das Wissen, das es auf seiner langen Wanderung erwarb. Dank dem Wasser können wir die Geheimnisse des Erdenlebens erfahren. Aber dazu muss man es langsam trinken, im Bewusstsein dessen, was ihm alles auf seinen Reisen durch die Natur widerfuhr.

Viele Seher bedienen sich des Wassers, um einen Einblick in das Unsichtbare zu gewinnen. Es wurde übrigens öfter festgestellt, dass Menschen, die in der Nähe von Seen und Flüssen wohnen, hellsichtig werden, weil das Wasser das Hellsehen entwickelt. Es wird auch erzählt, dass die Weisen der Antike kugelförmige Behälter mit reinem Wasser füllten und beim Überschauen dieses Wasserspiegels die Erscheinung von Geistern wahrnahmen. Wenn wir mit dem Wasser zu arbeiten verstehen, läutert es uns und lässt uns die Dinge in ihrer Klarheit sehen. Das Leben ist dem Wasser vergleichbar: Ist es heftig bewegt und aufgewühlt, sieht man nichts: Wenn es ruhig ist, spiegelt es den Himmel wider.

Nehmen wir nun an, ihr möchtet euch waschen und hättet kein Wasser, ihr könnt es dennoch in Gedanken tun. Ihr stellt euch das Gefühl der Frische vor, fühlt wie Wassertropfen auf euch fallen und alles Unreine wegspülen. Dieses geistige Bad kann euch wirklich reinwaschen. Das äußere, physische Wasser ist noch nicht das wahrhaftige, nach dem geistigen Wasser muss innerlich gesucht werden. Der Mensch besitzt in sich selber

Quellen lebendigen Wassers und dieses Wasser meinte Jesus, als er sagte: »Von dessen Leib werden Ströme lebendigen Wassers fließen.«[2] Das physische Wasser ist nur ein Mittel, um mit dem wirklichen Wasser in Verbindung zu treten.

Manchmal werdet ihr einen Kummer, einen Verdruss nicht los, dann wendet euren Blick auf fließendes Wasser und lauscht seinem Rieseln. Wenn das Wasser auch nur aus dem Wasserhahn läuft, fühlt ihr euch nach wenigen Augenblicken schon erleichtert: Was ist geschehen? Das fließende Wasser beeinflusst und erfrischt den Solarplexus und spülte die belastenden Stoffe weg, ihr könnt auch die Hände in warmes oder kaltes Wasser tauchen und werdet einige Minuten danach den Eindruck haben, von eurer Last befreit zu sein. Wascht euch die Hände bewusst mit Seife, einmal, zweimal, bis zu zehnmal. Durch den beim Händewaschen wirkenden Gedanken säubert ihr zugleich eure ätherischen Hände, die über den physischen Händen liegen.

Sind eure Hände gewaschen, leiten sie die Himmelskräfte, und ihr könnt dann zum Beispiel diese Kräfte in das Wasser, das ihr trinken wollt, einführen. Füllt ein Glas mit reinem Wasser, wenn möglich aus einer Quelle oder einem Bergsee. Haltet das Glas in der linken Hand und taucht die drei ersten Finger der rechten Hand (Daumen, Zeige- und Mittelfinger) hinein, indem ihr an die Liebe, die Weisheit und die Wahrheit denkt, um das Wasser damit zu bereichern. Dann trinkt ihr dieses Wasser schluckweise, indem ihr denkt: »Für die heilende Liebe, für die erleuchtende Weisheit, für die befreiende Wahrheit.«

Manche Eingeweihte arbeiten mit dem Wasser und heilen Krankheiten damit. Sie vermerken zum Beispiel auf einem Blatt Papier kabbalistische Zeichen, durch die sie mit den höchsten Wesenheiten in Verbindung treten, magnetisieren dieses Blatt und verbrennen es: Die Asche davon geben sie in Wasser, das sie dem Kranken zu einer bestimmten Zeit reichen, und der Kranke ist geheilt.

In der Religion wurde dem Wasser von jeher eine große Bedeutung zugeschrieben. Die Juden tauchten sich in den Jordan, die Hindus in den Ganges usw. In allen christlichen Konfessionen hat die Taufe eine wichtige Stellung inne. In der gegenwärtigen Zeit ist den Menschen der Sinn dieser Praktiken verloren gegangen, und sie haben keinen Zugang mehr zu den höheren Kräften. Aber ihr, meine lieben Brüder und Schwestern, müsst nun lernen, wie man die Poren der Seele öffnet, damit des Wassers geistige Elemente einströmen.

Sèvres, den 30. Januar 1945

Weiterführende Literatur

1. Siehe Band 232 der Reihe Izvor »Feuer und Wasser, Wunderkräfte der Schöpfung«, Kapitel 1: »Wasser und Feuer, Grundprinzipien der Schöpfung«.
2. Siehe Band 240 der Reihe Izvor »Söhne und Töchter Gottes«, Kapitel 12: »Aus seinem Leib werden Ströme lebendigen Wassers fließen«.

Teil 2

Freier Vortrag

Frage: »Meister, würden Sie uns bitte einige Übungen angeben, die sich zur Läuterung beim Baden durchführen lassen.«

Die Menschen denken gewöhnlich beim Waschen ihres Körpers nicht daran, dass sich dabei auch etwas zur Läuterung ihres Äther- und Astralleibs tun ließe. Im Ätherischen und Astralen haften Unreinheiten, die sich nur mit Mühe entfernen lassen, dabei sind die auf der Astralebene viel hartnäckiger, heimtückischer und schädlicher als diejenigen anderer Ebenen. Nun, das Wasser ist im Stande, diese Unsauberkeiten zu entfernen, aber seine Wirksamkeit muss zuerst gesteigert werden, ihr müsst eine entsprechende Menge Salz in einem Behälter bereithalten. Das Salz hat, wie ihr wisst bei religiösen Zeremonien eine sehr wichtige Bedeutung, ihr müsst es in der Früh bereitlegen, dazu auch Kerzen anzünden, Weihrauch verbrennen und einige Worte sprechen, um es der absoluten Reinheit, dem kosmischen Geist, Christus zu weihen und die himmlischen Lichtwesen bitten, es zu segnen, ihm läuternde Kraft zu übertragen.

Das Salz ist in seiner tieferen Bedeutung noch nicht erfasst worden, obwohl es in den heiligen Schriften an mehreren Stellen erwähnt wird. Es heißt im Evangelium: »Ihr seid das Salz der Erde. Wenn das Salz fahl wird, womit soll man's salzen? Es ist hinfort nichts nütze, denn dass man es hinausschütte, damit es die Leute zertreten.«[1] Für die Alchimisten stand das Salz, zusammen mit dem Schwefel und dem Quecksilber, mit tiefgründigen Fragen in Beziehung. Das Salz der Alchimisten war wohlverstanden kein Kochsalz, sondern das Produkt aus der Verbindung des männlichen (der Säure) mit dem weiblichen Prinzip (der Lauge): das daraus hervorgehende Kind. Salz besitzt für den, der damit umzugehen versteht, eine tiefe Bedeutung.

Bevor ihr dann ins Bad steigt, werft ihr das von euch geweihte Salz ins Wasser und sprecht einige Worte, damit das Wasser kraft des Salzes geheiligt wird: Danach wendet ihr euch an die Himmlische Mutter und betet: »Oh Himmlische Mutter, wie sehr bewundere ich dieses klare Wasser, das dich widerspiegelt: Ich bitte dich, heilige es, damit es meine Unreinheiten, Krankheiten und Schwächen hinwegspült und ich meinem Himmlischen Vater tatkräftiger dienen kann.« Dann berührt ihr das Wasser und sprecht die in ihm wohnenden Wesenheiten an: »Oh, ihr Undinen alle, wie schön, rein und durchsichtig ihr seid! Nehmt mich auf, nehmt mich in eurem Element an und arbeitet an mir, damit alles Unschöne in mir, was nicht mit dem Himmel in Einklang steht, von mir weiche.« Bei diesen Worten berührt ihr das Wasser liebevoll. Das Wasser ist ein Element, in dem unsichtbare, aber überaus schöne und reine Wesenheiten leben. Durch eure Worte geht ihr mit diesen gar empfindsamen und eures liebevollen Verhaltens wegen wohlgesinnten Wesen eine Verbindung ein. Indem ihr ins Wasser steigt, gebt ihr eurer Freude über seine Klarheit, seine lichtglänzende Pracht Ausdruck und wascht euch. Von dem gesegneten Wasser, das ihr vorher herausgeschöpft und in einem Eimer stehen habt, gießt ihr euch abschließend einmal über. Erfüllt euch ein starker Glaube und viel Liebe, so werdet ihr mit dieser Übung große Ergebnisse erzielen: Es hängt allein von eurem Glauben und eurer Liebe ab.

Aus den ältesten Sprachen sind Weihesprüche überliefert, was anzeigt, dass derartige Weihen seit langem bestehen. Wozu die Sprüche? Gewiss, das Wesentlichste ist das, was vom Menschen selber ausgeht: Denn die Strahlung ist eine universelle Sprache, die von den Geistern entziffert wird. Die von dem Menschen ausgestrahlten Farben, sind der Ausdruck seiner Gedanken und Gefühle, sind eine allen unsichtbaren Geschöpfen verständliche Sprache: Sie bedürfen keiner Worte.[2] Auf der physischen Ebene jedoch ist das Wort gewichtig, und aus diesem Grunde ist es erforderlich Sprüche oder Verse auszusprechen. Sagt ihr eine Formel nur in Gedanken, so sammeln sich die Kraftströme lediglich im Denkbereich, während auf der irdischen Ebene nichts zu Tage tritt. Das Wort ist eine Unterschrift. Ein handgeschriebenes Papier besitzt nur einen Wert, wenn es unterzeichnet ist. Ein Heer geht nur auf den Befehl seines Generals zum Angriff über. Durch das Aussprechen von Worten, löst ihr auf der Sinnesebene Kräfte aus. Damit die verborgenen Kräfte zum Handeln freigesetzt werden, ist das gesprochene Wort unerlässlich: Das haben nur wenige verstanden, indessen sind das Dinge, die jeder Höherstrebende kennen und handhaben muss.

Die meisten wissen noch nicht, was Reinheit wirklich ist. Sie glauben rein zu sein, weil sie alle Tage baden, aber damit ist innerlich keine Unlauterkeit entfernt! Innen haben sich ohne ihr Wissen verderbliche Neigungen und unsaubere Schichten angehäuft, die sehr schlechte Leiter für die lichten Emanationen und Himmelskräfte sind – Schranken, die den segenbringenden Wesenheiten den Eintritt verwehren. Diese Schmutzschichten heißt es zu entfernen, und das vermag das Wasser, sofern ihr es durch Gedanken und Worte mit feinsten Schwingungen aus dem Universum ladet. Glaubt aber nicht, dass euch dies gleich beim ersten Mal gelingt, ihr müsst es mehrmals tun, doch jedes Mal befreit ihr euch etwas mehr, da dem Wasser die Eigenschaft innewohnt, alles aufzunehmen. Sowohl das Gute wie das Schlechte saugt es auf, weshalb ihr euch nicht waschen, vor allem nicht baden dürft, wenn ihr in freudig-begeisterter Stimmung seid. Fühlt ihr euch missgelaunt, unglücklich und nehmt ein Bad, so ist euch danach viel wohler, weil das Wasser eure Traurigkeit, euren Kummer hinwegspülte. Das Wasser nimmt alles auf. Gutes und Schlechtes.

Natürlich ist es nicht möglich, die eben erwähnte Übung vor einem Waschbecken durchzuführen: Aber ihr könnt trotzdem, wenn das Wasser fließt, ein paar Worte sprechen: »Wie ich mein Gesicht wasche, möge mein geistiges Antlitz gewaschen werden«, worauf ihr einige Minuten betet.

Die Geisteswissenschaft ist sehr umfassend und es bleibt euch noch vieles zu lernen. Diese Wissenschaft lehrt, dass der physische Körper eine große Macht besitzt und dass Worte, die man ausspricht, wenn man nackt ist, viel kräftiger wirken, als wenn man sie bekleidet ausspricht. Aus welchem Grund? Ich darf es nicht sagen, weil dies sehr gefährlich ist: Die Hexen ziehen sich aus, um ihre magischen Riten auszuführen, weil sie wissen, dass sie nackt über größere Macht verfügen.

Die Reinheit steht mit der Sephira Jesod, dem Mond (im Hebräischen »Levana«) in Verbindung: Unter den Metallen ist das Silber mit dem Mond verwandt. Die Reinheit ist die Grundlage für die Gesundheit, die Kraft, den Frieden. Ausnahmslos alle Sorgen, Alpträume, Depressionen rühren von abgelagerten angehäuften Schlacken her, die es zu entfernen gilt. Aber die Menschen sind zu sehr in das Getriebe des materiellen Lebens eingespannt, um sich zur Säuberung Zeit zu nehmen. Die Unreinheit allein ist die Ursache allen Unheils. Um den Menschen zu helfen, nehmen die Eingeweihten deren Unreinheiten auf, die sie dann auflösen und umwandeln müssen.

Jede Unpässlichkeit und Erkrankung sollt ihr als ein Zeichen hinnehmen, als eine Aufforderung des Himmels, eine gründliche Reinigung vorzunehmen, die ihr sonst unterlassen hättet. Nehmt jede Unannehmlichkeit dankbar an. Es ist besser, die geringsten Giftstoffe machen sich in eurem Körper sogleich bemerkbar, so könnt ihr unverzüglich etwas dagegen tun oder wenigstens Vorsichtsmaßnahmen treffen. Später, wenn sich die Ablagerungen unbemerkt angesammelt haben, ist es schwierig sie loszuwerden. Manche Leute bringt die geringste Verschmutzung durch ein Nahrungsmittel, ein Getränk oder die Luft aus dem Gleichgewicht, was ein Beweis für ihre Körperreinheit ist, andere sind wegen ihrer Unreinheit weniger empfindlich. Sehr reine Wesen vertragen nicht die mindeste Unsauberkeit in ihrem Körper. Alle Leute, die Fleisch essen,

Alkohol trinken und viel rauchen, sind auf die Dauer derart von Schlacken überhäuft, dass sie gegen üble Gerüche, Rauch und Lärm unempfindlich sind: Wer aber in der Reinheit lebt, leidet unter ähnlichen Bedingungen.

Folgt dem Rat, den ich euch gebe: Betrachtet die geringste physische Unannehmlichkeit, sei es Jucken, Pickel oder Koliken usw., als eine Aufforderung des Himmels, die Läuterung zu beginnen, die ihr sonst nie durchgeführt hättet: Nehmt sie als Ausgangspunkt, als Antrieb und als eine Übung Unreines zu vertreiben, mit dem zugleich viel anderes, das ihr nicht seht, weggespült wird. Oft mag man diese Läuterung nicht vornehmen und der Zustand verschlimmert sich. Der Himmel lässt aber selbst die Eingeweihten nie in Ruhe, schickt ihnen Unannehmlichkeiten aller Art, um sie anzuspornen, unablässig fortzuschreiten und ihre Arbeit nie einzustellen.

Licht und Friede seien mit euch!

Sèvres, den 3. Juli 1970

Weiterführende Literatur

1. Siehe Band 241 der Reihe Izvor »Der Stein der Weisen – Von den Evangelien zur Alchimie«, Kapitel 3: »Ihr seid das Salz der Erde« und Kapitel 4: »Wenn das Salz seinen Geschmack verliert…«.
2. Siehe Band 309 der Reihe Broschüren »Die Aura – Unsere geistige Haut« und Band 229 der Reihe Izvor »Der Weg der Stille«, Kapitel 10: »Menschliches und Göttliches Wort«.

Kapitel 4

VON DER WAHREN TAUFE

Freier Vortrag

Es sollte euer tägliches Anliegen sein, euch zu reinigen. Sagt ja nicht, ihr hättet es bereits gestern und vorgestern getan. Gestern, war es für den gestrigen Tag, heute müsst ihr von neuem damit beginnen. Jeden Tag muss die Säuberung, die Reinigung und die Heiligung vorgenommen werden, bis ihr in eurem ganzen Wesen geläutert und gewandelt seid.

Manche sagen: »Ja! Ich bin getauft worden und daher vollkommen rein.« Welch komische Auffassung! Die Leute bilden sich ein, dass die Läuterung durch die Taufe ein ganzes Leben lang andauert, das heißt wirklich nicht weit gedacht! Einverstanden, sie sind getauft: Aber wenn sie meinen, die unsauberen Geister wagten nun nicht mehr, von ihnen Besitz zu ergreifen, weil man ihnen, als sie klein waren, Wasser und heiliges Öl auf die Stirn getan! Sämtliche Teufel ziehen ein, kennen keine Furcht, sind durch die Taufe keineswegs beeindruckt! Der Mensch selber muss darauf bedacht sein, sein ganzes Leben hindurch die Wirkung der Taufe aufrechtzuerhalten und zu steigern. Aber da er nicht in dieser Richtung weiterarbeitet, ja selbst das Gegenteil tut, verblasst und schwindet die Wirkung der Taufe. Sagt das den Christen! Sie haben Dickköpfe, verstehen einen nicht: So denken sie auch Jesus habe die Menschheit ein für alle Mal erlöst und wähnen sich gerettet, selbst wenn sie die schlimmsten Sünden begehen. Der Herr hat sein Blut vergossen, nun ist die Menschheit für alle Zeiten geläutert und erlöst! Ich stelle aber die Frage: »Wie kommt es dann, dass euch Unfälle, Krankheiten, Widerwärtigkeiten, Leiden widerfahren? Warum habt ihr Schulden zu bezahlen, wenn eure Schulden doch schon beglichen sind?« Darauf wissen sie keine Antwort.[1]

Ihr werdet getauft, von euren Sünden befreit – das ist schön und gut, allein es handelt sich darum, die bei der Taufe in euch hineingelegte Reinheit zu bewahren. Jeden Tag muss die Reinigung gewissenhaft von ganzem Herzen und ganzer Seele vollzogen werden. Manche sind derart stolz und zufrieden, getauft worden zu sein, dass sie sich einbilden, in alle Ewigkeit keiner Läuterung mehr zu bedürfen: Wenn man mit ihnen lebt, merkt man, dass sie nicht besser sind als die Ungetauften, manchmal sogar schlimmer. Deshalb rufe ich ihnen zu: »Ihr habt ja mit der Läuterung noch gar nicht begonnen – habt nichts gelernt, nichts getan: Ihr dürft euch nicht mit der Vorstellung zufrieden geben, getauft und von Jesus erlöst worden zu sein!«

In der Bibel zum Beispiel, könnt ihr lesen, dass der Prophet Elias dem Naaman anriet, sich siebenmal in den Jordan einzutauchen, um von der Lepra geheilt zu werden. Auch Jesus ist von Johannes dem Täufer im Jordan getauft worden. Die Taufe, die Waschungen sind von großer Bedeutung, aber es kommt auch sehr darauf an, wer euch tauft oder ins Wasser eintauchen heißt. Genau wie bei den Talismanen.[2] Die Kraft eines Talismans hängt von dem Menschen ab, der ihn bereitet. Wird der Talisman von einem Unwissenden oder Verbrecher bereitet, wirkt er nicht, weil keine hohe Geistkraft in ihn hineingelegt wurde. Ein Gegenstand wird erst ein Talisman, wenn er von der Kraft Telesma durchtränkt ist. Dank der Telesma-Kraft, dieser starken Kraft aller Kräfte (wie Hermes Trismegistos auf seiner Smaragdtafel sagt), wirkt der Talisman. Andernfalls liegt ein Gegenstand vor, der keine Kraft besitzt und nicht als Talisman wirkt.

Für die Reinigung ist das Wasser ein sehr vorteilhaftes Element, weil darin Wesen leben und wirken, die, wenn man sich wäscht, befähigt sind, manche fluidale Schichten wegzuschwemmen. Es ist gut ins Wasser einzutauchen, weit wichtiger aber ist es, dies bewusst zu tun und an die läuternde Macht des Wassers zu glauben. Vor allen Dingen, wenn das Wasser gesegnet, magnetisiert ist, wenn ein Eingeweihter es durch einen Spruch geweiht hat, wirkt es sehr stark. Aber selbst in diesem Fall hält seine Wirkung nicht in alle Ewigkeit an. Eine Zeit lang fühlt sich der Betreffende von Krankheiten oder angesammelten Fluiden befreit, doch bald verliert er diese Reinheit wieder, weil sie ihm von außen zuteil wurde. Selbst wenn das Wasser von außerordentlicher Kraft erfüllt war, hält seine Wirkung nicht ewig an. – Wann ist denn die Läuterung von Dauer? Wenn der gewaschene, von bösen Geistern befreite Mensch sich zusammennimmt und nicht mehr in die gleichen Fehler verfällt. Er muss diese Reinheit durch sein Denken, Fühlen und Handeln aufrechterhalten. Nur unter dieser Bedingung kann die Reinheit unbegrenzt andauern.

Es darf nicht ausschließlich auf das Äußerliche gezählt werden, weil es nicht von Dauer ist, wenn man außerdem kein reines und sinnvolles Leben führt. Da den Menschen diese Wahrheiten nicht dargelegt werden, geben sie sich Illusionen hin. Weil das Kreuz zum Beispiel ein Symbol von positiver Ausstrahlung ist, trägt man es um den Hals. Ja, aber wohnt ihm die Kraft inne, von Krankheiten und Schwächen zu erretten? Ich habe Leute gesehen, die Kreuze trugen und trotzdem in einem entsetzlichen Zustand waren. Warum hat das Kreuz ihnen nicht geholfen? Weil das Kreuz innerlich, in Form einer Tugend, einer guten Eigenschaft getragen werden muss.[3] Nur unter der Bedingung ist es wirksam, heilsam, magisch. Ein Kreuz, das ihr nur äußerlich tragt, ob aus Gold, Elfenbein oder anderem Material, kann nichts für euch tun. Aber wenn ihr dieses Kreuz magnetisiert, euren Glauben, eure Liebe hineinlegt und euch dadurch mit Christus verbindet, ja dann gewinnt es eine außerordentliche Macht.

Die Christen tragen Kreuze, Medaillen, zünden Kerzen an,[4] beten Rosenkränze, aber da sie zur Belebung dieser Gegenstände nichts tun, bringt ihnen keiner davon eine Erlösung. Das Verwenden solcher Dinge wird sogar lächerlich. Leider sind die Menschen daran gewöhnt, lediglich auf leblose Dinge zu zählen: Sie wissen nicht, dass sie ihnen die hilfreiche Kraft einflößen sollen!

Eines Tages wird man einsehen, dass man sich nichts auf seine katholische Taufe einbilden soll, weil das nicht genügt. Katholisch muss man erst werden – und zwar bewusst, sein Leben lang! Ihr wurdet als Kleinkind getauft, dabei aber nicht um eure Meinung gefragt: Vielleicht hättet ihr es vorgezogen Taoist oder sonst etwas zu werden, ihr müsst verstehen, was ich euch sage: Denn ich führe euch zu einem sehr erweiterten Verständnis. Man wurde katholisch, protestantisch oder orthodox getauft, lebt aber kein göttliches, engelhaftes Leben, sondern ein Zwitterleben zwischen Tier und Mensch. Nein, meine lieben Brüder und Schwestern, man darf sich nicht damit zufrieden geben, katholisch getauft worden zu sein, sondern sich sagen: »Von nun an will ich wissentlich katholisch werden, das heißt universell: In meinem Herzen soll es keine Teilung, keinen Hass, keine Feindschaft mehr geben, sondern nur noch die Überzeugung herrschen, dass alle Menschen Kinder Gottes sind.« Im Augenblick denkt ihr noch, dass die Anhänger anderer Religionen keine Gotteskinder sind, dass man sie verdammen muss. Durch solches Denken seid ihr keine Katholiken mehr. Wärt ihr wirklich katholisch, würdet ihr alle Menschen ungeachtet ihrer andersartigen Auffassung mit der Überzeugung umarmen, dass sie alle Söhne Gottes sind.

Bonfin, den 22. September 1972

Weiterführende Literatur

1. Siehe Band 240 der Reihe Izvor »Söhne und Töchter Gottes«, Kapitel 11: »Das Opfer von Jesus am Kreuz: Die Kräfte des Blutes«.
2. Siehe Band 226 der Reihe Izvor »Das Buch der göttlichen Magie«, Kapitel 5: »Die Talismane«.
3. Siehe Band 218 der Reihe Izvor »Die geometrischen Figuren und ihre Sprache«, Kapitel 6: »Das Kreuz«.
4. Siehe Band 232 der Reihe Izvor »Feuer und Wasser, Wunderkräfte der Schöpfung«, Kapitel 13: » Die Flamme der Kerze «.

Kapitel 5

WIE MAN WÄHREND DER ATEMÜBUNGEN MIT DEN ENGELN DER VIER ELEMENTE ARBEITET

Freier Vortrag

Heute will ich euch von den Engeln der vier Elemente im Zusammenhang mit den Atemübungen, die wir jeden Morgen ausführen, sprechen. Ich habe euch diese Übung noch nicht anvertraut, weil sie eine Vorbereitung erfordert, der sich nur wenige unterziehen.

Mehrere Male schon habe ich von den vier Engeln: des Feuers, der Luft, des Wassers und der Erde gesprochen. Insgesamt sind es eigentlich sechzehn Engel, da sich die vier Elemente: Erde, Wasser, Luft und Feuer in den vier Welten: der physischen, astralen, mentalen sowie in der geistigen (oder kausalen Welt) wiederfinden.[1] Auf diese vier Welten werden wir noch zurückkommen. Zuoberst, im Bereich von Kether, weilen die vier heiligen Tiere, die Seraphin; sie lenken die vier Elemente. Gewiss sind es nicht die von uns als Feuer, Luft, Wasser und Erde bekannten Elemente, die nur schwache Abbilder und grobe Verdichtungen der im Schoße des Ewigen gelegenen Materie sind. Dieser Stoff, in den Gott sich zu seiner Offenbarung hüllte, ist unvorstellbar fein, zart und rein. Er ist der Urstoff, von dem die Alchimisten sprechen.

Ich habe die Entstehungsgeschichten der bedeutendsten Religionen, das Religionssystem der Christen, der Hindus, Ägypter, Chaldäer, Japaner, Tibetaner, ja selbst der Druiden studiert und gefunden, dass ihre Darlegungen viel zu weitläufig und unzusammenhängend sind. Keines dieser Systeme vermittelt eine so klare Übersicht von der Schöpfungsgeschichte wie die Kabbala. Meiner Ansicht nach ist das kabbalistische System das beste, weil es eine verständliche und mathematisch genaue Zusammenfassung bietet.

Um den Schöpfungsakt zu erklären, gaben die Kabbalisten das System der zehn Zahlen, der zehn Sephiroth. Sie sind aber noch viel weitergegangen und sagen, dass über Kether noch unerkennbare Bereiche liegen, die sie Ain Soph Aur nennen. Ain Soph Aur bedeutet: »Des Wissens unergründliches Licht« (Ain: unergründlich, unnennbar; Soph: Wissen, Weisheit; Aur: Licht).[2] Jenseits von Kether waltet ein unendliches, unbegreifliches, ja unaussprechliches Licht. Manche Wesen haben sich ihm genähert, allein die Erkenntnisse, die sie davon zurückgebracht haben, sind von einer Größenordnung, die das Fassungsvermögen des Menschen, selbst großer Eingeweihter weit übertreffen. Unbegreiflich ist Kether; wie wäre dann, was darüber liegt, Ain Soph Aur, fassbar?

Kether ist die Krone. Was ist eine Krone? Die Krone schwebt immer über dem Kopf; es ist die Aura, jener goldene Lichtschein, der das Haupt der Heiligen umgibt. Die Krone ist eine, vom Menschen ausgehende Feinstrahlung, ein Licht, ein heller Lichtschein! Ich habe euch vorhin gesagt, dass laut der kabbalistischen Überlieferung Gott sich in eine unvorstellbar feine, reine Materie hüllte. Mittels dieses Lichtstoffes wirken und weben die vier heiligen Tiere die Schöpfung. Deshalb weilen diese vier, den Urstoff symbolisierenden Tiere, zuoberst in Kether. Sie sind ebenso unfassbar wie die Sphäre, in der sie wohnen: Sie sind die vier Urprinzipien der Materie, die vier Elemente, doch haben sie mit den vier uns bekannten irdischen Elementen keine Ähnlichkeit. Sie liegen weit über dem von der Wissenschaft Erkennbaren.

Die Kabbala lehrt, dass der Herr vor der Erschaffung des Weltalls zunächst Sein eigenes, die Kausal-, Buddhi- und Atmanwelt umfassendes Reich bildete. Es trägt den Namen Atziluth, ist die Welt des reinen Denkens, die erhabene Welt des Göttlichen, in der die Seraphin, Cherubin und Throne wohnen und die die Sephiroth Kether (die Krone), Chokmah (die Weisheit) und Binah (die Intelligenz) umfasst. Atziluth, die Welt der Emanation, hat ihrerseits die Briah genannte Sphäre (das heißt »Schöpfung«) geformt, die Welt des Intellektes, die die Sephiroth Chesed (die Gnade), Geburah (die Strenge) und Tiphereth (die Schönheit) umfasst. Die erstgeschaffene Welt ist also die Welt des Geistes und der Seele und die zweite diejenige des Intellekts, die ihrerseits eine dritte, Jetzirah (das heißt »Bildung«) ausstrahlte, deren Materie viel dichter ist. Jetzirah ist die Gegend der Astralebene, welche die Sephiroth Netzach (der Sieg), Hod (der Ruhm) und Jesod (die Grundlage) beinhaltet. Die erste Welt ist die göttliche, die zweite Welt die mentale, geistige, die dritte Welt die astrale – und die vierte ist Assiah, die irdische Ebene, in der die Sephira Malkuth (das Reich) steht.[3]

Die Kabbalisten gliedern demnach die Schöpfung in 4 Teile. Manche Esoteriker gliedern sie in 3, andere in 7 oder in 10, 12, 36, 72, 144. Es lassen sich bis ins Unendliche Teilungen vornehmen. Jede Einteilung hat ihre besondere Bedeutung. Die Alchimisten haben die 4 gewählt; die Hindus und Theosophen die 7; die Astrologen die 12; die Christen und Ägypter die 3, die Dreifaltigkeit; die Perser die 2, den Dualismus, und andere die Einheit, den Monismus. Es würde zu viel Zeit in Anspruch nehmen, euch zu erklären, worauf diese Teilungen beruhen. In anderen Vorträgen habe ich manche dieser Gründe angeführt, doch heute wollen wir bei der Vierteilung verweilen, die sowohl den Kabbalisten als auch den Alchimisten geläufige.

Für die Kabbalisten bestehen, wie gesagt, vier Welten: Sie nennen sich von unten nach oben: Assiah, die physische Welt; Jetzirah, die Astralwelt; Briah, die Mentalwelt, und Atziluth, die Welt der Emanationen, das Reich des Geistes. In Atziluth wohnen die Engel der vier Elemente, der vier Urprinzipien der Materie, dargestellt als Stier, Mensch, Adler und Löwe. Der heilige Johannes, der Prophet Hesekiel und viele andere haben diese Engel geschaut: Vier Engel sind ihre Vertreter in der Mentalwelt, vier weitere im dichteren Bereich der Astralebene und noch vier andere auf der physischen Ebene. Wenn wir den Engel der Lüfte, den Engel des Wassers, den Engel des Feuers oder den Engel der Erde anrufen, wenden wir uns an die vier Engel der physischen Ebene, die Wasser, Wind, Feuer und Erde lenken, welche uns bekannt und sichtbar sind. Ist das klar? Die vier Engel, die sich um die physische Welt und um die vier Elemente, die wir hier auf Erden sehen, kümmern, dürfen nicht mit den vier höchsten Engeln, den Urprinzipien der Materie verwechselt werden. Das Feuer, das wir kennen, ist nicht das wirkliche Feuer. Das wahre Feuer befindet sich oben. Ich habe euch schon erklärt, dass es mehrere Feuer gibt und dass zum Beispiel das Feuer, das wir auf Erden anzünden, nicht das Feuer der Sonne ist.[4]

Die obersten vier hochheiligen Engel sind unerreichbar fern. Will man zu ihnen gelangen, muss man sich sehr hoch hinaufschwingen, und da es eine ganze Hierarchie von Engeln gibt – auch von dieser Hierarchie habe ich euch bereits gesprochen –, ist es nicht möglich, die entferntesten zu erreichen, ohne über die uns näher stehenden zu gehen. Ich bin Leuten begegnet, die angeblich das Absolute suchten, ich sagte ihnen, sie sollten sich nicht darum kümmern, da es viel zu weit entfernt liege. Was tun? Man muss die zu erreichen versuchen, die nicht gar zu weit über uns stehen: die Heiligen, die Propheten, die Eingeweihten, die großen Meister. Dann kann man eine Stufe höher steigen und die Engel anrufen. In der himmlischen Hierarchie stehen die Engel den Menschen am nächsten, erhören ihre Anrufungen und bringen ihnen Hilfe. Hierauf mag man versuchen, die Erzengel anzurufen – aber unmittelbar von den

Fürstentümern und höchsten Heerscharen erhört zu werden, ist nicht möglich. Unzählige Welten erfüllen den mit tausenden von Geschöpfen bevölkerten Weltraum; diese Engelordnungen, denen in unabsehbar, fernen Gegenden andere Arbeiten obliegen, stehen mit den Menschen kaum mehr in Verbindung. Mit den Menschen befassen sich die Patriarchen, Heiligen, Eingeweihten, Meister, Apostel, Propheten, das heißt alle die Wesen, die einst auf der Erde gelebt und im Jenseits Erinnerungen, Freundesbande bewahrt haben und noch Versprechen einlösen wollen. Der Strebende muss um diese höheren Hierarchien wissen, möchte er aber sich durch Gebet und Meditation mit ihnen verbinden, muss er sich zunächst an die Näherstehenden wenden.

Den großen Eingeweihten, die in des Geistes Tiefen vorgedrungen sind, steht es frei, sich in die höchsten Sphären aufzuschwingen, die Chasmalim, Aralim, Ophanim und darüber hinaus noch die Chajot-ha Qadosch anzurufen, um für der ganzen Menschheit künftiges Wohl zu wirken. Doch der Anfänger soll sich nicht damit beschäftigen, derart weit zu gehen, denn er wird dabei nur einschlafen.

Ich vermittle euch diese Kenntnisse, damit ihr nicht irregeht, euch nicht einbildet, dass ihr mit einem Mal Zugang zu den Seraphin, Cherubin oder Thronen findet. Nein, es muss ein langer Wer zurückgelegt werden, und die Menschen sind noch nicht bereit, ihn zu gehen. Die Engel indessen sind erreichbar. Sie befassen sich noch mit der Materie, da sie in Jesod wohnen und Jesod Malkuth, der Erde, am nächsten steht.

Die göttliche Welt, Atziluth, beinhaltet die Sephiroth Kether, Chokmah und Binah. Die Welt der Intelligenz, Briah, die Sephiroth Chesed, Geburah und Tiphereth. Die Sephiroth Netzach, Hod und Jesod bilden die Astralebene Jetzirah. Die Sephira Malkuth ist Assiah, die irdische Ebene. »Aber warum gibt es für den Erdenbereich nur eine Sephira?« fragt ihr. Weil diese Sephira alle in sich zusammenfasst. Malkuth ist die

Verdichtung, das Abbild, die Veranschaulichung aller Sephiroth: Sie ist in vier Teile gegliedert, die den vier Elementen entsprechen. Deshalb gesteht man ihr vier Farben zu (rot, grün, blau, gelb), wenn man sie auf dem Sephirothbaum darstellt, während die anderen einfarbig sind. Die vier Farben entsprechen den vier Aggregatzuständen der Materie: fest (rot), flüssig (grün), gasförmig (blau), feurig (gelb). Die Kabbala zeigt außerdem, dass auch der Mensch aus diesen vier Ebenen besteht: der physischen, astralen, mentalen und kausalen Ebene. Den physischen Leib nennen die Kabbalisten »Guf« und den Astralleib »Nefesch«. Das Wort »Nefesch« steht in Beziehung zu dem Wort »Nahasch«, die Schlange und »Schanah«, der Verlauf eines Jahres. Ich werde ein andermal darüber sprechen. Dann folgt »Ruach«, der Geist in der Mentalebene: und schließlich »Neschamah«, die Welt der Seele und des Geistes. Für die darüber hinausreichenden feinstofflicheren Bereiche gibt es noch andere Stufen. Es sind die Ebenen, die von den Hindus als Kausal-, Buddhi- und Atmanleib, von den Kabbalisten als Hajah und Jeschidah bezeichnet werden. Hajah und Jeschidah sind demnach noch viel feinere und höhere Sphären als Neschamah. Aber für die Menschen haben die Kabbalisten die vier Aufteilungen: Guf, Nefesch, Ruach und Neschamah festgehalten, die der Viergliederung des Universums entsprechen. Das genügt, um euch, ohne auf Einzelheiten einzugehen, einc klare Übersicht zu vermitteln.

Die Atemübungen, die wir jeden Morgen durchführen, gründen ebenfalls auf der Zahl 4: 4 – 16 – 8 und 8 – 32 – 16. Wir haben zunächst diese Übungen im Rhythmus 4 – 16 – 8, und einige Jahre später im Rhythmus 8 – 32 – 16 durchgeführt: Man atmet 8 Sekunden ein, hält 32 Sekunden an und atmet 16 Sekunden aus. Vielleicht werde ich euch später eine fortgeschrittenere Übung mit 16 – 64 – 32 angeben, aber dafür müsst ihr eure Lungen erweitern. Es darf nicht nur mit dem oberen Teil der Lungen geatmet werden, wie es im Allgemeinen die

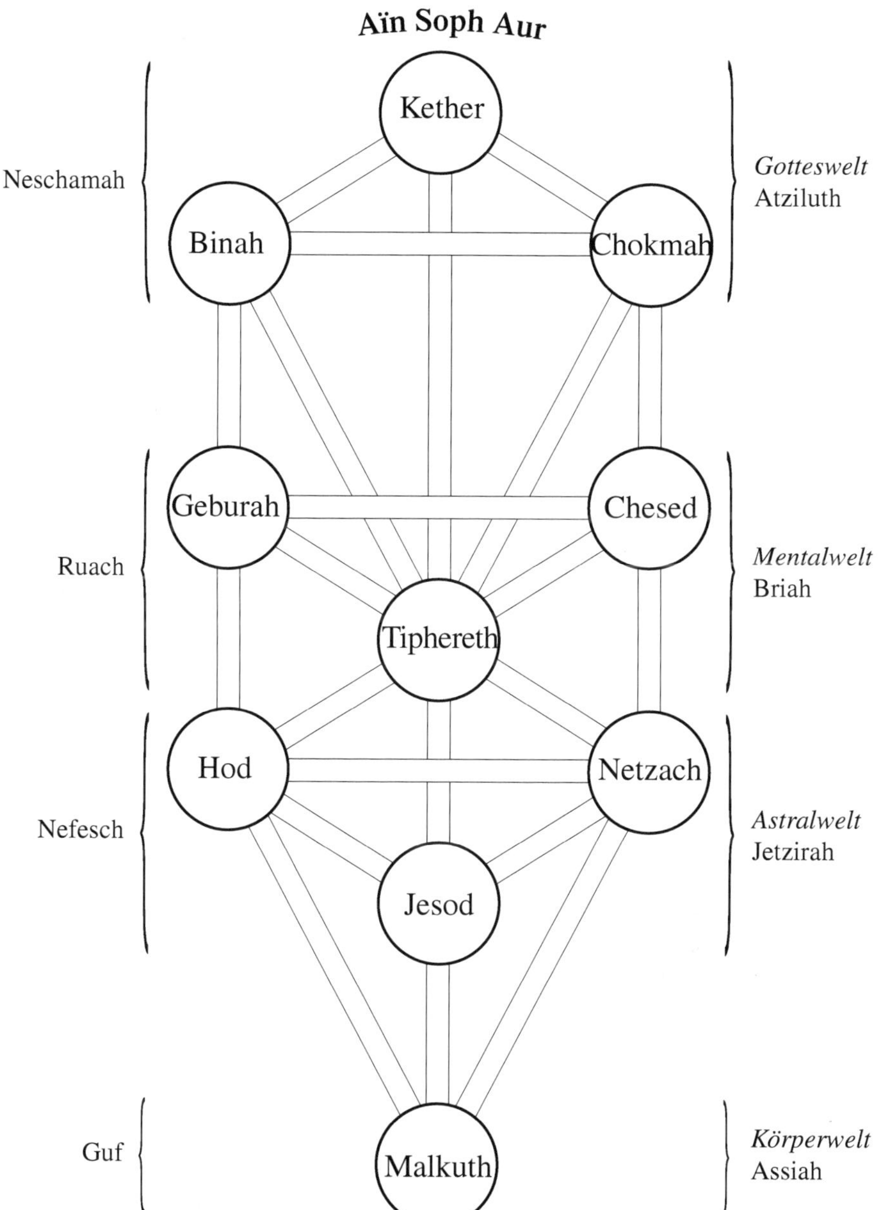

Der Lebensbaum

Frauen tun, sondern man muss die Lungen bis nach unten zum Bauch hin füllen. Führt ihr diese Übungen jeden Tag durch, werden sich eure Lungen erweitern und kräftigen. Das Erste, was mich in Indien in Erstaunen versetzte, war der runde Bauch der Sadhus und Yogis: Ich wusste doch, dass sie sehr wenig essen und fragte mich, ob dies nicht eine Verunstaltung sei. Aber man kann aus zweierlei Gründen einen Bauch haben: der eine, weil man zu viel isst, trinkt, faulenzt oder zu viel sitzt, der andere, wegen häufiger und ausgedehnter Atemübungen: Das trifft für die Yogis zu. Durch die Tiefatmung entwickeln sie die Gegend von Zwerchfell und Bauch. Wie viel Statuen zeigen Buddha mit einem großen Bauch!

Von der Atmung hängt die Reinheit des Organismus ab. Das Blut durchfließt die Körperorgane, und geht dann in die Lunge, um sich zu reinigen. Führt ihr jeden Tag die Atemübungen gewissenhaft durch, wird es euch gelingen, euren Organismus mehr und mehr zu läutern. Durch die Atmung aber könnt ihr auch Stoffe, Kräfte und Partikel der höheren Welt anziehen, das heißt Licht, Frieden und belebende Elemente. Beim Atmen, sollt ihr in Gedanken alles, was ihr benötigt, aufnehmen, einfangen, ihr müsst auswählen was euch fehlt, was euer gegenwärtiges Befinden verlangt. Ihr könnt euch beispielsweise auf vier Tugenden konzentrieren, indem ihr ihren Namen gedanklich beliebig oft aussprecht. Beim Anhalten des Atems wiederholt ihr jede der vier Tugenden viermal (das macht sechszehnmal), sei es indem ihr die Sephiroth durchgeht, sei es indem ihr euch mit dem physischen, astralen, mentalen und kausalen Leib befasst. Damit verfügt ihr über ein sehr weites Arbeitsfeld, denn es steht euch frei das zu wählen, was euch zusagt: Die Übung bietet euch die Gelegenheit, wirksam an euch zu arbeiten.

Wenn ihr ausatmet – darauf eben wollte ich euch heute aufmerksam machen – könnt ihr die Engel der vier Elemente anrufen. Da das Ausatmen nicht lange dauert (16 Sekunden), müsst ihr euch vorher mit der Vorstellungskraft Bilder gestalten. Während der vier ersten Sekunden stellt euch vor, dass das Feuer durch euren Kopf flammt und alles Düstere hinwegnimmt; damit heiligt euch der Engel des Feuers. Bei den nächsten vier Sekunden stellt ihr euch vor, der Engel der Lüfte wehe eine so feine Luft durch eure Lunge, dass sie vollkommen rein gefegt wird. Während der vier folgenden Sekunden stellt ihr euch vor, ein kristallklares Wasser fließe durch Magen, Darm, Milz, Leber, Geschlechtsorgane und wasche diese rein. Der Engel des Wassers vollzieht diese ganze Arbeit. In den restlichen vier Sekunden wendet ihr euch an den Engel der Erde und stellt euch vor, dass sämtliche Körperschlacken von der Erde aufgesogen werden. So säubert der Engel der Erde den Körper. Diese Übung lässt sich sehr schnell durchführen, wenn man sich geübt hat. Das Feuer entfernt das Unreine aus dem Gehirn: Die Luft beseitigt das Unsaubere aus der Lunge, das Wasser spült Magen und Bauch aus: Und die Erde fegt den ganzen Körper: Alles, was die Körpertätigkeit behindert, wird in den Schoß der Erde versenkt. Dies ist eine wunderbare Übung!

Was mögt ihr dem lieben Gott angetan haben, meine lieben Brüder und Schwestern, dass ihr so wertvolle Dinge erfahren dürft? Gewiss, im Augenblick begreift ihr ihre Tragweite nicht, weil ihr die Ergebnisse noch nicht seht. Mit diesem Verfahren nämlich gelingt es den wahrhaften Eingeweihten, sich zu säubern, zu waschen, zu reinigen, zu heiligen und zu wandeln. Selbst wenn die Menschen keine Veränderung sehen, wird diese von den Wesenheiten auf der Astral- oder Mentalebene wahrgenommen. Wo immer ein derart geläuterter Mensch vorbeikommt, strahlt er glitzernde Lichtpartikel aus. Um es so weit zu bringen, muss man die Sonne als Vorbild wählen!

Die Wissenschaft hat noch nicht entdeckt, was die Sonne in das Weltall sendet; sie denkt, es sei nur Licht und Wärme. Nein. Ich habe in anderen Vorträgen schon gesagt, dass die Sonnenstrahlen Unschätzbares enthalten. Ein Teil dieses Lichtes ist unfähig das Wasser oder die Erde zu durchdringen, ein anderer Teil hingegen dringt bis in das Erdinnere und speist die dort hausenden Wesen. Ja, im Erdzentrum leben Wesen, die sich von der Sonne ernähren! Ihr seht, die Wissenschaft hat weder wahrhafte Versuche angestellt noch wirkliche Entdeckungen gemacht. Sie gestattet zwar die Herstellung von immer vollkommeneren Geräten, die uns allen zugute kommen, allein ich sage den Wissenschaftlern gerade heraus, dass sie noch keine Vorstellung haben, was wirkliche Wissenschaft ist.

Die Übung, die ich angegeben habe, ist eine der besten. Aber ich warne euch, ihr dürft nicht zu viel von eurem Gehirn verlangen, weil es noch sehr zart ist: Man muss es sehr sachte vorbereiten. Manche Brüder und Schwestern stürzen sich übereilt und ohne Maß zu halten auf die Übungen, die ich euch gebe und wundern sich, dass sie krank werden.

Ich habe euch schon gesagt, dass ihr euer Gehirn blockiert und euch nichts mehr gelingt, wenn ihr euch beim Sonnenaufgang gewaltsam konzentriert. Ihr kennt den Vorgang des Denkens nicht. Die Gedanken lieben es umherzuschweifen und zu wandern, deshalb müsst ihr ihnen eine Weile freien Lauf gewähren. Lasst sie schweifen, konzentriert euch noch nicht, zwingt euch nicht zu sofortiger Meditation. Nur ganz sachte dürft ihr das Gehirn, dieses zarte Gerät, in Betrieb nehmen, genauso wie ihr einen Motor anheizt, bevor ihr das Auto in Bewegung setzt. Denkt zunächst an irgendetwas Gutes, Positives, bringt euer Denken langsam in die gewünschte Richtung: Nicht lange danach wird es euch zur Verfügung stehen und gehorchen. Wollt ihr es aber gewaltsam beherrschen und meistern, schlägt es zurück, bäumt sich auf und wirft euch zu Boden. Dies ist der Grund, weshalb viele Brüder und Schwestern bei ihrer Meditation keine Ergebnisse erzielen. Man muss mit seinem Denken sehr vorsichtig, behutsam und diplomatisch umgehen, und dies ist sehr schwierig: Wenn ihr es aber zu meistern versteht, gelingt euch die Konzentration, und es setzt eine ungeheuer gesteigerte Tätigkeit ein, die den ganzen Tag ununterbrochen in derselben Richtung weiterwirkt. In dem Augenblick vermögt ihr an einem einzigen Tag das zu leisten, wozu ihr sonst eine Woche gebraucht hättet und werdet nicht einmal müde. Diejenigen aber, die sich zur Eile antreiben, blockieren ihr Hirn und haben Kopfschmerzen. Kein Wunder, dass sie nicht lange darauf diese Übung endgültig aufgeben, weil sie nicht wussten, wie sie es anstellen sollten. Erinnert euch: Ich habe euch auf diese Tätigkeit vorbereitet, sie euch erklärt und diejenigen, die mich verstanden, mir Vertrauen geschenkt haben, sind jetzt im Stande Ungeheures zu leisten! Die Ergebnisse werden nicht ausbleiben. Es ist nicht meine Schuld, wenn manche meine Erklärungen vergessen haben und sich unnötig abmühen: Ich habe meine Brüder und Schwestern gut unterwiesen!

Übt euch in dieser Weise, damit ihr euer Nervensystem nicht mit zu starken Spannungen überlastet: Denn das Nervensystem darf nicht überfordert werden. Führt ihr die eben mitgeteilte Übung richtig durch, werdet ihr Gewaltiges leisten. Denkt die Bilder deutlich aus: das lauterste Feuer, die reinste Luft, das klarste Wasser und eine alle Unreinheiten aufsaugende Erde.

Vor Jahren habe ich euch mal eine Übung mit der Erde aufgegeben: Ihr legt euch auf den Bauch und wendet euch an die Erde mit der Bitte, sie möge alle Schlacken von euch nehmen: Denn die Erde ist nicht nur im Stande das Unreine aufzusaugen, sondern es dank den Tausenden von Arbeitern in ihren Tiefen, umzuwandeln und nutzbar zu machen. Schaut, wie sie Unrat und Schmutz annimmt und verwandelt und in Form von Blumen und köstlichen Früchten zurückerstattet. Auf der Erde liegend sprecht ihr also folgende Formel aus: »Oh, Mutter Erde, die du mir die Elemente geschenkt, aus denen mein Körper besteht, sei bedankt! Ich flehe dich heute an: Nimm die seit Jahren in mir angehäuften Schlacken in deine wunderbaren

Betriebe, Schmelzöfen und Tiegel auf, und sende sie mir in lichte Baustoffe umgewandelt zurück, damit ich mein Wirken in der Welt beginne...« Erinnert euch der kabbalistischen Formel, mit der dieses Gebet abschließt, sie lautet: »Taro – Tora – Rota – Tarota – Rotaro«.

Wir sind von magisch wirkenden Kräften umringt, von Wasser, Luft, Erde und Feuer. Gott legte in diese vier Elemente ungeheure Kräfte – es gilt sie handhaben zu lernen! Dankt dem Himmel, dass ihr solch wertvolle Unterweisungen hören dürft, an einem so lichten Morgen, im warmen Sonnenschein, in diesem Frieden, dieser Reinheit und Stille!

Licht und tiefer Friede seien mit euch!

Bonfin, den 14. Juli 1969

Weiterführende Literatur

1. Siehe Band 236 der Reihe Izvor »Weisheit aus der Kabbala – Der lebendige Strom zwischen Gott und Mensch«, Kapitel 2: »Darstellung des Lebensbaumes« und Kapitel 3: »Die Engelshierarchien«.
2. Siehe Band 236 der Reihe Izvor »Weisheit aus der Kabbala – Der lebendige Strom zwischen Gott und Mensch«, Kapitel 6: »Ain Soph Aur: Licht ohne Ende«.
3. Siehe Band 236 der Reihe Izvor »Weisheit aus der Kabbala – Der lebendige Strom zwischen Gott und Mensch«, Kapitel 7: »Die Materie des Universums: das Licht« und Kapitel 8: »Als der Ewige den Kreis zog über den Fluten der Tiefe...«.
4. Siehe Band 10 der Reihe Gesamtwerke »Sonnen Yoga – Surya-Yoga – Die Herrlichkeit von Tiphereth«, Kapitel 21: »Die drei Arten von Feuer«.

Vom selben Autor

Taschenbuch-Reihe Izvor

200 Hommage an Meister Peter Danov
201 Auf dem Weg zur Sonnenkultur
202 Der Mensch erobert sein Schicksal
203 Die Erziehung beginnt vor der Geburt
204 Yoga der Ernährung
205 Die Sexualkraft
206 Eine universelle Philosophie
207 Was ist ein geistiger Meister?
208 Das Egregore der Taube – Innerer Friede und Weltfrieden
209 Weihnachten und Ostern in der Einweihungslehre
210 Die Antwort auf das Böse
211 Die Freiheit, Sieg des Geistes
212 Das Licht, lebendiger Geist
213 Die menschliche und göttliche Natur in uns
214 Liebe, Zeugung und Schwangerschaft
215 Die wahre Lehre Christi
216 Geheimnisse aus dem Buch der Natur
217 Ein neues Licht auf das Evangelium
218 Die geometrischen Figuren und ihre Sprache
219 Geheimnis Mensch.
220 Der Tierkreis, Schlüssel zu Mensch und Kosmos
221 Alchimistische Arbeit und Vollkommenheit
222 Die Psyche des Menschen

223 Geistiges und künstlerisches Schaffen
224 Die Kraft der Gedanken
225 Harmonie und Gesundheit
226 Das Buch der göttlichen Magie
227 Goldene Regeln für den Alltag
228 Einblick in die unsichtbare Welt
229 Der Weg der Stille
230 Die Himmlische Stadt
231 Saaten des Glücks
232 Feuer und Wasser - Wunderkräfte der Schöpfung
233 Eine Zukunft für die Jugend
234 Die Wahrheit, Frucht der Weisheit und der Liebe
235 Im Geist und in der Wahrheit - Wie finde ich zu Gott
236 Weisheit aus der Kabbala
237 Das kosmische Gleichgewicht - Die Zahl 2
238 Der Glaube versetzt Berge
239 Die Liebe ist größer als der Glaube
240 Söhne und Töchter Gottes
241 Der Stein der Weisen
242 Unerschöpfliche Quellen der Freude
243 Das Lächeln des Weisen
244 Dem Licht entgegen

Vom selben Autor

Reihe Gesamtwerke

1 Das geistige Erwachen
2 Die spirituelle Alchimie
3 Die beiden Bäume im Paradies
4 Das Senfkorn – Symbole im Neuen Testament
5 Die Kräfte des Lebens
6 Die Harmonie
7 Die Reinheit, Grundlage geistiger Kraft
8 Sprache der Symbole, Sprache der Natur
9 »Im Anfang war das Wort«
10 Sonnen-Yoga (Surya-Yoga) – Die Herrlichkeit von Tiphereth
11 Der Schlüssel zur Lösung der Lebensprobleme
12 Die Gesetze der kosmischen Moral
13 Die neue Erde
14/15 Liebe und Sexualität (Doppelband)
16 Alchimie und Magie der Ernährung – Hrani-Yoga
17/18 Erkenne Dich selbst – Jnani Yoga (Doppelband)
19-22 *Wird nicht ins Deutsche übersetzt*
23/24 Eine neue Religion (Doppelband)
25/26 Der Wassermann und das Goldene Zeitalter (Doppelband)
27 Die Pädagogik in der Einweihungslehre, Band 1
28/29 Die Pädagogik in der Einweihungslehre, Band 2 und 3 (Doppelband)
30/31 Leben und Arbeit in einer Einweihungsschule
32 Die Früchte des Lebensbaums

Vom selben Autor

Reihe Broschüren

301 Das neue Jahr
302 Die Meditation
303 Die Atmung
304 Der Tod und das Leben im Jenseits
305 Das Gebet
306 Musik und Gesang im spirituellen Leben
307 Das hohe Ideal
308 Das Osterfest – Die Auferstehung und das Leben
309 Die Aura – Unsere geistige Haut
310 In die Stille gehen
311 Wie Gedanken sich in der Materie verwirklichen
312 Die Reinkarnation
313 Das Vaterunser
314 Das Gesetz der Gerechtigkeit und das Gesetz der Liebe
315 Die Quelle des Lebens
316 Die Nahrung, ein Liebesbrief des Schöpfers
317 Die Kunst und das Leben
318 Die wesentliche Aufgabe der Mutter während der Schwangerschaft
319 Die Seele, Instrument des Geistes
320 Menschliches und göttliches Wort
321 Weihnachten und das Mysterium der Geburt Christi
322 Die spirituellen Grundlagen der Medizin
323 Meditationen beim Sonnenaufgang
324 Der Friede, ein höherer Bewusstseinszustand
325 Das Ideal des brüderlichen Lebens
326 Die ganze Schöpfung wohnt in uns
327 Der Preis der Freiheit

Verlage und Auslieferungen

Hauptverlag:
Editions Prosveta S.A. – 1277, Av. Jean Lachenaud – 83600 Fréjus
Tel. 04 94 19 33 33, contact@prosveta.fr, www.prosveta.fr

Verlage und Auslieferungen international:

AUSTRALIEN

PROSVETA AUSTRALIA
108 Grand Ocean Boulevard
Port Kennedy WA 6172
Tel. (61) 8 9594 1145
prosveta.au@aapt.net.au

BELGIEN UND LUXEMBURG

PROSVETA BENELUX
Chaussée de Merchtem 123
1780 Wemmel
Tel. (32) 2 460 108 53
prosveta@skynet.be,
www.prosveta.be

BENIN

ETS Evera-Librairie
Abomey-Calavi
Tel. +229 977 759 50
etsevera@gmail.com

BOLIVIEN

VIRGINIA BELTRÁN
Reemanso 2 Número
9080 Santa Cruz – Bolivia
mavibel@gmail.com

CHILE

AGRUPACIÓN VEHADI
Paula González Morel
Tel. +56 982 948 670 / 998 901 258
vehadi.chile@gmail.com

DEUTSCHLAND

PROSVETA VERLAG GMBH
Grabenstr. 14, 78661 Dietingen
Tel. +49 7427 3430
kontakt@prosveta.de
www.prosveta.de

ENGLAND UND IRLAND

PROSVETA, THE DOVES NEST
Duddleswell Uckfield
East Sussex TN 22 3JJ
Tel. (44) (01825) 712 988
orders@prosveta.co.uk
www.prosveta.co.uk

GABUN

Librairie Tiphéret
BP 1554www.pyrinoskosmos.gr
Libreville
Tel. +241 662 241 35
a.dirat@gabontelecom.ga

GRIECHENLAND

PYRINOS KOSMOS
Egeou 29 – Koropi
G-19400 Athens Attica
Tel. +30 210 360 28 83

HAITI

PROSVETA DÉPÔT HAITI
Angle rue Faustin 1er
et rue Bois Patate #25 bis
6110 Port-au-Prince
rbaaudant@yahoo.com

INDIEN

VIJ BOOKS
2/19 Ansari Road, Darya Ganj
New Delhi 110 002
www.vijbooks.com
vijbooks@rediffmail.com
Tel.: + 91-11-43596460 / 1147340674

BOOK MEDIA (MALAYALAM)
Coondacherry P.O.
Pala, 686579 Kottayam - Kerala
Tel. (+91) 94 47 53 62 40

ISRAEL

prosveta.il@hotmail.com
Hadkeren Publishing House
PO Box 8426
6 108 301 Tel-Aviv – Jaffa
info@hadkeren.co.il - www.hadkeren.co.il

ITALIEN

PROSVETA COOP. A R.L.
Casella Postale 55
06068 Tavernelle (PG)
Tel. (39) 075-835 84 98
prosveta@tin.it, www.prosveta.it

KAMERUN

Librairie Bibliothèque, Vera Book Center
Yaoundé au Carrefour MEEC
BP 17506 Etétak – Yaoundé
Tel. +237 699 959 044 / 694 546 116
verabookcenter@gmail.com

KANADA

PROSVETA INC.
3950 Albert Mines – Canton de Hatley – (QC)
J0B 2C0
Tel. +1 819 564 82 12
prosveta@prosveta-canada.com
www.prosveta.ca

KOLUMBIEN

PROSVETA COLOMBIA
Calle 174 Número 54B
50 Interior 6
Villa del Prado – Bogotá
Tel. (57 1) 6 14 53 85
Tel. 6 72 16 89
Mobil: (57) 311 8 10 25 42
prosveta.colombia@hotmail.com

KONGO

Librairie Providence
19 Rue Maleke Moukondo (Mfilou)
Brazzaville
Tel. +242 066 193 927
librairieprovidence2021@gmail.com

LETTLAND

Cilveka Pasatjaunosanas, biedriba
Ravija Astahova
Anniņmuižas bul. 43 – 135
Riga, Latvija LV-1069
Tel. +371 292 93298
ravija@inbox.lv

LIBANON

PROSVETA LIBAN
P.O. Box 90-995
Jdeitet-el-Metn, Beirut
Tel. (03) 448560
prosveta_lb@terra.net.lb
www.prosveta-liban.com

LITAUEN

LEIDYKLA MIJALBA
Gedimino G 26 B – 44319 Kaunas
Tel. 370.687 8760
info@mijalba.com
www.mijalba.com

NEUSEELAND

PROSVETA NEW ZEALAND LTD
49 Stottholm Road
Titirangi 0604
Aotearoa New Zealand
Tel. +64 686 727 89 / +64 220 212 414
johnson.susan34@gmail.com
www.oma-books.co.nz

NIEDERLANDE

STICHTING PROSVETA
NEDERLAND
t.a.v. K. Laan
Zeestraat 50
2042 LC Zandvoort
Tel. +31 235 716 473
laan@prosveta.nl, www.prosveta.nl

NORWEGEN

PROSVETA NORDEN
Postboks 150 Sentrum
N-0102 Oslo
Tel. (47) 90 27 43 33
info@prosveta.no, www.prosveta.no

ÖSTERREICH

HARMONIEQUELL VERSAND
Ulmenweg 8, A 5302 Henndorf
Tel. und Fax +43 6214 7413
info@prosveta.at, www.prosveta.at

PERU

Contact Prosveta
Viviana Hermosa Mattos
Tel. + 51 999 355 919
vivihermosa@gmail.com

POLEN

Księgarna – Galeria Nieznany Świat
ul. Kredytowa 2, 00-062 Warszawa
tel. +48 827-93-49, www.nieznany.pl

PORTUGAL

PUBLICAÇÕES MAITREYA
4100 - 027 Porto
flora@publicacoesmaitreya.pt

RUMÄNIEN

EDITURA PROSVETA SRL
Str. N. Constantinescu 10
Bloc 16A – sc A
Apt. 9 Sector 1, 71253, Bucarest
Tel. +4 072 770 59 17
prosveta_ro@yahoo.com
www.prosveta.ro

RUSSLAND

EDITIONS PROSVETA
Elena Jitniouk
ul. Partizanskaya, d.22, kv. 87
Moskow 121351
Tel. +8 903 795 70 74
prosveta@prosveta.ru,
www.prosveta.ru

SCHWEIZ

ÉDITIONS PROSVETA
Société coopérative
Chemin de la Céramone 13
1808 Les Monts-de-Corsier
Tel. +41 21 921 92 18
prosveta@prosveta.ch
www.prosveta.ch

SERBIEN

EDITION BABUN D.O.O.
Ana Bešlić, Tel. +381653193913
babun.info@gmail.com

Izdavačko Preduzeće Paleja D.o.o
(Editions Paleja), Željko Mojsilović
Put za Trešnju 1. deo br. 9, Ripanj
Beograd, Tel. +381 653 433 857
info@svetlostknjige.com

SPANIEN

ASOCIACION PROSVETA ESPAÑOLA
C/ Diputacio, 385 local bajos 2
SP-08013 Barcelona
Tel. (+34) (93) 412 31 85
aprosveta@prosveta.es
www.prosveta.es

TSCHECHISCHE REPUBLIK

PROSVETA
Ant. Sovy 18
370 05 České Budějovice
Tel. +420 723 581 030
prosveta@iol.cz / info@omraam.cz
www.omraam.cz

TOGO

Le Livre SARL
Rue Kedjessinawe Tokoin Novissi
BP 1723 - Lomé Togo
Tel. +228 900 483 73
Tel. +228 982 959 58
lelivre1@yahoo.fr

TÜRKEI

Hermes Yayinlari
hermeskitap@gmail.com
www.hermeskitap.com

USA

WELLSPRING OF LIFE
404 N Mount Shasta Blvd # 320
Mount Shasta CA 96067, USA
Tel. +1 530 918 33 91
wellspringsoflife@mail.com
www.prosveta-usa.com

VENEZUELA

PROSVETA VENEZUELA C. A.
Tel. +58 412 904 89 94 / +58 414 134 75 34
prosvetavenezuela@gmail.com
www.prosvetavenezuela.com

Auslieferungsadressen für weitere Länder finden Sie unter
www.prosveta.de/informationen/bestelladressen

Wenn Sie sich für Veranstaltungen interessieren, in denen die Lehre von Omraam Mikhaël Aïvanhov vertieft werden kann, wenden Sie sich bitte an eine der folgenden Adressen:

Deutschland
UWB e.V.
www.aivanhov.de, info@aivanhov.de

Schweiz
FBU, Chemin de la Céramone 13, 1808 Les-Monts-de-Corsier
Telefon 021 925 40 80, www.videlinata.ch

Österreich
UWB, Telefon 01 27 698 32
Internet: www.uwb.at, E-Mail: info@uwb.at